Helmut Meyer · *Pferdefütterung*

Helmut Meyer

Pferdefütterung

1986 · Mit 24 Abbildungen und 84 Tabellen

Verlag Paul Parey · Berlin und Hamburg

Anschrift des Verfassers

Prof. Dr. med. vet. Dr. med. vet. h. c. Helmut Meyer
Institut für Tierernährung
der Tierärztlichen Hochschule Hannover
Bischofsholer Damm 15, D-3000 Hannover 1

CIP-Kurztitelaufnahme der Deutschen Bibliothek

Meyer, Helmut:
Pferdefütterung / Helmut Meyer. – Berlin ; Hamburg ; Parey, 1986.
ISBN 3-489-63732-1

Gesetzt aus der Borgis Times Roman
(Fotosatzsystem Linotron 202)

Einband: Jan Buchholz & Reni Hinsch Graphik-Design, D-2000 Hamburg 73

© 1986 Verlag Paul Parey, Berlin und Hamburg
Anschriften: Lindenstr. 44–47, D-1000 Berlin 61;
Spitalerstr. 12, D-2000 Hamburg 1

ISBN 3-489-63732-1 · Printed in Germany

Satz und Druck: Saladruck Steinkopf & Sohn, D-1000 Berlin 36

Lithographie: Excelsior Erich Paul Söhne oHG, D-1000 Berlin 61, und Carl Schütte & C. Behling GmbH & Co. KG, D-1000 Berlin 42

Bindung: Lüderitz & Bauer Buchgewerbe GmbH, D-1000 Berlin 61

Vorwort

»Wer sein Pferd nicht pflegt und nährt, ist des Tieres nicht wert«, sagt eine alte Bauernregel. Diese Forderung gilt noch, aber *wie* man Pferde richtig nährt, ist heute für viele Pferdebesitzer, die nicht mit den jahrhundertelang tradierten bäuerlichen Erfahrungen auf diesem Gebiet vertraut sind, nicht immer klar. Doch auch die alten, z. T. recht starren Vorstellungen über die Fütterung helfen heute nicht immer weiter angesichts der veränderten Haltungsbedingungen, des vielfältigen Futtermittelangebots und der unterschiedlichen Nutzungsarten. Das Pony, das Vielseitigkeitspferd für Military-Prüfungen, das Holzrückpferd im Wald, das Pferd für Distanzritte, der Traber oder das Rennpferd, die Zuchtstute oder das heranwachsende Fohlen und schließlich das Standard-Reitpferd, das täglich oft weniger als eine Stunde bewegt wird – sie alle verlangen eine richtige Ernährung, wenn sie die von ihnen erwarteten Leistungen erfüllen und, vor allem, wenn sie gesund bleiben sollen.

Für die artgerechte Ernährung ist gewiß Intuition (»Des Herrn Auge füttert sein Pferd«) nicht zu entbehren, doch solche Fähigkeiten können konkretes Wissen über die Funktion des kompliziert aufgebauten und störanfälligen Verdauungskanals des Pferdes, über die Futtermittel, ihre Inhaltsstoffe, Konservierung und Lagerung, über den Energie- und Nährstoffbedarf bei verschiedenen Leistungen oder die Prinzipien der Rationsgestaltung nicht ersetzen.

Die »Pferdefütterung« erscheint nun als selbständiges Buch, nicht mehr in der traditionellen Kombination mit der Pferdezucht (bisher LÖWE/MEYER [1978]: Pferdezucht und Pferdefütterung, Verlag E. Ulmer, Stuttgart). Bestimmend dafür war, daß die Fütterung – anders als die Zucht – *jeden* Pferdehalter *täglich* beschäftigt und er in der Lage sein muß, sie je nach Leistungen, Haltungsbedingungen, Jahreszeiten und Futtermittelpreisen sachgerecht anzupassen bzw. zu modifizieren. Die Trennung erlaubte, die theoretischen Grundlagen, insbesondere die Verdauungsphysiologie, und praktische Aspekte einschließlich der Fütterung von Leistungspferden, der Pathogenese ernährungsbedingter Krankheiten und der Diätetik kranker Pferde eingehend zu beschreiben und dennoch ein nicht zu umfangreiches und preisgünstiges Buch herauszugeben. Es wendet sich an die Studenten der Veterinärmedizin und Landwirtschaft, an Tierärzte und vor allem an Pferdebesitzer und -betreuer, denen das Wohlergehen ihres Tieres am Herzen liegt.

Allen Mitarbeitern im Institut, insbesondere Herrn Dr. COENEN, danke ich für Hilfe und Anregungen. Dem Verlag gilt meine besondere Anerkennung für die entgegenkommende Gestaltung und rasche Herausgabe.

Hannover, im Januar 1986   HELMUT MEYER

Inhalt

Abkürzungen und Erklärungen

ATP	Adenosintriphosphat
Ca	Calcium
Caecum	Blinddarm
Cl	Chlor
Colon	Grimmdarm
Duodenum	Zwölffingerdarm
E	Energie
endogene Verluste	obligatorische Nährstoffverluste des Organismus (über Darm, Niere, Haut), auch bei Abwesenheit der betreffenden Stoffe in der Nahrung
extrazelluläre Flüssigkeit	Körperflüssigkeit in Gefäßen, zwischen den Zellen und im Verdauungskanal
FM	Futtermittel
IE	Internationale Einheit
Ileum	Hüftdarm
intravasal	im Blutgefäßsystem
J	Joule
Jejunum	Leerdarm
K	Kalium
kJ	Kilo-Joule
Krippenfuttermittel	konzentrierte Futtermittel (Kraftfutter, Mischfutter, Getreidekörner)
LM	Lebendmasse
luftr. Subst.	lufttrockene Substanz (rd. 88 % TS)
Mg	Magnesium
Mikrogramm (µg)	$\frac{1}{1000}$ Milligramm
Milligramm (mg)	$\frac{1}{1000}$ Gramm
Min.	Minute
MJ	Mega-Joule = 1000 kJ
Molaren	hintere Backenzähne
mol	Molekulargewicht (g)
mmol	$\frac{1}{1000}$ mol
Na	Natrium
Nm	Newtonmeter
P	Phosphor
Pankreas	Bauchspeicheldrüse
postileale Verdauung	Verdauung im Dickdarm
praecaecale Verdauung	im Magen/Dünndarm verdaut
Praemolaren	vordere Backenzähne
Rp	Rohprotein
Std. oder h	Stunde
TS	Trockensubstanz
uS	ursprüngliche Substanz
v oder verd.	verdaulich
vitam.	vitaminiert

A Einleitung

Vom Laubfresser zum »Hafermotor«?

Die Geschichte des Pferdes beginnt vor rd. 60 Mill. Jahren im Eozän, in der Morgenröte der Erdneuzeit (Abb. 1). In den riesigen, weit über die heutige Verbreitung hinausgehenden tropischen Regenwäldern der Alten und Neuen Welt lebte damals ein etwa fuchsgroßes Säugetier *(Eohippus)* mit 4 bzw. 3strahligem Fuß, aus dem auf manchen Wegen und Umwegen vor rd. 3 Mill. Jahren *Equus przewalskii,* das Wildpferd, entstand.

Über die Ernährung der Pferdevorfahren wüßten wir wenig, wenn nicht zahlreiche fossile Knochen, u. a. Schädel mit vollständigen Gebissen, Rückschlüsse zuließen. Aus der Zahngestaltung wurde abgeleitet, daß *Eohippus* vor allem Laubfresser war (daneben wohl auch Früchte und Samen genutzt hat). Diese Annahme bestätigen jüngste Funde in der Ölschiefergrube Messel bei Darmstadt: Im Magen eines Urpferdes waren noch Laubblätter (vermutlich von Lorbeergewächsen) zu erkennen.

Als sich im Laufe der Erdgeschichte das Klima änderte und die tropischen Regenwälder Busch- und Grassteppen wichen, hat sich *Eohippus* offenbar an die neue Gelände- und Futtersituation anzupassen versucht. Durch Entwicklung zum Einhufer unter stetiger Vergrößerung des Körpers entstand über *Meso-* und *Merychippus* schließlich ein typisches Fluchttier für offene Landschaften. Die Vergrößerung und Verbreiterung der Backenzähne unter Einlagerung von hartem Zement in ihre Schmelzfalten erleichterte die Zerkleinerung des nun vorherrschenden härteren, faserigen, teilweise verkieselten Futters, ohne daß die Zähne durch zu starken Abrieb geschädigt wurden.

Vermutlich hat sich im Laufe der Entwicklung auch der Dickdarm, in dem allein faseriges, pflanzliches Material mit Hilfe von Mikroben aufgeschlossen werden kann, weiter vergrößert – doch das läßt sich heute nicht mehr nachprüfen.

Dieser allmählichen Veränderung des Nahrungsspektrums und dem daraus resultierenden, differenziert aufgebauten Verdauungskanal verdankt das Pferd seine Fähigkeit zur Verdauung unterschiedlicher Futtermittel: von konzentrierten Stoffen wie Zucker, Stärke, Eiweiß und Fett durch körpereigene Enzyme im Magen-Dünndarm bis zu hartstengeligem pflanzlichen Material mit Hilfe mikrobiell gebildeter Enzyme im Dickdarm. Die im Laufe des Jahres in Steppe und Wald anfallenden unterschiedlichen Futtermittel (junges oder überständiges Gras und Laub, zuckerreiche Früchte, stärke- und fettreiche Samen) konnten somit optimal genutzt werden.

Diese Vielseitigkeit in der Verwertung verschiedener Pflanzeninhaltsstoffe ging aber auf Kosten der Effizienz in der Ausnutzung spezieller Stoffe, besonders der pflanzlichen Fasern. Bei einem Vergleich der Verdauungskapazität von Pferden und Wiederkäuern (Tab. 1) wird deutlich, daß das Pferd typische Produkte der Gras- und Waldsteppe mit hohem Rohfasergehalt, wenig hochwertigem Eiweiß, geringen Men-

gen an Zucker, Stärke oder Fetten weniger gut verdaut und verwertet als Wiederkäuer. Diese Nachteile werden allenfalls dadurch abgeschwächt, daß Equiden (Einhufer) selektiv grasen, größere Futtermengen pro Tag aufnehmen und durch ihren
Verdauungskanal schleusen können und junges Gras durch Ausquetschen im Kopfdarm besser nutzen. Dennoch spricht für die generell höhere Verwertung vegetativer
Pflanzenteile durch Wiederkäuer auch, daß diese sich seit ihrem ersten Auftreten vor
20 Millionen Jahren im Miozän in einer erstaunlichen Artenzahl (rd. 180) über den
Erdball verbreitet und durchgesetzt haben, während aus der ehemals großen Familie
der Einhufer auch ohne Zutun des Menschen nur noch 7 rezente Arten übrig blieben
(3 Zebra-, 3 Esel- bzw. Halbeselarten sowie *Equus przewalskii*).

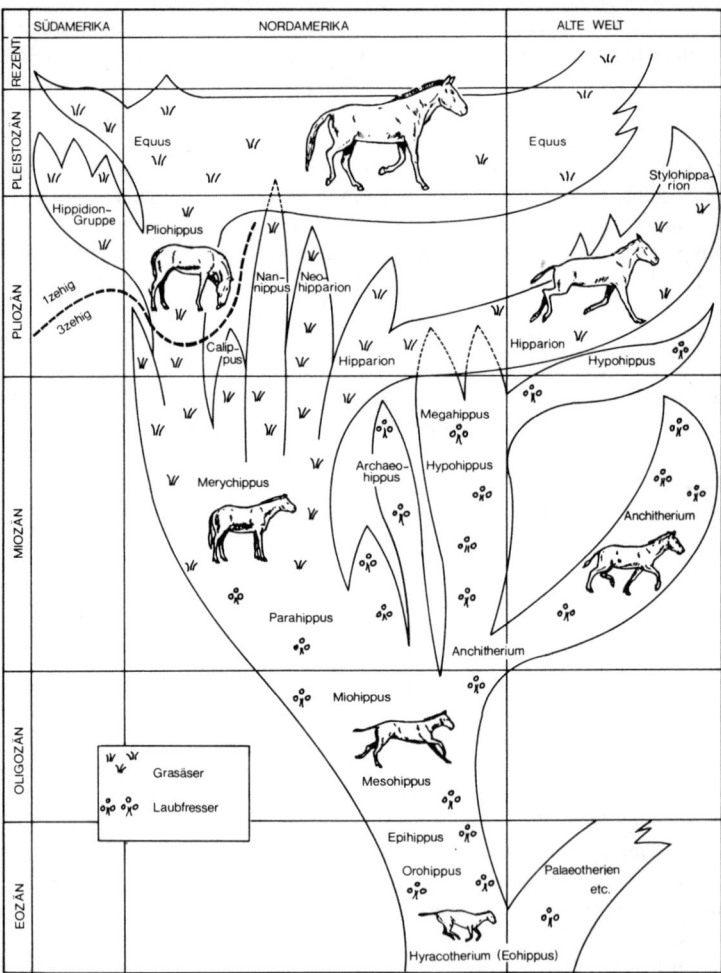

Abb. 1. Stammbaum der Pferdefamilie (Darstellung der Tiere maßstabgetreu, nach SIMPSON
1977)

Tab. 1. Leistungsfähigkeit des Verdauungssystems bei Wiederkäuern und Equiden

	Wiederkäuer	Equiden
Verdaulichkeit		
Rohfaser	+++	++
Verträglichkeit		
Zucker	+	+++
Stärke	++	+++
Fette	+	+++
Verwertung[1])		
hochwertige Eiweiße	+	+++
NPN-Verbindungen	+++	+
leicht abbaubare Kohlenhydrate	+	++

[1]) aufgrund geringer Verluste bzw. hoher Syntheseleistungen im Verdauungskanal
+ gering   ++ gut   +++ sehr gut

Mit der Domestikation, die vermutlich im 4.–3. Jahrtausend v. Chr. bei nomadisierenden Hirtenvölkern nördlich vom Kaukasus und Kaspischen Meer einsetzte, hat sich die Ernährung des Pferdes zunächst wenig geändert, d. h. dem Pferd stand weiterhin nur das natürlich vorkommende Futter (Gras, Laub etc.) zur Verfügung. Eine systematische Futterkonservierung (Gras-, Laubtrocknung) zur Überbrückung futterarmer Zeiten hat – wie die noch bis vor einigen Jahrhunderten in diesem Raum übliche Praxis zeigte – wohl kaum eine Rolle gespielt. Die ersten Hauspferde waren also, ähnlich wie die Wildpferde, den üblichen jahreszeitlichen Rhythmen im Futterangebot ausgesetzt.

Als im Laufe des 2. Jahrtausends v. Chr. das Pferd auch in den alten Kulturlandschaften des Vorderen Orients – zunächst im Zweistromland, später auch in Ägypten – Fuß faßte, wurde es intensiver und systematisch genutzt: als Tragtier, vor dem Wagen, später auch zum Reiten. Aus dieser Zeit sind Berichte über massierte Pferdehaltung an königlichen Höfen im Bereich des fruchtbaren Halbmonds überliefert. So soll Israels König Salomo (965–926 v. Chr.) zeitweilig 12 000 Reit- und 4000 Wagenpferde gehalten haben. In der großen Kampfwagenschlacht von Kadesh (1299 v. Chr.) zwischen Hethitern und Ägyptern waren auf hethitischer Seite rd. 7000 Pferde beteiligt.

Die intensivere Nutzung des Pferdes zwang zweifellos zu einer Änderung in Futterauswahl und Fütterungstechnik, da

– mit steigenden Leistungen der Energiebedarf zunimmt, dieser jedoch bei höheren Anforderungen wegen limitierter Futteraufnahmekapazität nicht mehr allein über Rauhfutter oder Gras gedeckt werden kann;
– das Pferd bei ausschließlicher Gras- oder Rauhfutterzuteilung durch die lange Futteraufnahmezeit nur begrenzt nutzbar ist;
– einseitige Gaben voluminöser Futtermittel die Leistungsfähigkeit einschränken;
– die bei massierter Pferdehaltung in futterarmen Gebieten auftretenden logistischen Probleme nur durch teilweisen Einsatz konzentrierter, energiereicher Futtermittel zu bewältigen sind.

Wenn auch im Vorderen Orient mit der Luzerne ein relativ energiedichtes Futtermittel zur Verfügung stand, so begann man im Laufe des 2. Jahrtausends v. Chr. auch

mit der Getreidekörnerfütterung. Dies bestätigt der aus dem 14. Jahrhundert v. Chr.
stammende Kikkuli-Text über Fütterung und Training der hethitischen Kampfwagen-
pferde (vom 167. Trainingstag heißt es z. B.: »Sobald man die Pferde ausspannt,
versorgt man sie mit Wasser, dann vermischt man ihnen 3 Hand Weizen, 2 Hand
Gerste und 5 Hand Heu...«), später auch eine Wandplastik mit Futterkrippe
(Abb. 2).

Abb. 2. Pferdefütterung, assyrisches Relief, um 700 v. Chr. (Louvre, Paris)

Die Abhängigkeit höherer Leistungen des Pferdes von der Verfügbarkeit konzentrierter Futtermittel macht im übrigen deutlich, daß erst mit dem Übergang vom
Nomadentum zum Ackerbau eine intensive Nutzung des Pferdes möglich wurde.

Im mediterranen Raum hat sich die Pferdefütterung im 1. Jahrtausend v. Chr. nach
schriftlichen Belegen in der angegebenen Richtung weiterentwickelt und differenziert. Neben den ursprünglichen Futtermitteln (Gras, Heu, Stroh, Kaff, Luzerne)
wurde von den Getreidekörnern die in diesem Raum gut gedeihende Gerste favorisiert. Auch Weizen (allerdings mit Vorbehalt) sowie Wicken, Erbsen und Kichererb-
sen waren üblich. Hafer wird erst in der spätrömischen Kaiserzeit erwähnt. Die
römischen Soldaten erhielten für ihre Pferde Getreidekörner als Furage. Sie kannten
bereits die nach einseitiger Gerstefütterung auftretende Hufrehe.

Zweifellos wurden im Altertum die Pferde, die allein für Jagd, Sport und Krieg,
nicht für Zugarbeit (dies oblag Ochsen und Eseln), gehalten wurden, in der Regel
sorgfältig betreut. Von Priamos z. B. heißt es im 24. Gesang der »Ilias«:

»Rosse für Priamos' Joch nun führten sie,
welche der Alte selbst mit Sorge gepflegt
an schön geglätteter Krippe...«

Bei der großen Passion für Pferde gab es damals gewiß auch schon Übertreibungen. Erinnert sei an »Incitatus«, das Lieblingspferd des römischen Kaisers Caligula (37–41 n. Chr.), das u. a. mit Rosinen, Mandeln und Honig gefüttert und mit verdünntem Wein aus goldenen Schalen getränkt wurde.

Im mittel- und nordeuropäischen Raum lösten im 1. Jahrtausend n. Chr. erst langsam neue Fütterungssysteme die primitive Stufe der Pferdehaltung auf Weide und Waldweide ab. Im fränkischen Raum hat erstmals Karl der Große (768–814 n. Chr.) Gestüte eingerichtet und in diesem Zusammenhang vermutlich auch die Fütterung intensiviert. Gegen Ende des 1. Jahrtausends n. Chr. wird das Pferd im mitteleuropäischen Raum vermehrt als Zugtier eingesetzt, wie Abbildungen von Zuggeschirren aus dem 8. Jahrhundert n. Chr. zeigen.

Die Entwicklung des Ackerbaus in Mittel- und Nordeuropa schaffte schließlich die Voraussetzungen, aber auch die Möglichkeiten für eine intensive Nutzung des Pferdes in der Landwirtschaft ebenso wie im Krieg. Ritterpferde, die mit Rüstung und Reiter bis zu 170 kg tragen mußten, waren mit Naturfutter kaum ausreichend zu ernähren. Neben den traditionellen Grundfuttermitteln (Gras, Heu, Stroh, Laub, Heidekraut) hat sich in Mitteleuropa der Hafer dank seiner günstigen Anbaumöglichkeiten im maritimen Klima und seiner vorteilhaften verdauungsphysiologischen Eigenschaften als Körnerfutter durchgesetzt. Daneben wurden Gerste, Roggen (beide stets eingeweicht), Pferdebohnen, Erbsen, geringe Mengen Hirse, Dinkel und Weizen sowie Leinkuchen verwendet, vermutlich aber auch Möhren und andere Rüben. Manche Etymologen bringen Möhre mit dem mittelalterlichen Wort Mähre in Verbindung ebenso wie Meerrettich (englisch = horse raddish). Als Rauhfutter dienten neben Heu und Gerstenstroh Klee, Wicken und gegebenenfalls Schilf. Besondere Sorgfalt wurde der Fütterungstechnik gewidmet. Im bäuerlichen Betrieb erhielten Arbeitspferde ihr erstes Futter um 4–5 Uhr in der Frühe. Während des Tages wurde noch 3mal gefüttert, in manchen Betrieben auch noch einmal um Mitternacht.

Im Spätmittelalter und später hat sich die Pferdefütterung entsprechend den Nutzungsrichtungen und verfügbaren Futtermitteln weiterentwickelt. In der Landwirtschaft unterschied man Gras- und Stallpferde. Die Graspferde (kleine, weniger leistungsfähige, für leichte Arbeit herangezogene Tiere) wurden vorwiegend auf der Weide gehalten und konnten dort ihren Nahrungsbedarf weitgehend decken. Die für schwere Arbeiten genutzten Stallpferde erhielten bei voller Leistung täglich etwa 6 kg Hafer und 7 kg Heu (rd. 120 MJ verd. Energie) – eine Futtermenge, die auch nach heutigen Vorstellungen Pferde mit einem Gewicht von 500 kg zu intensiver Arbeit befähigt.

Im 18. und 19. Jahrhundert gewinnt das Pferd neben seinen traditionellen Aufgaben in der Landwirtschaft und bei der Armee immer größere Bedeutung im Transportwesen. Die konzentrierte Haltung von Pferden außerhalb landwirtschaftlicher Bereiche, beim Militär sowie in den Städten verlangte eine arbeitssparende Fütterung bei möglichst raumsparender Lagerung und einfacher Handhabung der Futtermittel. Im Gegensatz zum landwirtschaftlichen Betrieb mußten vorrangig Trockenfuttermittel eingesetzt werden: die bekannten »3 H« (Heu, Hafer, Häcksel), die noch Anfang dieses Jahrhunderts in vielen Pferdeställen dominierten.

Logistische Überlegungen führten schon früh zur Herstellung besonders konzentrierter Futtermischungen. Unmittelbar nach den Befreiungskriegen (1815/16) angestellte Versuche mit Futterbroten (»russischer Zwieback«) wurden in der preußischen

Armee nur halbherzig weiterverfolgt. Größere praktische Bedeutung erlangten die »Pferdebiskuits«, die – zuerst 1870 in England hergestellt – auf dem Kontinent große Verbreitung und Beliebtheit erlangten. Die kranzförmigen Kuchen von 10–12 cm Durchmesser (1 cm dick, auf Draht gereiht) konnten am Sattel mitgeführt werden. Sie enthielten neben Hafer- und Gerstenschrot Leinsamen und Erbsen, waren also energie- und eiweißreich. Der 1. Weltkrieg stimulierte zur Herstellung von Preßmischfutter (rd. 9–10 kg schwere Blöcke aus Heu, Hafer, Biertreber, Sesam, Sojamehl, Erdnüssen, Malzkeimen und Melasse) als »eiserne Reserve«. Im 2. Weltkrieg waren solche Preßmischfutter handlicher (rd. 5 kg) und enthielten neben Hafer, Heu und Stroh auch Kartoffelflocken und Futterhefe. Nach diesen »Vorübungen« für die Herstellung von einfach zu handhabenden Pferdemischfuttern wurde dann im wesentlichen erst nach dem 2. Weltkrieg das Konzept der kommerziellen, pelletierten Mischfutter praxisreif.

Das Hauspferd erhielt also – wie dieser Überblick zur Entwicklung der Pferdefütterung zeigt – keineswegs immer nur wenige ausgesuchte Futtermittel, sondern dank der Anpassungsfähigkeit seines Verdauungskanals an ein weites Nahrungsspektrum je nach regionalen, saisonalen oder logistischen Bedingungen recht unterschiedliche pflanzliche Produkte. Für die heutige Fütterungspraxis bleibt die Erkenntnis, daß wir einerseits die vielseitige Verdauungskapazität des Pferdes nutzen können, andererseits aber seine in Jahrmillionen entstandene anatomische und ernährungsphysiologische Grundkonzeption beachten müssen, denn auch in den 5000 Jahren seit seiner Domestikation sind Bau und Funktion des Verdauungskanals ebenso wie der Rhythmus im Nahrungsaufnahmeverhalten unverändert erhalten geblieben.

B Anatomische und physiologische Grundlagen

1 Bau und Funktion der Verdauungsorgane

Pferde und Wiederkäuer ernähren sich vorwiegend mit pflanzlich-faserigem Material, dennoch weist ihr Verdauungskanal fundamentale Unterschiede auf: Bei Rind, Schaf oder Ziege werden die Futtermittel am Eingang des Verdauungskanales, in den Vormägen, mikrobiell aufgeschlossen und nur Reste bzw. bakterielle Syntheseprodukte (Eiweiß) im Dünndarm durch körpereigene Enzyme zerlegt. Beim Pferd ist es umgekehrt: Im Magen und Dünndarm bauen körpereigene Enzyme das Futter, soweit zugänglich, ab, während der unverdaute Teil mit Hilfe mikrobiell gebildeter Enzyme in dem mächtig ausgebildeten Dickdarm z. T. noch aufgeschlossen wird.

Der Verdauungstrakt des Pferdes (Abb. 3) gliedert sich in folgende Abschnitte: Kopfdarm, Vorderdarm (Schlund, Magen), Dünndarm, Dickdarm. Die Größenverhältnisse verdeutlicht Tabelle 2.

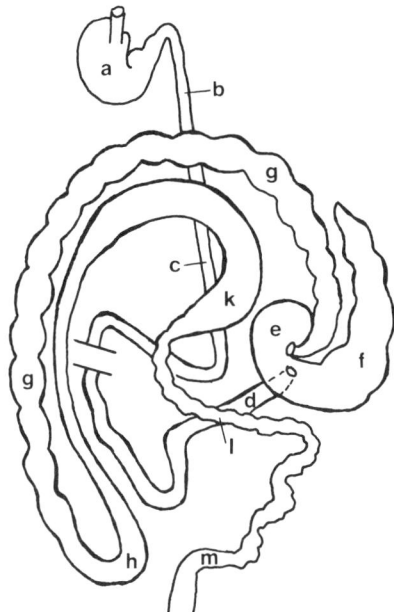

Abb. 3. Aufbau des Magendarmkanales vom Pferd (schematisiert, Blick von oben und rückwärts):
a) Magen, b) Zwölffingerdarm, c) Leerdarm verkürzt, d) Hüftdarm, e) Blinddarmkopf, f) Blinddarmkörper, g) untere Grimmdarmlage, h) Beckenflexur, i) obere Grimmdarmlage mit k) magenähnlicher Erweiterung, l) kleiner Grimmdarm, m) Mastdarm

Tab. 2. Länge und Volumen der Verdauungsorgane sowie Dauer der Nahrungspassage (500 kg LM)

	Länge m	Volumen l[1]	Dauer der Nahrungspassage
Schlund	bis 1,5		10–15 s
Magen		18	1–5 h
Dünndarm	16–24	64	1,5 h
Blinddarm	1	34	15–20 h
Grimmdarm	6–8	96	18–24 h
Mastdarm	0,2–0,3		1–2 h
insgesamt			35–50 h

[1]) maximales Volumen; Inhalt rd. ⅓

nach BERGNER u. KETZ 1969, ARGENZIO 1975

1.1 Kopfdarm

Den Eingang zum Verdauungskanal bildet die Maulspalte, die von kräftigen und beweglichen Lippen begrenzt wird. Das Pferd nimmt das Futter im wesentlichen mit Lippen und Zunge auf, gelegentlich werden auch, besonders beim Grasen oder Fressen fester Stoffe (Rüben), die Schneidezähne mit eingesetzt. Durch die große Beweglichkeit der Lippen kann das Pferd Futterteile sortieren, nicht schmackhafte Komponenten zurücklassen und auf der Weide bestimmte Pflanzen oder Pflanzenteile selektiv aufnehmen.

Die sorgfältige Futterauswahl mindert das Risiko für Aufnahme von Fremdkörpern, erhöht aber die Gefahr einer Umschichtung der Weideflora bei längerdauernder einseitiger Weidenutzung durch Pferde (Vermehrung wenig schmackhafter Pflanzen).

In der Maulhöhle wird das Futter zwischen den Backenzähnen, die breite Kauflächen mit Leisten und Furchen aufweisen (Abb. 4), zermahlen. Das Pferd kaut jeweils nur auf einer Seite (s. auch Abb. 22), wobei periodisch gewechselt wird (pro Min. bei

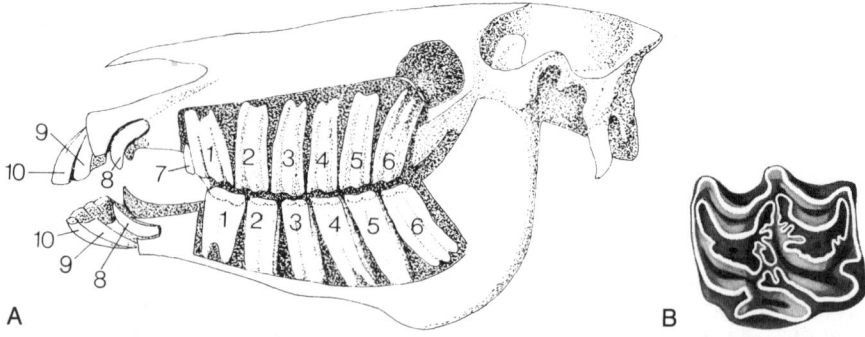

Abb. 4. A) Schädel eines Pferdes mit freigelegten Zahnwurzeln: 1–6 Backenzähne, 7 Wolfszahn, 8 Hakenzahn, 9 und 10 Schneidezähne (nach MANGOLD 1950) – B) Kaufläche eines Backenzahnes aus dem Oberkiefer (nach NICKEL u. a. 1975)

Tab. 3. Dauer der Futteraufnahme (Min./kg Futter)

	Großpferde	Kleinpferde
Heu, lang	40	80
Stroh	40–60	100
Haferkörner, heil oder gequetscht pelletierte Mischfutter (4–8 mm)	10	40
Mischfutter, nicht pelletiert	20	30

nach MEYER u. a. 1975

Großpferden 60–80 Kieferschläge). Entsprechend Struktur und Konsistenz dauert die Aufnahme der Futtermittel unterschiedlich lange (Tab. 3). Für 1 kg Hafer oder pelletiertes Mischfutter werden rd. 10, für 1 kg Heu oder Stroh 40–50 Min. benötigt, allerdings mit erheblicher Variation zwischen verschiedenen Tieren. Fein gemahlenes Futter oder Hafer/Häckselmischungen verzögern die Futteraufnahme nachhaltig. Kleinpferde fressen wesentlich langsamer (Tab. 3). Sie benötigen für ungeschrotete Körnerfutter oder Pellets gegenüber Großpferden die 4fache Zeit, da sie offenbar Schwierigkeiten haben, größere Partikel zwischen den schmaleren Kauflächen der Backenzähne zu halten. Aus den Zeiten in Tabelle 3 kann abgeleitet werden, wie lange die tägliche Futteraufnahme durchschnittlich dauert, wenn Rauh- und Krippenfutter in unterschiedlichen Mengen kombiniert werden. Ist die Futteraufnahmezeit zu kurz, so neigt das Pferd zu Verhaltensänderungen (Lecken, Nagen, Knabbern, Beißen).

> Um Pferde ausreichend kauend zu beschäftigen, täglich mindestens 0,5 kg kaufähiges Rauhfutter (Heu oder Stroh) pro 100 kg LM zuteilen!

Während des Kauens wird das Futter stark zerkleinert, Rauhfutter (Heu und Stroh) in Partikel von max. 2 mm Durchmesser und 1–4 mm Länge zerlegt (bei weichem, elastischem Material, wie z. B. Gras, sind sie etwas größer). Die gründliche Zerkleinerung faseriger Futtermittel ist für ihre ungestörte Passage durch den Verdauungskanal unerläßlich. Bei feinfaserigem Material (junger, langabgewachsener Klee, Windhalm etc.) ebenso wie bei zu kurz gehäckseltem Rauhfutter (unter 2 cm) besteht das Risiko, daß es ungenügend zerkleinert abgeschluckt wird und Obstipationen verursacht. Daher:

> Kein zu kurz gehäckseltes Gras oder Rauhfutter verfüttern.

Pferde mit intaktem Gebiß quetschen und mahlen Getreidekörner, pelletierte Mischfutter wechselnder Größe und selbst Grassamen im allgemeinen ausreichend, so daß eine Zerkleinerung nicht notwendig ist.

Das Futter wird im Kopfdarm nicht nur zerkleinert, sondern – sofern es sich um frisches, wasserreiches Material handelt – durch den hohen Druck der Backenzähne

auch ausgequetscht. Dadurch werden wertvolle Inhaltsstoffe (Eiweiße, Zucker) frei,
die unmittelbar im Magendünndarmbereich verdaut und damit ökonomischer genutzt
werden können als bei einem mikrobiellen Aufschluß im Dickdarm.

Für die Futteraufnahme und -zerkleinerung ist ein gesundes, vollständiges Gebiß
unerläßlich. Schadhafte Schneidezähne können die Lippen verletzen und eventuell
die Futteraufnahme erschweren oder Speichelverluste (ungenügender Lippenschluß)
bedingen. Bei ungleichmäßiger Abnutzung der Backenzähne, die durch zu geringe
Kautätigkeit, krankhafte Veränderungen des Kiefergelenkes, der Kaumuskulatur
oder der Zähne selbst verursacht sein kann, bilden sich an den äußeren Rändern der
Oberkiefer- und an der Innenseite der Unterkieferbackenzähne hakenförmige oder
gratige Überstände (Abb. 22), die eine normale Kautätigkeit erschweren und damit
auch den Zahnabrieb weiter reduzieren.

Bei Zahnanomalien wird das Futter nicht allein zu langsam oder unvollkommen
aufgenommen, sondern auch ungenügend zerkleinert und schlechter verdaut. Das ist
auch im Zusammenhang mit Durchbruch bzw. Wechsel der Backenzähne zu beachten, die zeitlich wie folgt einsetzen:

	Wechsel	Durchbruch
Praemolar 2	2½ Jahre	
Praemolar 3	2½ Jahre	
Praemolar 4	3½ Jahre	
Molar 1		6–9 Monate
Molar 2		2–2½ Jahre
Molar 3		3½–4½ Jahre

Während des Kauens wird das Futter mit Speichel vermischt. Da der Kauakt die
Speicheldrüsen, insbesondere die großen Ohrspeicheldrüsen anregt, beeinflußt die
Dauer der Futteraufnahme (die von Struktur und Zerkleinerungsgrad des Futters
abhängt, s. oben) den Speichelfluß nachhaltig. Großpferde bilden pro Min. 40–90 ml,
Kleinpferde 20–60 ml Speichel. Pro 1000 g Futtertrockensubstanz ist die Speichelpro-
duktion bei Rauhfutter wegen der längeren Aufnahmezeit erheblich höher als bei
Krippenfutter (Tab. 4). Speichel enthält keine Verdauungsenzyme, jedoch größere
Mengen an Mineralstoffen und Bikarbonat (Tab. 4), die vermutlich zur Neutralisierung der im Anfangsteil des Magens entstehenden Säuren dienen. Darüber hinaus
werden durch den Speichel die Futterbissen schluckfähig gemacht und eingeweicht,

Tab. 4. Menge und Zusammensetzung des Speichels

Menge (pro kg Futter)	kg	Zusammensetzung	mg/kg Speichel
Heu	3–4	Stickstoff	400–600
Krippenfutter	1	Natrium	600–1200
Grünfutter	1	Chlor	800–1700
		Calcium	500–1000
		Kalium	600
		Phosphor	40–50

nach COENEN 1986, MEYER u. a. 1986

so daß die im Magen gebildeten Verdauungssäfte den Futterbrei durchdringen können.

> Für eine ausreichende Speichelproduktion, gleichmä-
> ßige Zahnabnutzung und einen ungestörten Ablauf
> der Verdauung im Magen ist eine möglichst lange
> Kauzeit günstig.

Die Pferde bilden in der Maulhöhle ca. 50–70 g große Bissen, die sie im Abstand von etwa 30 Sek. abschlucken. Je nach Dauer der Futteraufnahme variiert der Trockensubstanzgehalt im Bissen zwischen 25 und 30 % bei Rauhfutter sowie zwischen 40–50 % bei Krippenfutter. Vor dem Mageneingang kann der mit Hilfe der kräftigen Ringmuskulatur des Schlundes transportierte Bissen bis zu 30 Sek. liegenbleiben, so daß sich vor Eintritt in den Magen eventuell zwei Bissen vereinigen.

1.2 Magen

Der Magen mittelgroßer Pferde (Abb. 5) faßt rd. 15–20 l, d. h. ist relativ klein (Tab. 2) und auf die kontinuierliche Aufnahme kleiner Futtermengen eingestellt. Er besitzt eine bohnenförmige Gestalt, am Nabel mündet die Speiseröhre ein. Dadurch entstehen eine blindsackartige vordere Magenabteilung, die mit kutaner, drüsenloser Schleimhaut ausgekleidet ist, und ein hinterer Magenraum, dessen Schleimhaut Magensaft sezernierende Drüsen aufweist. Die schräg in die Magenwand einmündende Speiseröhre verfügt über einen starken Schließmuskel, der sich je nach Füllungsdruck im Magen reflektorisch kontrahiert. Ist der Magen stark gefüllt, so besteht ein Dauertonus, der ein Erbrechen unmöglich macht. Die abgeschluckten Bissen lagern sich schichtweise übereinander, stark verflüssigte Komponenten durchlaufen den Magen rasch.

Die Verdauungsvorgänge im Magen sind durch die gleichzeitige Aktivität von Enzymen aus dem Futter, von Mikroorganismen sowie körpereigenen Substraten (Magensaft) gekennzeichnet. Im Anfangsteil des Magens dominieren aufgrund eines

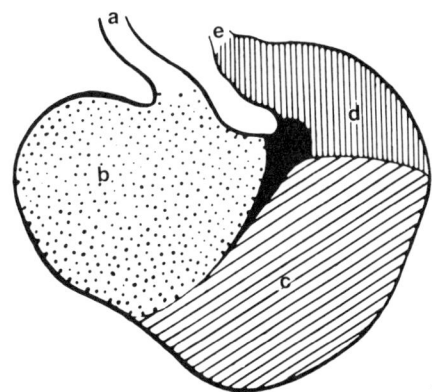

Abb. 5. Aufbau des Pferdemagens (nach SCHEUNERT u. TRAUTMANN 1965):
a) Mageneingang mit Schlund, b) drüsenloser Blindsack, c) Fundusdrüsenzone, d) Pylorusdrüsenzone, e) Magenausgang (Pylorus)

hohen Keimgehaltes (bis zu 10^9 Keime/g Mageninhalt) mikrobielle Umsetzungen, die zu einem geringen Abbau von leicht zugänglichen Kohlenhydraten (Zucker, Stärke) führen, z. T. auch von Proteinen, deren Zerlegung allerdings auch durch pflanzliche Proteinasen eingeleitet wird. Neben Milchsäure, die in den unteren Abschnitten des Darmtraktes in flüchtige Fettsäuren umgewandelt wird, und kurzkettigen Fettsäuren entstehen in geringen Mengen Gase (CO_2, CH_4, H_2) sowie Eiweißspaltprodukte (Ammoniak, Phenol etc.). Erst in den tieferen Abschnitten des Magens (mit Drüsenschleimhaut) wird Magensaft gebildet, der das eiweißspaltende Pepsin und Salzsäure, jedoch keine fett- oder kohlenhydratspaltenden Fermente enthält. Durch Vermischen des Futterbreies mit saurem Magensaft wird der pH-Wert im Mageninhalt gesenkt und damit die erwähnte baktierelle Vergärung eingeschränkt. Während der pH-Wert im Mittelteil des Magens zunächst zwischen 5–6 liegt, sinkt er am Magenausgang auf 2,6.

Der Magensaft kann anfangs nur die wandständigen Schichten des Futterbreis durchtränken, erst am Magenausgang wird – infolge stärkerer Kontraktionsbewegungen der Magenwand – der Inhalt wirkungsvoll durchmischt.

Bereits während der Futteraufnahme beginnt sich der Magen zu entleeren: anfangs in größerer Geschwindigkeit als später. Verflüssigte Nahrung (unter 18 % Trockensubstanz) durchläuft den Magen rasch. Geringe Futtermengen (faserreich) bleiben auch nach längerer Nahrungskarenz noch im Magen.

Wasser wird – sofern nicht durch quellfähiges Material im Magen gebunden – auf kürzestem Wege (kleine Magenstraße) durch den Magen geleitet. Größere Wassermengen, während der Mahlzeit aufgenommen, vermögen Mageninhalt in den Dünndarm zu spülen (Risiko von Fehlgärungen).

Für einen ungestörten Ablauf der Verdauungsvorgänge muß der Mageninhalt ausreichend mit Magensaft durchtränkt werden. Gelingt das nicht,
– sei es durch zu geringe Magensaftsekretion (z. B. infolge übermäßiger physischer oder psychischer Belastungen des Pferdes unmittelbar nach der Futteraufnahme),
– weil die Futtermenge zu rasch aufgenommen wurde,
– absolut zu groß war
– oder in sich stark verkleisterte (größere Mengen an Weizen- oder Roggenschrot), kann infolge ungenügender pH-Wert-Senkung die bakterielle Zerlegung des Futters fortschreiten unter vermehrter Gasbildung und Druckerhöhung im Magen. Unruhe und Kolikerscheinungen, im Extrem sogar Zerreißungen der Magenwand sind mögliche Folgen solcher Fehlgärungen. Gleichzeitig gebildete biogene Amine und Milchsäure (Absterben von Bakterien → Freisetzung von Endotoxinen, Schleimhautreizungen) komplizieren das Krankheitsgeschehen.

Der mikrobielle Stoffwechsel im Magen kann auch nach Aufnahme stark verkeimter Futtermittel entgleisen.

Die Mikroorganismen (insbesondere Hefen) vermehren sich eventuell sehr schnell, da ihr Wachstum durch sauren Magensaft nicht mehr kontrolliert werden kann.

Der Magen des Pferdes ist aufgrund seiner Größe und seines Aufbaues besonders störanfällig. Deshalb:

Nicht mehr als 0,4 kg Krippenfutter/100 kg LM pro Mahlzeit und stets Krippenfutter von hoher hygienischer Qualität füttern.

1.3 Dünndarm

Der rd. 20 m lange Dünndarm des Pferdes wird in Zwölffingerdarm *(Duodenum)*, Leerdarm *(Jejunum)* und Hüftdarm *(Ileum)* unterteilt. In das Duodenum (rd. 1 m lang) münden etwa 15 cm unterhalb des Magenausgangs gemeinsam der Hauptausführungsgang der Bauchspeicheldrüse und der Lebergang. Die Bauchspeicheldrüse, die rd. 300 g wiegt, produziert kontinuierlich ein Sekret, das im Gegensatz zu anderen Tierarten nur eine geringe Enzymkonzentration aufweist. Die tägliche Sekretmenge wird auf 5–10 % der Lebendmasse geschätzt. Der Pankreassaft enthält neben eiweißspaltenden (Trypsin), fettspaltenden (Lipasen) und stärkespaltenden Enzymen (Amylasen) hohe Mengen an Alkalien und Bikarbonat, die zur Neutralisierung des sauren Mageninhaltes und zur Abpufferung der im Dickdarm entstehenden Säuren dienen. Die Galle wird kontinuierlich und ohne Eindickung in das Lumen des Dünndarmes eingeleitet, da beim Pferd die Gallenblase fehlt.

Die Dünndarmschleimhaut ist mit zahlreichen 0,5–1 mm langen Zotten ausgestattet, deren lumenseitiges einschichtiges Zylinderepithel fadenförmige Ausstülpungen (Bürstensaum) aufweist. Damit wird die Schleimhautoberfläche nachhaltig vergrößert.

Unter der Schleimhaut liegt eine Muskelschicht, von der die Eigenbewegung des Darmes ausgeht. Die Schleimhaut weist zahlreiche Darmeigendrüsen auf, die neben den Submucosadrüsen den Darmsaft produzieren.

Im Dünndarm werden leicht zugängliche Nährstoffe (Zucker, Stärke, Eiweiße, Fette) durch Enzyme aus Bauchspeicheldrüse und Epithelzellen der Schleimhaut aufgeschlossen und die entstehenden Spaltprodukte aufgesaugt (absorbiert). Die Ingesta passieren den Dünndarm in einer Geschwindigkeit von rd. 20 cm pro Min., d. h. den rd. 20 m langen Dünndarm in 1½ Stunden. Im Hüftdarm sammelt sich der Inhalt und wird stoßweise in Mengen von 200–1500 ml unter hohem Druck in den Blinddarm geschleudert (3–6mal/Std.).

Der Dünndarminhalt ist stark wässerig, bei Verwendung von Rauhfuttermitteln liegt der Trockensubstanzgehalt im Ileuminhalt unter 4 %, bei gemischten Rationen zwischen 4 und 6 % und bei reinem Krippenfutter zwischen 4 und 10 %.

1.4 Dickdarm

Der Dickdarm des Pferdes besteht aus voluminösen, stark gegliederten und gekammerten Abschnitten (Abb. 3). Der Blinddarm, ein rd. 30 l fassender Sack, besteht aus dem Kopf, der in der rechten Flanke des Pferdes lokalisiert ist, und dem spitzkegeligen Körper, der in der Mitte des Bauchraumes liegt und bis zum Brustbein reicht.

Auf den Blinddarm folgt der umfangreiche, teilweise sackartig erweiterte große Grimmdarm (Colon). Er verläuft vom hinteren rechten Teil der Bauchhöhle nach vorn, wendet sich vor dem Zwerchfell nach links und wieder rückwärts bis zum Becken, wo er in einem scharfen Bogen (Beckenflexur) nach oben umschlägt und oberhalb der ersten Schlinge quer am Zwerchfell vorbei wieder nach hinten zieht. Nach seiner magenähnlichen Erweiterung mündet er in das kleine, mit Poschen versehene Colon, das in den Mastdarm übergeht (Abb. 3).

Im letzten Teil des Verdauungstraktes, dem kleinen Grimmdarm und Mastdarm, wird der Darminhalt durch Wasserabsorption mehr oder weniger stark eingedickt.

Die poschenartigen Aussackungen des kleinen Colons bewirken die charakteristische ballenartige Formung des Kotes.

Der Blinddarm und der größte Teil des großen Grimmdarms sind Gärkammern, in denen, ähnlich wie in den Vormägen der Wiederkäuer, Bakterien und im Blinddarm auch Protozoen vorwiegend strukturierte Futterstoffe zersetzen, die der Verdauung im Dünndarm entgangen sind.

Tab. 5. pH-Wert sowie Ammoniak- und Keimgehalt des Darminhaltes bei Ponys (Heufütterung)

Kriterium	Hüftdarm	Blinddarm	Grimmdarm (Ende)
pH	7,4	6,6	6,6
NH_3-N, mg/100 ml	5,2	2,9	5,4
Bakterienzahl pro Gramm (x 10^6)	36	492	363
E. coli/g x 10^4	0,9	2,6	21,4
Protozoen/g	0	567	0

nach KERN u. a. 1974

Die Zahl der im Dickdarminhalt vorkommenden Keime erreicht einen ähnlichen Umfang wie in den Vormägen der Wiederkäuer (Tab. 5). Ihre Aktivität hängt vor allem von der Art und Menge der aus dem Dünndarm zufließenden Nährstoffe, der Passagegeschwindigkeit des Futters und der Pufferkapazität im Darmlumen ab. Ein ausgewogenes Verhältnis von leicht und schwer abbaubaren Kohlenhydraten ist für die Tätigkeit der Mikroorganismen ebenso wichtig wie ein ausreichendes Angebot an Stickstoff, Mineralstoffen und Vitaminen. Die Mikroorganismen sind in der Lage, größere Mengen an wasserlöslichen Vitaminen zu synthetisieren (Tab. 6). In welchem Umfang der Wirt die Vitamine zu nutzen vermag, ist nicht bekannt. Erfahrungen zeigen jedoch, daß bei ungestörter Dickdarmverdauung im allgemeinen kein Mangel an B-Vitaminen auftritt.

Tab. 6. B-Vitamine im Futter und Darminhalt des Pferdes (mg/kg Trockensubstanz)

Vitamin	Futter	Blinddarm	Grimmdarm Anfangsteil	Endabschnitt
B_1	1,1	7,1	17,8	7,8
B_2	0,4	7,0	9,2	12,2
B_6	< 0,2	2,4	6,1	6,2
Nikotinsäure	3,0	121,0	96,0	119,0
Pantothensäure	0,8	39,2	34,4	20,5
Biotin	< 0,01	0,2	3,8	2,3
Folsäure	< 0,1	3,0	4,7	2,7

nach KOLB u. GÜRTLER 1971

1.5　　Dauer der Nahrungspassage

Die Dauer der Nahrungspassage in den einzelnen Darmabschnitten (Tab. 2) hängt von zahlreichen Faktoren ab (Individualität und Belastung des Pferdes, Zerkleinerungsgrad, Verdaulichkeit oder Verunreinigung des Futters). Von der Gesamtpassagezeit von 35–50 Std. entfallen rd. 85 % auf den Dickdarm. Grünfutter und Rauhfutter passieren im Vergleich zu Krippenfutter den Magen-Dünndarmbereich rascher, verbleiben jedoch länger im Dickdarm. Schwer abbaubare Rauhfuttermittel (Stroh) durchlaufen den Dickdarm langsamer als Grünfutter und jüngeres Heu.

1.6　　Verdauung und Absorption der Futterinhaltsstoffe
　　　　im Dünn- und Dickdarm

1.6.1　Fette

Fette werden überwiegend im Dünndarm zerlegt und absorbiert (wahre Verdaulichkeit > 90 %), insbesondere bei niedrigem Schmelzpunkt (Abb. 6). Werden größere Fettmengen gefüttert, z. B. bei Hochleistungstieren, muß der Übergang von Fett aus dem Dünn- in den Dickdarm verhindert werden (hochverdauliche Fette, kleine Portionen pro Mahlzeit), da sonst die Aktivität der Dickdarmflora, insbesondere der Rohfaserabbau beeinträchtigt wird. Im Dickdarm werden keine langkettigen Fettsäuren absorbiert. Das mit dem Kot ausgeschiedene Fett mikrobieller Herkunft kann bis zu 140 mg/kg LM/Tag betragen.

1.6.2　Kohlenhydrate (Zucker, Stärke, Zellulose)

Die in Futtermitteln enthaltenen *Zucker* werden, sofern löslich oder aus dem Futter herausgequetscht, im Dünndarm zerlegt und absorbiert (Abb. 6). Die Einfachzucker

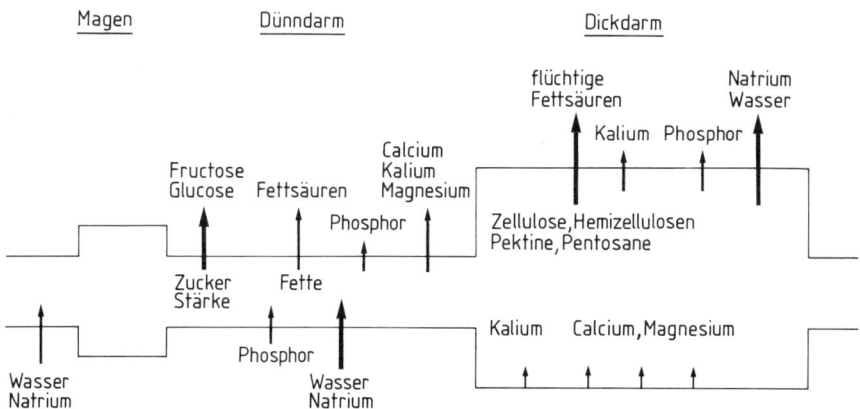

Abb. 6. Verdauung und Absorption von Kohlenhydraten, Fetten, Mineralien und Wasser im Verdauungskanal des Pferdes (die Pfeile geben Nettobewegungen an)

(Glucose oder Fructose) gelangen unmittelbar über die Darmwand in den Pfortaderkreislauf. Von den Disacchariden wird Rohrzucker im Darm des Fohlens noch nicht zerlegt. Erst vom 7. Monat an ist die Saccharaseaktivität in der Dünndarmschleimhaut so hoch, daß auch größere Mengen aufgeschlossen und absorbiert werden. Umgekehrt ist nur das Fohlen in der Lage, Milchzucker (Lactose) zu verwerten. Das für den Abbau notwendige Enzym Lactase ist bis zum Alter von 2–3 Jahren nachweisbar. Kleine Lactosemengen (bis zu 1 g/kg LM/Tag) können bei ausgewachsenen Pferden, bei denen dieser Zucker zum größten Teil unverändert in den Dickdarm fließt, dazu benutzt werden, eine inaktive Dickdarmflora zu stimulieren. Größere Mengen (über 2 g/kg LM/Tag) führen jedoch infolge übermäßiger bakterieller Fermentation im Dickdarm zu Störungen (wässeriger Kot).

Stärke wird zum überwiegenden Teil im Dünndarmbereich durch Amylasen und Maltasen zerlegt und die entstehende Glucose absorbiert (Abb. 6). Bis zum Ende des Dünndarmes sind 60–95 % der Stärke verdaut in Abhängigkeit von Menge pro Mahlzeit und Stärkeart. Maisstärke wurde zu rd. 80 %, Haferstärke zu 95 % bis zum Ende des Dünndarmes abgebaut. Bei roher Kartoffelstärke ist die praecaecale Stärkeverdauung erheblich geringer, so daß größere Mengen in den Dickdarm übertreten. Auch nach Zuteilung großer Kraftfuttermengen pro Mahlzeit fließt mehr Stärke aus dem Dünndarm in den Dickdarm.

Im Gegensatz zu Stärke und Zucker passieren die durch körpereigene Enzyme nicht aufschließbaren Kohlenhydrate wie *Zellulose, Hemizellulose, Pectine* und *Pentosane* den Dünndarm weitgehend unverändert, erst im Dickdarm beginnt ihr bakterieller Abbau. Dabei entstehen flüchtige (kurzkettige) Fettsäuren wie Essig-, Pro-

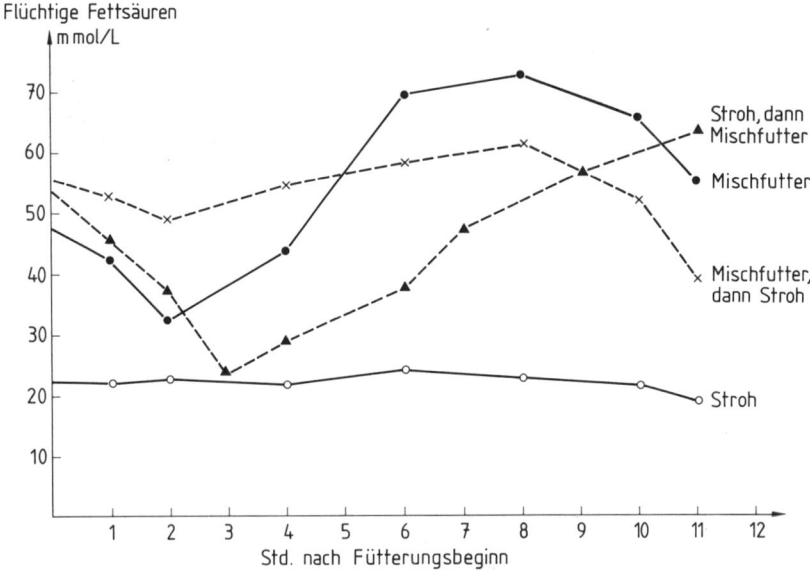

Abb. 7. Konzentration flüchtiger Fettsäuren im Caecuminhalt nach Fütterung von Mischfutter (0,6 kg), Stroh (0,5 kg) sowie Mischfutter + Stroh (0,6 + 0,25 kg pro 100 kg LM und Mahlzeit) in unterschiedlicher Reihenfolge (nach Schwabenbauer u. a. 1982)

pion- und Buttersäure, die über die Darmwand ins Blut gelangen und der Energieversorgung dienen. Von diesen Säuren kann allein Propionsäure in Glucose umgewandelt werden.

Die Konzentration an flüchtigen Fettsäuren im Blinddarmsaft variiert in Abhängigkeit von Futterart und Zeitpunkt nach der Fütterung (Abb. 7). Das Verhältnis der flüchtigen Fettsäuren untereinander wird im Blinddarm-, nicht im Grimmdarminhalt durch die Relation Rauhfutter zu Kraftfutter (Tab. 7) sowie die Höhe der Kraftfuttergaben beeinflußt. Fließen größere Mengen an leicht vergärbaren Kohlenhydraten in das Caecum ein, so fällt der Essigsäureanteil, während die Propionsäure (eventuell auch Milchsäure) zunimmt unter gleichzeitiger Reduktion des pH-Wertes, insbesondere wenn gleichzeitig die stimulierende Wirkung von Rauhfutter für die Bildung von Puffersubstanzen fehlt. Der pH-Wert wird im Blind- und Grimmdarm durch Bikarbonat- und Phosphatpuffer zwischen 6,6–7,5 gehalten, wobei die Pufferkapazität zur sauren Seite höher als zur alkalischen ist.

Tab. 7. Anteil flüchtiger Fettsäuren im Blinddarm- und Grimmdarminhalt bei unterschiedlicher Heu-Kraftfuttergabe

Heu-Kraftfutter-Verhältnis in der Ration	Anteil Fettsäuren (mol/100 mol)		
	Essigsäure	Propionsäure	Buttersäure
		Blinddarminhalt	
1:0	76,2	14,8	8,0
3:2	70,4	21,2	7,2
1:4	61,2	26,0	10,2
		Grimmdarminhalt	
1:0	69,5	16,2	7,6
3:2	68,2	15,0	8,8
1:4	67,0	17,0	9,0

nach HINTZ u. a. 1971

Ein übermäßiger Zustrom leicht vergärbarer Substrate (Stärke, Zucker, Proteine) kann zu einer stürmischen Entwicklung der Flora führen, so daß Fehlgärungen (Tympanien, Acidosen infolge erhöhter Milchsäurebildung) auftreten, oft verbunden mit geringerer Futteraufnahme und Sekundärwirkungen an der Huflederhaut (Rehe). Umgekehrt bedingen schwer zerlegbare Futter (stark verholztes Rauhfutter) mit niedrigem Stickstoffgehalt eine Verarmung der Bakterienflora und einen geringen Abbau dieser Stoffe, so daß im Extrem Anschoppungen durch unverdaute Futtermittel auftreten.

1.6.3 Proteine

Der im Magen bereits eingeleitete Abbau von Proteinen wird im Dünndarm mit Hilfe der Peptidasen (vor allem Trypsin) zu den Endstufen, den Dipeptiden und Aminosäuren fortgesetzt. Durch körpereigene Enzyme können im Dünndarm im wesentlichen nur die in rohfaserarmen Futtermitteln vorliegenden sowie die durch Quetschung im Kopfdarm freigesetzten Proteine aus rohfaserreichen Futtermitteln (Gras) verdaut werden. Bis zur Einmündung des Dünndarmes in den Blinddarm sind von den Eiweißen aus Getreide und Grünfutter rd. ⅔, vom Rauhfutter rd. ⅓ der

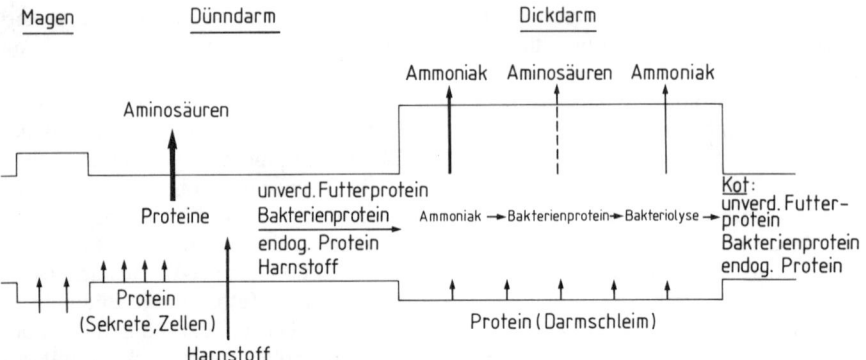

Abb. 8. Intestinaler Stickstoff- bzw. Proteinstoffwechsel

insgesamt verdaulichen Menge verdaut (Abb. 8). Im Dünndarm werden nicht nur stickstoffhaltige Substanzen absorbiert, sondern es fließen mit den Verdauungssekreten auch Eiweiße und Harnstoff in das Lumen ein. Der Harnstoffgehalt im Ileumchymus entspricht dem des Blutplasmas. Bei erhöhtem Harnstoffspiegel im Blut (überhöhte Eiweißfütterung, Nierenschäden, Wassermangel) gelangt daher vermehrt Harnstoff in den Dünndarm.

Die in den Dickdarm eintretenden stickstoffhaltigen Substanzen werden durch eiweiß- oder harnstoffspaltende Enzyme der Mikroorganismen weitgehend zerlegt, ebenso wie ein Teil des im Dickdarmschleim enthaltenen Eiweißen. Harnstoff scheint über die Dickdarmwand nicht in das Lumen einzutreten.

Bei den Abbauvorgängen, die vorwiegend im Blinddarm und Anfangsteil des Colon ablaufen, entstehen Ammoniak, Schwefelwasserstoff, Mercaptane und biogene Amine, die in der Darmschleimhaut (biogene Amine) oder Leber (Ammoniak → Umwandlung in Harnstoff) inaktiviert werden, sowie flüchtige Fettsäuren. Ein Teil der im Dickdarm freigesetzten Aminosäuren bzw. des Ammoniaks wird von den Bakterien und Protozoen für die Synthese körpereigener Aminosäuren herangezogen (Tab. 8).

Die Darmbakterien sterben während der Passage durch den Dickdarm z. T. ab, vor allem in der magenähnlichen Erweiterung des Colons infolge Änderung von Wassergehalt und Osmolarität. Bei der Bakteriolyse werden Peptide und Aminosäuren (auch essentielle) frei, die vor allem wegen der fortschreitenden Dissimilierung der

Tab. 8. Aminosäurengehalt in Futter, Blinddarminhalt sowie Blinddarmbakterien beim Pferd

	Futter	Blinddarminhalt	Blinddarmbakterien
	% der molaren Konzentration des Gesamtaminosäurengehaltes		
Lysin	3,13	5,82	7,06
Threonin	4,28	5,37	6,70
Isoleucin	3,84	4,61	5,49
Methionin	1,37	1,43	1,72
Alanin	8,47	13,6	10,7

nach Reitnour u. a. 1970

entstehenden Eiweißabbauprodukte offenbar nur zu einem geringen Teil absorbiert werden (nach vorläufigen Schätzungen weniger als 1 g Aminosäuren pro kg LM[0,75]/ Tag). Pferde mit einem hohen Bedarf an hochwertigem Eiweiß (Zuchtstuten, Fohlen) sind daher auf die Zufuhr über das Futter angewiesen.

Minderwertiges pflanzliches Eiweiß oder nichteiweißartige stickstoffhaltige Verbindungen (Harnstoff) können zwar im Darmkanal des Pferdes zu hochwertigem mikrobiellen Eiweiß aufgebaut werden, doch das Pferd kann das Mikrobeneiweiß erheblich schlechter nutzen als der Wiederkäuer. Daher hat der Einsatz von Harnstoff beim Pferd keine praktische Bedeutung.

Das Pferd kann jedoch das durch mikrobiellen Abbau unverdauter Futterproteine sowie durch Absterben von Mikroorganismen freigesetzte Ammoniak (nach Passage der Dickdarmwand) für den Aufbau nichtessentieller Aminosäuren in der Leber verwerten und damit noch Nutzen aus der mikrobiellen Verdauung stickstoffhaltiger Substanzen im Dickdarm ziehen (bei proteinarmen Rationen).

1.6.4   Wasser und Elektrolyte (Natrium, Chlor, Kalium)

Im Verdauungskanal ist der Wasser- und Elektrolytumlauf erheblich (Abb. 6). Mit den Verdauungssekreten fließen bei üblicher Fütterung täglich (wie Tab. 9 zeigt) 15–20 l Wasser/100 kg LM mit hohen Natrium- und Chlorgehalten in den Magen-Dünndarmbereich.

Das Wasser wird zum Teil bereits im Dünndarm absorbiert, der Rest fließt in den Dickdarm (Tab. 9). Die Höhe des ileocaecalen Wasserflusses hängt von der Futterart ab und ist besonders ausgeprägt bei Rauhfutter, geringer bei konzentrierten Futtermitteln. Mit den Sekreten treten auch größere Mengen an Natrium und Chlor aus dem Dünndarm in den Dickdarm ein.

Tab. 9. Intestinaler Wasser- und Elektrolytstoffwechsel

a) Sekretmengen kg/100 kg LM/Tag (höhere Mengen bei rauhfutterreichen Rationen)

Speichel	3–4
Magensaft	~2
Pankreassaft	6–10
Galle	3
Darmsaft	2–4
insgesamt	~20

b) täglicher Wasser- und Elektrolytfluß vom Dünn- in den Dickdarm

Rationen:	Wasser[1]) kg	Na[2]) g	Cl[3]) g
10 kg Heu	110	360	190
5 kg Heu, 3 kg Krippenfutter	75	250	130
4 kg Stroh, 5 kg Krippenfutter	85	280	145

[1]) pro kg Futtertrockensubstanz: Heu 12, Stroh 14, Krippenfutter 7 kg
[2]) 3,3 g/kg Ileumchymus
[3]) 1,7 g/kg Ileumchymus

nach KOLB u. GÜRTLER 1971, MEYER u. a. 1982

Im Dickdarm wird das Wasser zu 70–90 % absorbiert je nach Menge, Passagegeschwindigkeit und Wasserbindungsfähigkeit der unverdaulichen Futteranteile. Niedrigere Absorptionsraten findet man bei Rauhfutterrationen (höhere Wasserabgaben über den Kot).

Bei einem Dünndarmverschluß fließen die Sekrete (Wasser und Elektrolyte) weiter in das Lumen, so daß sich der Dünndarm proximal von der Verschlußstelle auffüllt, eventuell bis zum Magen (sekundäre Magenüberladung). Gleichzeitig kann die Flüssigkeit nicht, wie üblich, über die Dickdarmwand absorbiert werden, so daß der Körper rasch austrocknet und eine oft lebensbedrohende Bluteindickung eintritt.

Die mit dem Dünndarminhalt in den Dickdarm übergehenden Na- und Cl-Mengen werden dort zu einem hohen Anteil absorbiert, bei marginaler Versorgung bis zu 99 %. Das mit dem Futter aufgenommene Kalium passiert überwiegend im Dünndarm die Darmschranke (rd. 65–75 %). Der Dickdarm vermag Kalium zu absorbieren, aber auch zu sezernieren (Abb. 6).

1.6.5   Calcium, Phosphor, Magnesium

Calcium wird unabhängig von der Höhe der Zufuhr zu rd. 60–70 % im Dünndarm absorbiert und bei überhöhter Zufuhr teilweise über die Nieren, vorwiegend aber über den Dickdarm wieder ausgeschieden. Für das Magnesium gelten ähnliche Gesetzmäßigkeiten (Abb. 6).

Phosphor fließt in größeren Mengen mit den Verdauungssekreten in das Lumen des Verdauungskanals ein. Bei rauhfutterreichen Rationen ist der Zufluß größer, so daß erst im Dickdarm eine P-Nettoabsorption erfolgt. Werden rohfaserarme Futtermittel zugeteilt, findet infolge geringerer Bildung von Verdauungssekreten bereits im Dünndarm eine P-Nettoabsorption statt.

Aus der unterschiedlichen Lokalisation der Ca- und P-Absorption folgt, daß ein weites Ca/P-Verhältnis im Futter weniger nachteilig ist als ein zu enges, da ein P-Überschuß die Ca-Absorption stärker zu beeinflussen vermag als ein Ca-Überschuß die P-Absorption.

1.7   Kotmenge und -zusammensetzung

Der Kot des Pferdes besteht im wesentlichen aus den nicht absorbierten Teilen von Futter und Verdauungssekreten sowie aus Bakterienresten (Tab. 10). Die täglich

Tab. 10. Kotzusammensetzung beim Pferd (%)

	Stallfütterung	Weidegang
Wassergehalt	75,0	78,0
Rohasche	3,2	5,9
Reinasche	1,4	1,3
Rohprotein	1,7	1,9
Rohfaser	7,1	5,3
N-freie Extraktstoffe und Rohfett	13,0	8,9

nach MÜLLER-REH 1972

abgesetzte Kotmenge schwankt zwischen 1–3 % der Lebendmasse in Abhängigkeit von der aufgenommenen Futtermenge und ihrer Verdaulichkeit.

Der Wassergehalt liegt im Mittel um 75 %. Nach Verfütterung von grobstengeligem Heu (insbesondere Leguminosenheu), Zuckerrüben, Grünfutter, Weizenkleie oder strukturarmen Rationen (junges Weidegras) kann der Wassergehalt mehr oder weniger deutlich ansteigen, bedingt durch raschere Nahrungspassage, höheren Eiweiß- oder Aschegehalt, eventuell auch durch Reizung der Darmschleimhaut. Einseitige Haferfütterung führt dagegen zu einem ausgesprochen trockenen Kot. Nach längerer schwerer Arbeit (starkem Schwitzen) nimmt der Wassergehalt im Kot oft erheblich ab. Bei Weidepferden ist gelegentlich der Sandgehalt im Kot erhöht durch Kontamination des Futters bzw. bei kurzem Gras durch Abbiß unmittelbar über dem Boden (Vernagen der Grasnarbe).

Das Pferd setzt den Kot je nach Volumen an unverdauten Futterstoffen, Wassergehalt, Bewegungsbeanspruchung usw. in Abständen von 30–90 Min. ab. Die regelmäßige Defäkation sowie normale Form-, Konsistenz- und Geruchsqualität des Kotes sind wesentliche Kriterien für eine ungestörte Funktion des Verdauungstraktes (s. Seite 127).

2   Verdaulichkeit der Futtermittel

Als verdaulich gilt derjenige Teil des Futters, der nicht wieder mit dem Kot ausgeschieden wird. Diese Menge entspricht annähernd – nicht vollständig – dem Futteranteil, der auf dem Wege durch den Verdauungskanal über die Darmwand ins Körperinnere gelangt. Bei den üblichen Verfahren der Verdaulichkeitsbestimmung kann jedoch nicht ermittelt werden, in welchem Abschnitt des Verdauungskanals das Futter verdaut wurde. Je höher der Anteil, der bereits **vor** dem Dickdarm absorbiert wird, um so günstiger ist die Ausnutzung der verd. Futterenergie (geringere Energieverluste durch Gasbildung und Wärme infolge mikrobieller Umsetzungen).

Zur Charakterisierung der Verdaulichkeit eines Futtermittels wird im allgemeinen die Verdaulichkeit seiner organischen Substanz herangezogen. Soll die verd. Energie eines Futtermittels berechnet werden, so muß die Verdaulichkeit der einzelnen Inhaltsstoffe (Rohprotein, Rohfaser, Rohfett, stickstofffreie Extraktstoffe) bekannt sein (s. Tab. III, Anhang).

Tab. 11. Verdaulichkeit der organischen Futtersubstanz beim Pferd und Wiederkäuer (Mittelwerte), in %

	Pferd	Wiederkäuer
Stroh	35	50
Wiesenheu	50	55–60
Luzerneheu	50	60
Grünfutter	65	70
Hafer	70	70
sonstiges Getreide	80–85	80–90
Rüben	85	85–90

Die Verdaulichkeit der organischen Futtersubstanz ist bei Pferden und Wiederkäuern verschieden, besonders bei rohfaserreichen Futtermitteln (Tab. 11). Aus diesem Grunde sind die bei Wiederkäuern ermittelten Verdauungswerte nicht auf das Pferd zu übertragen.

Die Verdaulichkeit der organischen Futtersubstanz weist bei verschiedenen Futtermitteln eine weite Variation auf (Tab. 11). Stroh wird z. B. nur zu 35 % verdaut, die Rübe dagegen zu rd. 85 %. Diese Streuung ist von zahlreichen Faktoren abhängig, besonders von Art und Zusammensetzung der Futtermittel sowie von physiologischen und psychischen Bedingungen beim Tier.

Von den Futtereigenschaften sind Rohfaseranteil und Zerkleinerungsgrad besonders wichtig, z. T. auch Wasser- und Rohproteingehalt. Dabei kommt dem Rohfasergehalt der größte Einfluß zu. Generell gilt:

> Je höher der Rohfasergehalt eines Futtermittels, desto geringer seine Verdaulichkeit.

Da Rohfaser kein einheitlicher Stoff ist (Tab. 38), bleibt ergänzend festzustellen: Je größer der Anteil der sogenannten Holz- und Korkstoffe in der Rohfaser, desto schlechter wird die Verdaulichkeit, da diese auch durch Mikroorganismen nicht aufschließbaren Substanzen die übrigen Nährstoffe teilweise hüllenartig umschließen und den Zugang der körpereigenen oder mikrobiellen Verdauungsenzyme erschweren.

Der Einfluß des Rohfasergehaltes im Futter (% in der Futtertrockensubstanz; X) auf die Verdaulichkeit der organischen Futtersubstanz (Y) läßt sich annähernd nach der Formel

$$Y = 93 - 1,26\,X$$

berechnen. Bei einem Futtermittel mit 10 % Rohfaser (in der Trockensubstanz, z. B. Hafer, s. Tab. 12) ist also im Mittel mit einer Verdaulichkeit der organischen Substanz von $Y = 93 - 12,6 = $ rd. 80 % zu rechnen.

Tab. 12. Verdaulichkeit von heilem und gequetschtem Hafer (%)

	Hafer	
	heil	gequetscht
organische Substanz	79,5	77,6
Rohprotein	80,7	83,6
Rohfaser	34,5	24,6
N-freie Extraktstoffe	86,5	82,4

nach GÜNTHER 1984

Die übrigen Futterkomponenten beeinflussen die Verdaulichkeit im Vergleich zur Rohfaser nur wenig. Der Wassergehalt in der Gesamtration ist primär ohne Bedeutung für die Verdaulichkeit. Bei extrem wasserreichem, jungem Grünfutter ebenso wie bei stark suppigem Futter kann die Verdaulichkeit (bzw. Verwertung) abfallen, vermutlich infolge der damit verbundenen geringeren Kautätigkeit und rascheren Passage des Magen-Dünndarmbereiches.

Die Zerkleinerung von Getreidekörnern (Quetschen, Schroten) begünstigt bei kleinen Körnern (Milocorn, Weizen) die Verdaulichkeit, da diese sonst unzerkaut abgeschluckt werden können. Für Hafer ist aus den zahlreichen Versuchsergebnissen abzuleiten, daß bei Pferden mit gesundem Gebiß die Verdaulichkeit durch Quetschen oder Schroten nicht deutlich verbessert werden kann (Tab. 12) bzw. die möglichen geringen Vorteile in der Verwertung (höhere praecaecale Verdauung) durch Nachteile (geringere Haltbarkeit des zerkleinerten Hafers, Staubbildung) wieder aufgewogen werden.

Pferde mit noch nicht voll entwickeltem Gebiß (Fohlen bis zu 3½ Jahren), mit Gebißschäden oder Tiere, die hastig fressen und entsprechend wenig kauen, verdauen *zerkleinerte* Haferkörner besser. Zu feine Vermahlung ist unzweckmäßig, da neben verstärkter Staubbildung Verklumpungen oder Verkleisterungen im Magen auftreten können. Andere Getreidearten (Mais) oder Hülsenfruchtsamen werden im allgemeinen unzerkleinert ausreichend verdaut. Durch Wärmebehandlung des Futters z. B. bei der sogenannten Mashherstellung ist die Gesamtverdaulichkeit des Futters bei gesunden Pferden nicht zu verbessern, allenfalls die praecaecale.

Zerkleinertes Rauhfutter wird schneller gefressen, aber nicht besser verdaut, bei Pulverisierung nimmt die Verdaulichkeit infolge beschleunigter Passage des Dickdarmes sogar ab.

Durch Pelletieren wird die Verdaulichkeit nicht wesentlich verändert, bis auf einen Rückgang der Rohfaserverdaulichkeit (bis zu 15 %), der mit der obengenannten rascheren Darmpassage von feingemahlenem Rauhfutter im Zusammenhang steht.

Die Gesamtfuttermenge, die vom Pferd pro Tag aufgenommen wird, beeinflußt nur dann die Verdaulichkeit – und zwar im negativen Sinne –, wenn die tägliche Trockensubstanzaufnahme rd. 2 kg/100 kg übersteigt und zu große Mengen pro Mahlzeit aufgenommen werden. Das Verhältnis Rauhfutter : Kraftfutter in der Ration hat – auch bei weiter Relation (bis 1 : 4) – keinen Einfluß auf die Verdaulichkeit des Gesamtfutters oder seiner Komponenten. Desgleichen wurde (bei Ponys im Erhaltungsstoffwechsel) kein Effekt der Fütterungshäufigkeit auf die Verdaulichkeit gesehen.

Von den einzelnen Bestandteilen des Futters erreichen die stickstofffreien Extraktstoffe (Stärke und Zucker) vor dem Rohprotein die höchste Verdaulichkeit (rd. 80 bis 90 %), sofern sie nicht von rohfaserreichen Zellwandbestandteilen umschlossen sind. Die Verdaulichkeit der Rohfaser kann zwischen 10 und 60 % schwanken, je nach ihrer Zusammensetzung und der Kauintensität des Pferdes. Je höher der Gehalt an Holz- und Korkstoffen (z. B. in Stroh, Getreidespelzen, überständigem Gras), desto schlechter wird die Rohfaser verdaut, während reine Zellulose ebenso wie die Pektine bei ungestörter Tätigkeit der Dickdarmbakterien ähnlich gut aufgeschlossen werden wie die übrigen Kohlenhydrate. Durch höhere Stärkeanteile in der Ration wird die Verdaulichkeit von Rohfaser nicht verändert.

Die in der Regel niedrigen Verdaulichkeitswerte für Fette sind häufig methodisch bedingt, da bei absolut geringen Fettanteilen in der Ration die endogene Fettsekretion bzw. -synthese eine geringe Fettverdaulichkeit vortäuscht. Bei höheren Fettzulagen (pflanzliche Öle, tierische Fette bis 15 %) wurden jedoch Verdaulichkeitswerte von 85 % und mehr erreicht.

Die Verdaulichkeit des Futters wird auch durch individuelle Faktoren beeinflußt. Zwischen einzelnen Pferden kommen bei gleicher Futterration erhebliche Unterschiede vor. Sie können bedingt sein durch das Freßverhalten (ungenügendes

Kauen), Gebißschäden, erhöhte Peristaltik oder Erkrankungen im Magen-Darm-Trakt (Katarrhe, Parasitenbefall usw.). Werden Pferde gemeinsam an einer Krippe gefüttert, kann eventuell die durch Futterneid bedingte hastige Futteraufnahme die Verdaulichkeit senken. Bei Fohlen liegt sie für rohfaserreiches Material niedriger wegen der zunächst nur unvollkommenen Ausbildung der Backenzähne und des Dickdarms.

Die Verdauungsvorgänge werden auch durch körperliche Beanspruchung der Pferde beeinflußt. Leichte, nicht anstrengende Bewegung nach der Futteraufnahme (ohne Reiter) fördert die Verdaulichkeit. Stärkere, strapazierende körperliche Belastungen nach der Futteraufnahme, besonders rasche Bewegungen beeinträchtigen dagegen die Verdauungstätigkeit und führen zu geringerer Futterausnutzung. Unruhe im Pferdestall nach dem Füttern wirkt in die gleiche Richtung.

Die Verdaulichkeit der wichtigsten Mineralstoffe (Tab. 13) variiert erheblich in Abhängigkeit von Leistung, Alter der Tiere, Futterbegleitstoffen oder Höhe der Zufuhr. Die genannten Mittelwerte können als Verwertungsraten für die Berechnung des Bruttobedarfes angesetzt werden.

Tab. 13. Durchschnittliche Verwertung der mit dem Futter aufgenommenen Mengenelemente und endogene Verluste

	Calcium	Phosphor	Magnesium	Natrium	Kalium	Chlor
Verwertung (%)	60[1])	40[2])	35	90	80	90[3])
endogene Verluste (mg/kg LM/Tag)	30	12	7	18	40	18[3])

[1]) bei hohem P-Angebot oder geringer Vitamin-D-Zufuhr Verdaulichkeit tiefer
[2]) Verdaulichkeit anorganischer P-Verbindungen höher, von Phytinphosphorsäure niedriger
[3]) Schätzwerte

nach SCHRYVER u. HINTZ 1972, GÜRER 1985, MEYER 1986

3 Futteraufnahme und ihre Regulation

Die Höhe der Futter- und damit der Energieaufnahme orientiert sich primär und langfristig am Energiebedarf und der Energiespeicherkapazität des Organismus. Bei steigendem Energieumsatz im Organismus entsteht ein Energiesog, der über Zwischenstufen des Stoffwechsels das Futteraufnahmezentrum im Zwischenhirn anregt und die Futteraufnahme stimuliert. Daher nehmen Pferde, die zusätzliche Leistungen vollbringen (Muskelarbeit, Laktation, Wachstum), stets mehr Futter auf. Auch wenn Energie gespeichert werden kann (Fettansatz), besteht die Tendenz – sofern keine hemmenden Effekte vorliegen, s. unten –, die Futteraufnahme zu erhöhen und die Depots aufzufüllen.

Die Futter- und Energieaufnahme scheint beim Pferd vor allem durch Reize, die vom Kopfdarm ausgehen (vermutlich durch Ermüdung der Kaumuskulatur, weniger durch Füllungsdruck im Magen-Darmkanal oder durch chemische Signale aus dem Pfortader- oder peripheren Blutsystem) gehemmt zu werden. Durch Erleichterung der Futteraufnahme (zerkleinertes, pelletiertes Rauhfutter, pelletiertes Mischfutter) läßt sich die Gesamtfutteraufnahme erheblich steigern (bei Fohlen bis zu 50 %). So kann freier Zugang zu jungem, energiereichem Gras langfristig zu Verfettung (Ponys auf der Weide) oder unkontrollierter Zugang zu Kraftfutter kurzfristig zur Magenüberladung führen.

Für Beginn und Beendigung der Mahlzeiten sind vor allem Eigenschaften des Futters, Verdauungsvorgänge sowie physische und psychische Einflüsse von Bedeutung.

Vor dem Fressen wird bereits die Geruchsqualität registriert. Dumpfer, schimmeliger Geruch oder sonstige Fremdgerüche können die Futteraufnahme erheblich beeinträchtigen. Auch bitter schmeckende Futtermittel (z. B. Mineralien, Roggen) werden weniger gut aufgenommen. Positiv wirken dagegen die Geschmacksqualitäten süß (Melasse, Zuckerschnitzel) und bis zu einem gewissen Grad auch salzig (Viehsalz, Lecksteine). Rohrzuckerlösungen in Konzentrationen von 12,5–100 g/l wurden destilliertem Wasser vorgezogen. Salzlösungen waren bis zu einer Konzentration von 6,3 g/l indifferent, erst bei höheren Konzentrationen wurden sie abgelehnt. Über den Einfluß taktiler Reize, die von der Futterstruktur ausgehen, liegen nur Erfahrungen vor. So wird z. B. härteres Heu (stengelreich) lieber gefressen als zu weiches, blattreiches Material; staubiges Futter wird nur zögernd aufgenommen. Von den Getreidekörnern hat Hafer die höchste Präferenz, gefolgt von Mais und Gerste, während Roggen und Weizen die geringste Akzeptanz aufweisen. Bei Fohlen vermögen eiweißreiche Rationen die Gesamtfutteraufnahme zu erhöhen.

Für die Beendigung der Mahlzeit scheinen – neben Ermüdung der Kaumuskulatur bei Rauhfutter – u. a. die im Dickdarm gebildeten flüchtigen Fettsäuren von Bedeutung zu sein, da Infusionen dieser Säuren in das Caecum die Futteraufnahme verzögerten. Vermutlich wirkt eine Übersäuerung im Dickdarm z. B. nach Fütterung hoher Kraftfuttermengen pro Mahlzeit depressiv auf die Futteraufnahme. Die bei Hochleistungspferden gelegentlich von Tag zu Tag schwankende Futteraufnahme könnte damit im Zusammenhang stehen (»Sauerwerden« der Pferde).

Letztlich sind aber auch physische und psychische Einflüsse für das Freßverhalten bestimmend. Krankheiten aller Art, besonders an Zähnen, Zunge und Schlund, wirken sich nachhaltig auf die Futteraufnahme aus, desgleichen eine allgemeine starke Erschöpfung oder Überhitzung (nach Rennen oder Jagden) oder hohe Umgebungstemperaturen. Ungenügende Futteraufnahme kann auch durch Nährstoffmängel in der Ration bedingt sein, besonders durch eine Unterversorgung mit B-Vitaminen (gestörte Syntheseleistung im Dickdarm), Vitamin E, Natrium und

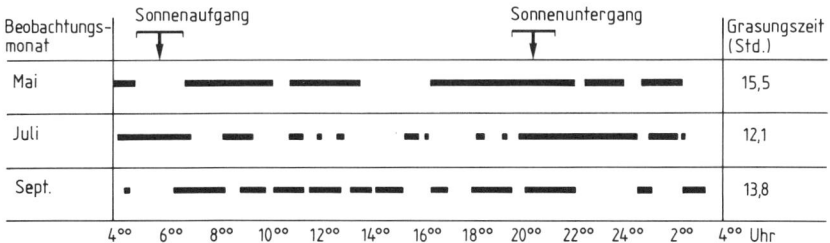

Abb. 9. Rhythmus der Nahrungsaufnahme bei Weidepferden (nach KRULL 1984)
■■■■■ Grasungsphasen

Eiweiß. Ein Wassermangel wirkt ähnlich. Positiv wird das Freßverhalten der Tiere beeinflußt durch Gewöhnung an Futter, Umgebung und Tierpfleger sowie die gemeinsame Haltung von mehreren Tieren.

Die Rhythmik der Futteraufnahme läßt sich bei Pferden am besten auf der Weide beurteilen. Wie aus Abbildung 9 hervorgeht, nehmen Weidepferde das Futter in vielen kleinen Mahlzeiten auf, über Tag und Nacht verteilt, davon rd. ⅔ am Tag und ⅓ in der Nacht. Je nach Qualität der Weide sind Pferde 12–16 Std. mit der Grasaufnahme beschäftigt. Zwischenzeitlich werden Pausen von max. 2 Std. eingelegt.

Wird Pferden im Stall Futter ad libitum zur Verfügung gestellt, beobachtet man eine ähnliche Rhythmik. Bei freiem Zugang zum Mischfutter teilten sich die Versuchspferde das Gesamtfutter in 10 Mahlzeiten auf. Dabei lag die Futtermenge pro Mahlzeit niemals über 0,25 kg/100 kg Lebendmasse.

Tab. 14. Futteraufnahmekapazität pro Tag (gemischte Rationen), kg Trockensubstanz pro 100 kg LM

Rassen	Erhaltung	Leistung Bewegung, Laktation, Wachstum[1])
kleine	2,5	3,5
mittlere	2,0	3,0
große	1,5–2,0	2,5–3,0

[1]) Saugfohlen auch mehr

Die Aufnahmekapazität für die Futter-Trockensubstanz (Tab. 14) variiert in Abhängigkeit von der Größe der Tiere und der geforderten Leistung, vor allem aber auch von der Zubereitung der Futtermittel.

Insgesamt können aufgrund der bisherigen Daten über die Futteraufnahme, ihre Regulation und Rhythmik für die Fütterungspraxis folgende Schlußfolgerungen gezogen werden:

> ▷ Konzentrierte Futtermittel müssen in der Regel dosiert werden.
> ▷ Kleine Mahlzeiten entsprechen dem natürlichen Nahrungsaufnahmebedürfnis des Pferdes.
> ▷ Bei Pferden mit hohem Energiebedarf kann durch konzentrierte Futtermittel sowie Zerkleinerung von Rauhfuttermitteln die Gesamt-Energieaufnahme gesteigert werden.

C Energie-, Nährstoff- und Ballastbedarf

Das Pferd benötigt für die Erhaltung von Gesundheit, Fruchtbarkeit und Leistungsfähigkeit Energie, Nährstoffe (Eiweiße, Mineralien, Vitamine) und Ballaststoffe.

Zu den *energieliefernden Substanzen (Brennstoffe)* zählen die Kohlenhydrate, Fette und – soweit im Überschuß aufgenommen – auch die Eiweiße (s. unten).

In den üblichen Pferdefuttermitteln liegt der größte Teil der Energie in Form von Kohlenhydraten vor – Verbindungen, die aus Kohlenstoff, Wasserstoff und Sauerstoff im Verhältnis von 1:2:1 bestehen (s. auch Tab. 38). Die Grundelemente der Kohlenhydrate sind die Einfachzucker (Monosaccharide wie Glukose, Fruktose, Galaktose, Pentosen), die in verschiedenen Kombinationen die Di- oder Polysaccharide (Zweifach- oder Mehrfachzucker) bilden. In der Fütterung sind die Disaccharide Rohrzucker (Glukose + Fruktose) und Milchzucker (Glukose + Galaktose) von geringerer Bedeutung. Der Hauptteil der Kohlenhydrate besteht aus den Mehrfachzuckern Stärke und Zellulose, die beide aus vielen Glukosemolekülen zusammengesetzt sind, jedoch mit unterschiedlicher Bindungsform. Während die Stärke hauptsächlich von körpereigenen Enzymen des Pferdes in die Einfachzucker zerlegt werden kann, ist ein Abbau der Zellulose nur durch Enzyme der Darmsymbionten möglich. Aufgrund dieser Eigenschaften zählt die Zellulose in Verbindung mit anderen pflanzlichen Komponenten zu den Struktur- und Ballaststoffen, denen neben der Nährstofflieferung noch eine Sonderfunktion zukommt (s. unten). Ähnliches gilt von den Pentosanen und Pektinen – Polysaccharide, die aus Pentosen bzw. Galakturonsäure aufgebaut sind und vorwiegend in Zellwänden, aber auch Speicherorganen (Rüben) vorkommen.

Die Fette, die aus Glyzerin und Fettsäuren bestehen, spielen in der Nahrung des Pferdes nur eine untergeordnete Rolle. Ihr Anteil in der Gesamtration liegt in der Regel unter 5 %. Fette und Kohlenhydrate können sich als Energielieferanten vertreten.

Die *Eiweiße (Proteine)* bezeichnet man als Baustoffe, da sie für den Aufbau von Körpersubstanz in fester (Muskulatur, Bindegewebe, Organe) oder flüssiger Form (Blut, Milch, Verdauungssekrete) benötigt werden. Sie enthalten neben Kohlenstoff, Wasserstoff und Sauerstoff auch Stickstoff, Schwefel und Phosphor.

Eiweiße sind aus Aminosäuren aufgebaut. Aufgrund der zahlreichen in der Natur vorkommenden Aminosäuren (rd. 20) ergeben sich für ihre Zusammensetzung viele Kombinationsmöglichkeiten.

Der Organismus kann im Stoffwechsel einen Teil der Aminosäuren aus Kohlenhydrat- bzw. Fettabbauprodukten und stickstoffhaltigen Vorstufen selbst herstellen, andere Aminosäuren (essentielle wie Lysin, Methionin, Tryptophan, Leucin, Isoleucin, Threonin, Valin, Histidin und Phenylalanin) müssen mit dem Futter zugeführt werden. Steht nur eine dieser essentiellen Aminosäuren in ungenügender Menge zur Verfügung, so wird der Aufbau körpereigenen Eiweißes beeinträchtigt. In pflanzlichen Eiweißen (besonders in Getreidekörnern) sind die Aminosäuren Lysin, Methionin und Tryptophan nur in geringer Menge enthalten, während Eiweiße tierischer Herkunft eine ausgeglichene Aminosäurenzusammensetzung aufweisen. Die beim erwachsenen Pferd im Dickdarm mikrobiell gebildeten hochwertigen, d. h. alle essentiellen Aminosäuren enthaltenden Proteine stehen dem Wirtsorganismus nur zu einem geringen Teil zur Verfügung.

Bei den *Mineralien* wird zwischen Mengenelementen (Calcium, Phosphor, Magnesium, Natrium, Kalium und Chlor) und Spurenelementen (Eisen, Kupfer, Cobalt, Zink, Mangan, Jod, Selen) unterschieden.

Die *Vitamine* – chemisch gesehen, recht komplizierte Verbindungen – werden unterteilt in fettlösliche (Vitamin A und seine Vorstufe, das β-Carotin; Vitamine D, E und K) und wasserlösliche (Vitamine B_1, B_2, B_6, B_{12}, Nikotinsäure, Pantothensäure, Folsäure etc.).

Zu den *Struktur- und Ballaststoffen* zählen Zellulose und Pentosane, die nur mit Hilfe mikrobieller Enzyme verdaut werden können, aber auch die Holz- und Korkstoffe (Lignin, Suberin und Kutin) – Substanzen, die mit zunehmendem Alter der Futterpflanzen in den Zellwänden eingelagert werden (Verholzung). Die Holzstoffe bestehen aus großen, netzartig aufgebauten Molekülen, die selbst durch Mikroorganismen des Darms nicht mehr zerlegt werden. Diese unverdaulichen Ballaststoffe sind jedoch in bestimmten Mengen für die Funktion des Verdauungskanals unentbehrlich (s. Seite 72) – ebenso wie die anderen schwerverdaulichen Faserstoffe.

Voraussetzung für eine richtige und zweckmäßige Ernährung des Pferdes ist die Kenntnis seines Energie- und Nährstoffbedarfes. Die im folgenden genannten Empfehlungen basieren im wesentlichen auf den Angaben der **Gesellschaft** für **Ernährungsphysiologie** der **Haustiere** (1982). Bei allen Bedarfsempfehlungen handelt es sich um Richtwerte. Insbesondere in der Pferdefütterung ist vor ihrer zu schematischen Anwendung zu warnen, da zwischen Individuen erhebliche Unterschiede im Bedarf bestehen.

In den folgenden Abschnitten wird daher versucht, neben den absoluten Bedarfszahlen vor allem auch die Ursachen der Bedarfsvariationen (Individualität, Umweltverhältnisse, Alter, Interaktionen zwischen einzelnen Nährstoffen etc.) aufzuzeigen, damit die Werte sinnvoll modifiziert werden können.

1   Energie und Eiweiß

1.1   Energie- und Eiweißstoffwechsel

Der lebende Organismus ist permanent auf Zufuhr von Energie angewiesen: für Erhaltung der Körpertemperatur, Funktion der Organe, Neubildung von Gewebe oder für Bewegungen.

Der Bruttobrennwert der energieliefernden Stoffe im Futter ist wie folgt anzusetzen (in kJ^1/g):

---

[1]) 1 kJ = 0,24 kcal, 1000 kJ = 1 Megajoule (MJ).

Kohlenhydrate	17,2
Fette	38,9–39,8
Eiweiße	23,9

Die mit dem Futter aufgenommenen Energieträger gelangen nach der Verdauung in Form von Zuckern, Fettsäuren oder Aminosäuren über Darmwand und Blutbahn zu den Körpergeweben (Abb. 6 und 8). Die Einfachzucker stammen aus den Mono-, Di- oder Polysacchariden des Futters (Zucker und Stärke), die Fettsäuren aus den Futterfetten bzw. aus dem mikrobiellen Abbau strukturierter Kohlenhydrate im Dickdarm, die Aminosäuren aus den Futtereiweißen, eventuell auch aus abgestorbenen Bakterien des Dickdarms.

Die Geschwindigkeit, mit der die energieliefernden Stoffe in die Blutbahn gelangen, ist unterschiedlich. Monosaccharide aus Rohrzucker passieren 1–2 Std. nach Aufnahme die Darmschranke (Abb. 23), etwas früher, als wenn sie zunächst aus Stärke freigesetzt werden müssen. Aus Zellulose oder verwandten strukturierten Kohlenhydraten steht die Energie erst 4–6 Std. (Abb. 7) nach der Futteraufnahme – nach Abbau durch Mikroben des Dickdarms zu niederen Fettsäuren – zur Verfügung. Die Fütterung von Zuckern kann also zu einer raschen, stoßweisen Energieauffüllung führen, während rauhfutterreiche Rationen mehr für ein langsam fließendes, kontinuierliches Energieangebot sorgen. Rationen mit einem ausgeglichenen Verhältnis zwischen den verschiedenen Kohlenhydraten sichern also zwischen den Mahlzeiten einen gleichmäßigen Zustrom energieliefernder Stoffe aus dem Verdauungskanal.

Zum Ausgleich des temporär erhöhten Energieumsatzes (z. B. bei forcierter Bewegung) verfügt der Organismus über Energiespeichermöglichkeiten. Eine geringe Energieretention ist in Form von Glykogen – einem Polysaccharid – in Muskulatur und Leber möglich. Die Höhe dieser Energiereserve variiert entsprechend Bewegungsaktivität und Trainingszustand. Bei mittelgroßen Pferden können 20–35 MJ aus dieser Quelle bereitgestellt werden.

Mehr Energie kann in den Fettdepots gespeichert werden. Das Fettansatzvermögen des Pferdes ist im Vergleich zu anderen Tierarten nicht groß. Im Mittel wurden

Tab. 15. Körperzusammensetzung neugeborener und ausgewachsener Pferde (pro kg LM)

	neugeboren	ausgewachsen[1]
Wasser g	730	630
Fett g	26	150 (60–200)
Eiweiß g	170	187
Energie MJ	5	10 (7–12)
Calcium g	18,2	15
Phosphor g	9,7	7,5
Natrium, Kalium g	1,9	1,6 bzw. 2,0
Chlor g[2]	–	1,5
Eisen g	0,12	–

[1] org. Substanz bezogen auf Ingesta-freie Masse. Magendarmkanal leer: 5 %, Inhalt: 5–10 % der LM
[2] beim Menschen

nach Schrottenloher 1950, Ropp u. a. 1972, Schryver u. a. 1974, Meyer u. Ahlswede 1976, NRC 1978, Lindner 1983, Gürer 1985 im Gesamtkörper Fettgehalte von 10–15 % registriert (Tab. 15). Bei intensiv gefütterten Pferden (auch bei Vollblütern) werden Fettgehalte bis zu 20 % erreicht. Mittelgroße Pferde in normalem Ernährungszustand können aus den Fettdepots über einen längeren Zeitraum bis zu 1000 MJ freisetzen.

Das Glykogen wird vorwiegend bei kurzfristigen Belastungen abgebaut und unmittelbar wieder eingelagert, während die Fettreserven bei längerdauernden Bewegungen mobilisiert werden. Sind die Fettreserven erschöpft, wird auch eiweißhaltiges Gewebe zur Energiegewinnung abgebaut.

Für die Synthese von Körpereiweißen werden Aminosäuren in einem bestimmten Verhältnis zueinander benötigt. Nicht verwendete Aminosäuren unterliegen einem Katabolismus, wobei ihre Amino-Gruppen (NH_2) abgespalten, zu Harnstoff entgiftet und die Grundgerüste als Brennstoff verwendet werden. Der gleiche Prozeß läuft ab, wenn z. B. Pferde, die Muskelarbeit verrichten, zu hohe Eiweißmengen (im Vergleich zum Bedarf) erhalten. Der Abbau der Aminosäuren, vor allem aber die notwendige Entgiftung und Ausscheidung der entstehenden Spaltprodukte (u. a. Harnstoff) kosten Energie, so daß eine Eiweißüberfütterung bei Tieren mit erhöhtem Energieumsatz (Muskeltätigkeit) keineswegs ökonomisch ist, abgesehen von der Belastung des Organismus.

1.2   Bewertung des Energie- und Eiweißgehaltes in Futtermitteln

Die Bewertung der mit dem Futter aufgenommenen und tatsächlich für Leistungen zur Verfügung stehenden Energie ist nur unter starker Vereinfachung verdauungsphysiologischer und energetischer Vorgänge möglich.

Im folgenden wird die *verdauliche Energie* des Futters (Bruttoenergie im Futter minus Energie im Kot) als Bewertungsmaßstab der Futterenergie benutzt. Dabei ist zu berücksichtigen, daß bei Futtermitteln, die überwiegend im Dickdarm mikrobiell aufgeschlossen werden, die als verdaut erscheinende Futterenergie in geringerem Umfang verfügbar ist als bei vorwiegend im Dünndarm verdauten Futtermitteln, da im Dickdarm Futterenergie z. T. in Wärme oder Gase überführt wird. Auch hochverdauliche Futtermittel, in zu großen Mengen pro Mahlzeit gegeben und infolge rascher Passage zu einem größeren Anteil im Blinddarm mikrobiell vergoren, verlieren auf diese Weise von ihrem Energiewert.

Die mit dem Futter aufgenommenen Eiweiße werden, sofern nicht für den Neuaufbau von Gewebe (oder die Bildung von Milch) verwendet, energetisch in geringerem Umfang genutzt, da die enthaltenen Aminosäuren vor der oxidativen Verbrennung desaminiert und entstehende Abbauprodukte wie Harnstoff, Allantoin oder Hippursäure den Organismus in einer nicht vollständig oxidierten Form über die Nieren verlassen. Daher beträgt der tatsächlich verfügbare Anteil der Energie pro Gramm Protein im Energiestoffwechsel nur 17,2 kJ. Wird Eiweiß jedoch für die Bildung von Körpergewebe oder Milch verwendet, so liegt sein energetischer Wert höher (23,9 kJ/g).

Die dem Organismus tatsächlich zur Verfügung stehende Energie eines Futtermittels ist die umsetzbare Energie (Bruttoenergie minus Energie im Kot und Harn; je nach Futterart rd. 80–90 % der verdaulichen Energie). Sie kann nur zu einem Teil direkt in Leistungen (Bewegung, Gewebe-, Milchbildung) umgesetzt werden, da für die Umwandlung energiezehrende biochemische Reaktionen notwendig sind unter

Freisetzung von Wärme. Bei der Synthese von Milch oder neuem Gewebe (wachsende Tiere) kann mit einer Ausnutzung der umsetzbaren Energie von 60–70 %, bei der Muskeltätigkeit von 25–35 % gerechnet werden.

Der Bedarf des Pferdes bzw. der Gehalt der Futtermittel an verdaulicher Energie wird in der Dimension Mega-Joule (MJ) angegeben, der Eiweißbedarf in *Gramm verdauliches Rohprotein.*

Das verd. Rohprotein kennzeichnet die Verdaulichkeit des Futterproteins, liefert dagegen keine Informationen über den Anteil stickstoffhaltiger Substanzen nichteiweißartiger Natur oder über das Aminosäurenmuster. Daher ist nur für erwachsene Pferde die Bedarfsangabe »verd. Rohprotein/Tag« ausreichend. Bei Fohlen jedoch, die einerseits einen hohen Bedarf an essentiellen Aminosäuren aufweisen, andererseits noch kein voll entwickeltes Dickdarmsystem besitzen, sind zusätzliche Angaben über den Bedarf an essentiellen Aminosäuren notwendig, ebenso wie bei laktierenden Stuten mit hohen Ausgaben an essentiellen Aminosäuren.

1.3   Erhaltungsstoffwechsel

Pferde, die keine besonderen Leistungen erfüllen, d. h. nicht arbeiten, laktieren, wachsen usw., stehen im Erhaltungsstoffwechsel. *Energie* wird in diesem Zustand für die elementaren Lebensäußerungen wie Futteraufnahme und Verdauung, Nährstoffumsatz und -ausscheidung, ungerichtete Körperbewegungen sowie insbesondere für die Konstanthaltung der Körpertemperatur benötigt.

Tab. 16. Empfehlungen für die tägliche Versorgung ausgewachsener Pferde im Erhaltungsstoffwechsel mit verd. Energie (vE) und verd. Rohprotein (vRp)

LM ausgewachsen kg	LM^{0,75} ausgewachsen kg	verd. Energie MJ	verd. Rohprotein g
100	31,6	19,0	95
200	53,2	31,9	160
300	72,1	43,3	216
400	89,4	53,6	268
500	106	63,6	318
600	121	72,6	363
700	136	81,6	408
800	150	90,0	450
g vRp: MJvE		5 : 1	

nach Gesellschaft für Ernährungsphysiologie der Haustiere 1982

Bei warmblütigen Tieren geht stets ein Teil der aufgenommenen Energie in Form von Wärme an die meist kühlere Umgebung verloren. Die Wärmeabgabe hängt von der Relation Körperoberfläche zu Körpervolumen, der Isolierung der Körperoberfläche sowie von der Temperaturdifferenz zwischen Körperoberfläche und Umgebung ab. Kleine Pferde weisen relativ zur Lebendmasse eine größere Körperoberfläche auf als große. Daher liegt der Energiebedarf im Erhaltungsstoffwechsel pro kg LM bei kleineren Pferden höher. Um einen konstanten Wert für Pferde unterschiedlicher Größe zu erhalten, wird der Energiebedarf auf die Stoffwechselmasse (LM potenzi um $0,75 = LM^{0,75}$) bezogen, da diese Größe etwa der Körperoberfläche proportional ist.

Unter praktischen Bedingungen benötigt das Pferd im Erhaltungsstoffwechsel täglich 0,6 MJ (0,55–0,63) verd. Energie/kg $LM^{0,75}$. Dabei ist der Bedarf für die unumgänglichen (ungerichteten) Bewegungen eingeschlossen. Aus diesem Wert errechnen sich die in Tabelle 16 aufgeführten Empfehlungen für ausgewachsene Tiere unterschiedlicher Lebendmasse.

Die genannten Bedarfszahlen liefern nur grobe Anhaltspunkte. Zwischen Einzeltieren oder Rassen bestehen deutliche Unterschiede im Energiebedarf aufgrund ihres Temperamentes (höherer Energiebedarf infolge spontaner Bewegungsaktivität) sowie der Hautisolierung (Länge und Dichte des Haarkleides, Stärke des Unterhautfettgewebes). Daneben sind die jeweils herrschenden Umgebungstemperaturen zu beachten. Die thermoneutrale Zone liegt bei Pferden zwischen $+ 10\,°C$ und $- 15\,°C$, allerdings in Abhängigkeit von der Anpassung des Pferdes an die Umgebung (Ausbildung des Haarkleides z.B. bei Weidepferden, die sich allmählich an sinkende Temperaturen gewöhnen können) und an sonstige Klimafaktoren. Während bei trockener Kälte ohne starke Luftbewegung die Wärmedämmung über die äußere Haut relativ perfekt funktioniert, nehmen die Wärmeverluste bei Regen und Wind zu. An kühlen, windigen und regnerischen Herbsttagen muß daher z.B. bei Weidepferden mit einem Mehrbedarf an Energie gerechnet werden.

Der *Eiweißbedarf* im Erhaltungsstoffwechsel ergibt sich aus den Stickstoffverlusten über Kot, Harn und Haut sowie aus dem für die Darmflora notwendigen minimalen Stickstoffanteil in der Futtermasse. Nach bisherigen Untersuchungen reichen täglich etwa 3 g verd. Rohprotein pro kg $LM^{0,75}$ aus, um das Stickstoffgleichgewicht im Organismus und eine bescheidene Proteinspeicherung sicherzustellen. Pro kg LM werden etwa 0,5–1 g verd. Rohprotein/Tag benötigt (Tab. 16). Dieser Wert kann, sofern notwendig, z.B. bei leber- oder nierenkranken Pferden um 20–30 % unterschritten werden, ohne daß eine negative Stickstoffbilanz auftritt.

Pferde, die im Erhaltungsstoffwechsel stehen, benötigen in der Ration etwa 5 g verd. Rohprotein pro MJ verd. Energie. Anhand dieser Relation kann die Ausgewogenheit eines Futtermittels im Energie/Eiweißgehalt rasch beurteilt werden (s. Tab. VI, Anhang). In den meisten Futtermitteln (abgesehen von Stroh und Hackfrüchten) wird diese Relation erreicht, häufig aber überschritten. Bei Pferden im Erhaltungsstoffwechsel ist Eiweißmangel selten, Eiweißüberschuß dagegen häufig zu beobachten.

Eiweißüberschuß kann bis zum 3fachen des Erhaltungsbedarfes bei gesunden Pferden toleriert werden (s. unten). Ein Eiweißmangel, der mit abnehmender Freßlust, Hauterkrankungen, Abwehrschwäche und Gewichtsverlust einhergeht, ist bei Unterschreiten der Bedarfsnorm von etwa 30 % zu erwarten.

1.4   Muskelarbeit

Reit-, Spring-, Lauf- oder Zugpferde benötigen zusätzliche Energie für ihre Muskeltätigkeit. Die bei Muskelkontraktionen umgesetzte Energie wird durch energiereiche Phosphate – Creatininphosphat, Adenosintriphosphat (ATP) – bereitgestellt. Diese energiereichen Substrate entstehen durch oxidative Verbrennung energieliefernder Substanzen, die zu einem geringen Teil in Form von gespeicherten Kohlenhydraten

(Glykogen) oder Fetten im Muskel eingelagert sind, vorwiegend aber über die Blutbahn (Glukose, Fettsäuren) aufgenommen werden. Die Energie wird somit im Muskel – ähnlich wie in einer Batterie – zunächst gespeichert und erst durch einen Impuls über das Nervensystem freigesetzt.

Zu den Besonderheiten der »tierischen Kraftmaschine« zählt, daß sie zeitweilig erheblich (bis zum 10fachen der Normalleistung) überlastet werden kann. Wenn bei einer Überlast nicht genügend Sauerstoff zur Muskulatur transportiert wird, muß durch anaeroben (in Abwesenheit von Sauerstoff) Abbau von Glukose (zu Milchsäure) Energie gewonnen werden. Diese Art der Energiebereitstellung im Muskel ist nur kurzfristig möglich (unter natürlichen Bedingungen z. B. bei der Fluchtreaktion), da es u. a. zu einer fortschreitenden Milchsäureanreicherung in Muskulatur und Blut kommt.

Die Höhe des *Energiebedarfes* für den Muskel kann aus der geleisteten Arbeit berechnet werden. Diese Größe ist bei Zugpferden einfach, bei Reitpferden weniger sicher zu bestimmen.

Die vom Muskel aufgenommene Energie wird – ähnlich wie in einer Wärmekraftmaschine – nur zu einem Teil in Arbeit umgesetzt, der Rest in Form von Wärme frei, der nicht nur ohne Nutzen ist, sondern den Wärmehaushalt belastet. Die Energie von Fetten und Kohlenhydraten wird bis zu 44 % in energiereiche Phosphate (ATP) umgesetzt, die Eiweißenergie nur zu maximal 29 %. In der Praxis kann mit einer Ausbeute der verd. Energie bei der Muskelarbeit von 25–30 % gerechnet werden, da die Energieumwandlung in ATP nicht immer die genannten Höchstwerte erreicht. Bei kurzfristiger Überlastung liegt sie tiefer, da dann wegen ungenügender Sauerstoffzufuhr (s. oben) vom aeroben zum anaeroben Stoffwechsel umgeschaltet wird. Die entstehende Milchsäure wird ins Blut abgegeben und in der Leber teilweise wieder zu Glykogen aufgebaut, z. T. jedoch über die Nieren ausgeschieden. Bei Geschwindigkeiten über 500–600 m pro Min. (je nach Trainingszustand) steigt der Milchsäuregehalt in Blut und Harn erheblich an.

Der Energiebedarf pro Strecke (horizontal) hängt von Bewegungsart und -geschwindigkeit ab. Bei 4–10 km/Std. werden pro kg LM zusätzlich 2,5 kJ, bei höheren Geschwindigkeiten bis zu 40 kJ verd. Energie pro km benötigt (Tab. 17). Mit steigender Geschwindigkeit nimmt der zusätzliche Energiebedarf pro Strecke also überproportional zu und erreicht bei Höchstgeschwindigkeiten kurzfristig extreme Werte (»Schnell fahren kostet Hafer«).

Die Ursache für den überproportionalen Anstieg des Energieumsatzes bei höherer Geschwindigkeit ist durch die mit steigender Geschwindigkeit stärkere vertikale Verlagerung der Körpermasse (beim Galopp), die erhöhten Reibungsverluste bei der

Tab. 17. Zusätzlicher Energiebedarf bei Bewegungsleistungen (kJ verd. Energie/kg LM[1])

Bewegungsart	km/Std.	pro km	pro 10 Min.	pro Std.
Schritt	4	2,5	1,7	10
leichter Trab	10	2,5	4,2	25
mittlerer Trab	15	3,4	8,3	50
Galopp	25	6,0	25	
Höchstgeschwindigkeit		bis 40		

[1]) Pferd + Reiter.

Fußung, eventuell auch durch die Umschaltung auf den anaeroben Stoffwechsel zu erklären.

Aufgrund der in Tabelle 17 angegebenen Zahlen kann der Gesamtbedarf, der sich aus dem Erhaltungsbedarf und dem zusätzlichen Aufwand für die Muskeltätigkeit ergibt, berechnet werden. Dabei ist der Lebendmasse des Pferdes die des Reiters hinzuzufügen. Tabelle IV (Anhang) zeigt den Rechengang. Aufgrund der Angaben in den Tabellen 16 und 17 kann für jede beliebige Belastung der Bedarf kalkuliert werden.

Für die Charakterisierung der von Pferden ausgeführten Arbeit ist international die Einteilung in *leichte, mittlere* und *schwere Arbeit* üblich, da Angaben über die Arbeit pro Strecke bzw. Zeiteinheit nicht genügen. Der über den Erhaltungsbedarf hinausgehende Mehrbedarf (Teilbedarf) an verd. Energie kann überschlägig wie folgt klassifiziert werden: leichte Arbeit bis 25 %, mittlere Arbeit 25–50 %, schwere Arbeit über 50 % der Versorgungsempfehlung für den Erhaltungsstoffwechsel. Daraus leiten sich die in Tabelle 18 aufgeführten pauschalen Empfehlungen zur Energieversorgung von Pferden mit unterschiedlicher Arbeitsleistung ab. Da der Energieaufwand auch bei gleichen Leistungen von Tier zu Tier variieren kann (Temperament, Trainingszustand, Futterausnutzung usw.), ist eine Anpassung für jedes Einzeltier notwendig. Sicherstes Kriterium für die richtige Energiezuteilung bei arbeitenden Pferden bleibt letztlich die Gewichtskontrolle bzw. die Beobachtung des Futterzustandes.

Bei Zugpferden wird die Leistung unmittelbar über Zugkraftmesser bestimmt. Sie ergibt, gemessen in Newtonmeter (Nm), ein direktes Maß für die zusätzlich benötigte Nettoenergie, da 1 Nm einem Joule entspricht. Unter Berücksichtigung der Umwandlungsrate der verd. Energie in kinetische Energie (rd. 30 %) ist der Bedarf direkt abzuleiten (Tab. 19).

Der *Eiweißbedarf* von Pferden, die Muskelarbeit verrichten, steigt gegenüber dem Erhaltungsbedarf nur unwesentlich an. Dennoch sind gewisse Zuschläge bei Arbeitspferden vorzusehen, da

– bei der Arbeit Stickstoff mit dem Schweiß verlorengeht (rd. 1–3 g N/kg Schweiß),
– bei höherem Energiebedarf mehr Futter aufgenommen wird und die fäkalen Stickstoffverluste steigen,
– die Dickdarmbakterien für ihre Tätigkeit eine bestimmte Relation zwischen Energie und Eiweiß im Chymus benötigen,
– bei vermehrter Muskeltätigkeit nach Ruhepausen die Muskelmasse zunimmt (Arbeitshypertrophie).

Unter Berücksichtigung dieser Bedingungen sind die in Tabelle 18 aufgeführten Bedarfswerte formuliert. Bei Arbeitspferden steigt zwar der absolute Bedarf an verd. Rohprotein mit zunehmender Leistung an. Die Eiweiß/Energierelation in der Ration kann jedoch ähnlich wie bei Tieren im Erhaltungsstoffwechsel (5 : 1) bleiben, da mit zunehmender Energieaufnahme auch die Eiweißzufuhr proportional steigt.

In der Praxis werden die Bedarfsnormen für Eiweiß vielfach überschritten, weil die Eiweißgehalte in den üblichen Pferdefuttermitteln oft über der genannten Relation liegen (Tab. VI, Anhang).

Bei überhöhter Proteinzufuhr wird Eiweiß als Energiequelle genutzt, so daß der Stoffwechsel durch den Zwang zur energieaufwendigen Transformation und Stickstoffausscheidung unnötig belastet wird. Bei Aufnahme von mehr als 2 g verd. Rohprotein/kg LM muß mit erhöhtem Wasserumsatz und Anstieg der Serum-Harnstoff-Konzentrationen, aber auch mit Störungen im Verdauungskanal (Dysbakterien) oder des Mineralstoffhaushaltes (erhöhter Ca- und P-Verlust über die Nieren) gerechnet werden. Das Leistungsvermögen wird dadurch geschwächt. Eiweißreiche Futtermittel stärken auch nicht, wie vielfach angenommen, den »Arbeitswillen« oder die Lernfähigkeit des Pferdes.

Tab. 18. Empfehlung für die tägliche Versorgung von Pferden, die Arbeit verrichten, mit verd. Energie (vE) und verd. Rohprotein (vRp)

LM ausgewachsen	Arbeit[1]					
	leichte		mittlere		schwere	
	vE	vRp	vE	vRp	vE	vRp
kg	MJ	g	MJ	g	MJ	g
100	19–24	95–120	24–28	120–140	28	140
200	32–40	160–200	40–48	200–240	48	240
300	43–54	215–270	54–65	270–325	65	325
400	54–67	270–335	67–81	335–405	81	405
500	64–80	320–400	80–96	400–480	96	480
600	73–91	365–455	91–109	455–545	109	545
700	82–102	410–510	102–123	510–615	123	615
800	90–113	450–565	113–135	565–675	135	675
g vRp: MJvE			5 : 1			

[1] Definition s. Text
    nach Gesellschaft für Ernährungsphysiologie der Haustiere 1982

Tab. 19. Täglicher Bedarf an verd. Energie[1]) und verd. Eiweiß für Zugpferde

| Arbeitsintensität (Mill. Nm/Tag, 600 kg LM) | 500 kg | | 600 kg | | 700 kg | |
| | vE | vRp | vE | vRp | vE | vRp |
	MJ	g	MJ	g	MJ	g
leicht[2]) (bis 6,1)	76	375	90	450	100	500
mittel (6,2–12,2)	90	450	105	525	115	575
schwer (> 12,2)	> 96	480	> 110	550	> 125	625

[1]) Ausnutzung der verd. Energie mit 30 % angenommen (ruhige Zugarbeit), Relation verd. Rohprotein (g): verd. Energie (MJ) = 5 : 1.
[2]) Arbeitsaufwand bei verschiedenen Zugleistungen (Mill. Nm/h/Pferd):
    Pflügen, leichter Boden   rd. 3,4
    Pflügen, schwerer Boden   rd. 4,9–6,9
    Zugarbeit im Wald   rd. 2,5
    Wagen, gummibereift; 10 dt   rd. 1,5 (fester Weg)
                                         rd. 2,9–3,4 (unbefestigter Weg)
    Wagen, eisenbereift; 20 dt   rd. 2,4 (befestigter Weg)

Bei einer Zuggeschwindigkeit von rd. 4 km/h kann ein Pferd über längere Zeit eine Zugkraft (in N) aufbringen, die etwa seiner Körpermasse (in kg) entspricht. Umrechnung: 1 kpm = 9,81 Nm (Newtonmeter); 1 Nm = 1 J.

nach BREIDBACH 1959, DYRENDAHL 1972 u. a.

1.5   Trächtigkeit

Der Fötus beginnt etwa vom 200. Trächtigkeitstag an stärker zu wachsen (Abb. 10) und erreicht bei der Geburt rd. 9 % der mütterlichen Lebendmasse (Fohlen kleiner Rassen 10–11 %, größerer Rassen 8–9 %). Zwischen den Geschlechtern bestehen zur Zeit der Geburt keine Gewichtsdifferenzen.

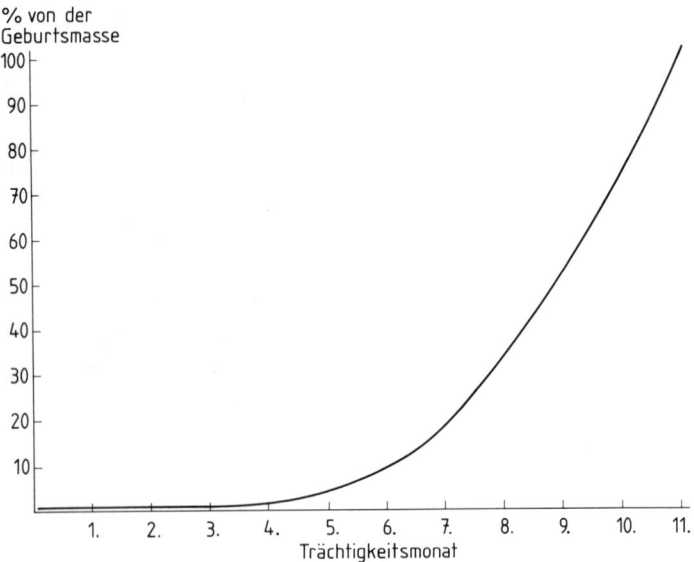

Abb. 10. Foetales Wachstum beim Pferd (nach MEYER und AHLSWEDE 1976)

Tab. 20. Empfehlungen für die tägliche Versorgung von hochtragenden Stuten (8.–11. Trächtigkeitsmonat) mit verd. Energie (vE) und verd. Rohprotein (vRp)

Stute LM ausgewachsen kg	8. vE MJ	8. vRp g	9.–10. vE MJ	9.–10. vRp g	11. vE MJ	11. vRp g
100	21	120	23	140	24	160
200	36	210	38	230	40	260
300	48	280	52	320	54	350
400	60	350	64	390	67	440
500	71	410	76	470	80	520
600	81	470	86	530	91	590
700	91	530	97	600	102	670
800	100	580	107	660	113	740
g vRp : MJvE	5,8 : 1		6,2 : 1		8,1 : 1	

nach Gesellschaft für Ernährungsphysiologie der Haustiere 1982

Tragende Stuten benötigen erst vom 8. Trächtigkeitsmonat an vermehrt Energie und andere Nährstoffe. Der zusätzliche Bedarf errechnet sich aus Geburtsmasse und Zusammensetzung der Frucht (Tab. 15) sowie der Verwertung von Energie und Nährstoffen bei der Fruchtmassenbildung.

Der Gesamtbedarf hochtragender Stuten an Energie und Eiweiß (Tab. 20) nimmt vom 8.–11. Trächtigkeitsmonat nur geringgradig zu. Stark vereinfacht erreicht in dieser Zeit der Energiebedarf das 1,25fache, der Eiweißbedarf das 1,5fache des Erhaltungsbedarfes. Die Relation verd. Rohprotein : verd. Energie sollte in der Ration etwa 6–8 : 1 betragen. Besondere Anforderungen an die Eiweißqualität werden bei Einhaltung der Bedarfsnormen in dieser Phase noch nicht gestellt.

1.6 Laktation

Während der Laktation werden zusätzlich Energie und Eiweiß entsprechend Milchmenge und Nährstoffgehalt der Milch benötigt.

Die Milchbildung nimmt vom 1.–3. Laktationsmonat zu und geht dann allmählich zurück (Tab. 21). Bei großen Pferderassen erreicht sie 2–3 %, bei Ponys 4–5 % der Lebendmasse.

Tab. 21. Mittlere Milchmengenleistung von Stuten (kg/Tier/Tag)

LM ausgewachsen kg	Laktationsmonat		
	1.	2.	3.
100	4,4	5,4	3,8
200	7,5	9,0	6,4
300	10,1	12,3	8,7
400	12,5	15,2	10,7
500	14,8	18,0	12,7
600	16,9	20,6	14,5
700	19,0	23,1	16,3
800	21,0	25,5	18,0

nach Gesellschaft für Ernährungsphysiologie der Haustiere 1982

Die Stutenmilch (Tab. 22) zeichnet sich relativ zur Kuhmilch durch hohen Zucker-, aber geringen Eiweiß- und Fettgehalt aus. Der Bruttoenergiegehalt liegt nach der Colostralphase um 2,5 MJ und fällt im Laufe der Laktation auf rd. 2,3 MJ/kg ab.

Der Gesamtbedarf laktierender Stuten an Energie (Tab. 23) nimmt bis zum 3. Laktationsmonat geringgradig zu und geht dann deutlich zurück. Der Eiweißbedarf bleibt dagegen in den ersten 3 Laktationsmonaten relativ konstant, da der Rückgang des Proteingehaltes in der Milch im Verlauf der Laktation (Tab. 22) durch die Steigerung der Milchmengenproduktion weitgehend kompensiert wird. Sofern die Stuten während der Laktation Arbeit verrichten, ist zusätzlich Energie zuzuführen (Tab. 17). Die Relation verd. Rohprotein (g) : verd. Energie (MJ) soll in Rationen für laktierende Stuten 9 : 1 betragen.

Neben der Eiweißmenge ist auch die Eiweißqualität zu beachten, insbesondere während der Stallfütterung. Da das Protein in Getreidekörnern und Getreidenachprodukten keine optimale Zusammensetzung für essentielle Aminosäuren aufweist,

Tab. 22. Zusammensetzung der Stutenmilch je kg in Abhängigkeit von der Laktationszeit

Laktations- monat	Trocken- masse g	Roh- protein g	Roh- fett g	Milch- zucker g	Energie MJ	Ca g	P g	Mg g	Na g	K g	Cl g	Fe mg	Cu mg
Colostrum	200	100	10	50	3,78	0,9	0,8	0,5	0,6	1,4		1,3	1,0
1.	120	25	20	65	2,51	1,1	0,8	0,10	0,16	0,8	0,35		
3.	110	22	15	70	2,32	0,8	0,5	0,06	0,15	0,4	0,3	0,6	0,23
5.	108	20	15	70	2,28	0,7	0,4	0,05	0,15	0,4	0,3		

nach Gesellschaft für Ernährungsphysiologie der Haustiere 1982, MÜLLER 1969, ULLREY u. a. 1974

Tab. 23. Empfehlungen für die tägliche Versorgung von laktierenden Stuten mit verd. Energie (vE) und verd. Rohprotein (vRp)

LM ausgewachsen kg	Laktationsmonat					
	1.		3.		5.	
	vE MJ	vRp g	vE MJ	vRp g	vE MJ	vRp g
100	36	320	38	330	32	250
200	60	530	64	560	54	420
300	82	720	86	760	73	560
400	101	890	107	940	91	700
500	120	1060	127	1110	108	830
600	137	1210	145	1270	123	940
700	154	1360	163	1430	138	1060
800	170	1500	180	1570	152	1170

g vRp : MJvE   9 : 1

nach Gesellschaft für Ernährungsphysiologie der Haustiere 1982

sind in dieser Periode hochwertige Eiweiße (z. B. Sojaextraktionsschrot) zu ergänzen. Auf der Weide ist bei gutem Bewuchs eine ausreichende Versorgung mit allen essentiellen Aminosäuren zu erwarten, insbesondere dank des günstigen Aminosäurenmusters im jungen Gras und der Aminosäurenfreisetzung durch Ausquetschen des Futters im Kopfdarm.

1.7   Wachstum

Bei wachsenden Fohlen können die Bedarfsnormen für Energie und Eiweiß nicht aus einer vorgegebenen Leistung abgeleitet werden, da Energie- und Eiweißzufuhr sowohl den täglichen Zuwachs als auch seine Zusammensetzung (Tab. 24) erheblich variieren können. Geringe Fütterungsintensität bedeutet langsames Wachstum und geringen Fettansatz, forcierte Fütterung – bis zur Grenze der Futteraufnahmekapazität – hohe Gewichtszunahmen pro Tag und stärkeren Fettansatz. Vor Aufstellung der Energiebedarfsnormen wachsender Tiere sind daher die Vor- und Nachteile geringer oder hoher Aufzuchtintensität abzuwägen.

Tab. 24. Geschätzte Zusammensetzung des Zuwachses bei Fohlen je kg ursprüngl. Substanz

Lebens-monat	Protein g	Fett g	Energie MJ	Ca g	P g	Mg g	Na g	K g
3.–6.	197	106	8,92	18	9	0,5	1,5	1,8
7.–12.	186	154	10,6	17	8	0,4	1,6	1,8
13.–18.	177	196	12,0					
19.–24.	170	226	13,0	15	8	0,4	1,7	1,8
25.–36.	165	253	14,0					

nach Gesellschaft für Ernährungsphysiologie der Haustiere 1982, modifiziert

Extensive Fütterung der Fohlen führt wegen der langsameren Körperentwicklung zu späterer Zucht- und Arbeitsnutzung und steigenden Futterkosten, da der Aufwand an Erhaltungsfutter zunimmt. Die Entwicklung von Organen und Skelett wird durch eine knappe Fütterung jedoch nicht negativ beeinflußt. Langsam wachsende, gesunde Fohlen bleiben in ihren Endmaßen (Widerristhöhe) nicht hinter intensiv gefütterten Fohlen zurück.

Im Gegensatz dazu können intensiv gefütterte Fohlen früh genutzt werden – für Zucht und Arbeit. Eine Forcierung des Wachstums ist jedoch mit Risiken verbunden, da Entwicklung und Ausreifung verschiedener Körpergewebe nicht in gleicher Weise beeinflußt werden. Während die Massenzunahme der Weichgewebe, der Muskulatur und, wenn das Eiweißansatzvermögen der Fohlen überschritten wird, insbesondere des Fettes durch intensive Fütterung erheblich verstärkt werden kann, sind Entwicklung und Ausreifung von Knochen und Knorpeln nur im begrenzten Ausmaß durch die Fütterung zu beschleunigen, d. h. bei stark getriebenen Fohlen muß das noch nicht voll ausgereifte Skelett eine relativ hohe Masse (infolge der verstärkten Muskel- und Fettbildung) tragen. Daraus können Schäden resultieren, die eine lange Nutzung in Frage stellen (s. Seite 156).

Die unter üblichen Fütterungsbedingungen zu erwartenden Wachstumsraten zeigt Tabelle 25. Fohlen wachsen rasch heran, besonders die der kleineren Rassen. Nach 2 Monaten sind bereits 25–30 % der Endmasse gebildet, nach einem halben Jahr bei kleinen Rassen 55, bei großen rd. 45 %. Ein Jahr alte Fohlen erreichen Widerristhöhen von 91–93 % adulter Tiere, während die Lebendmasse zwischen 60–75 % des Endwertes variiert. Im 2. Lebensjahr verlangsamt sich die Wachstumsgeschwindig-

Tab. 25. Wachstum bei Fohlen

Zeit	Kleinpferde	Großpferde moderate Aufzucht in % der LM ausgewachsener Tiere	intensive	Widerristhöhe % vom Endmaß
Geburt	10	8–9		61–64
2. Monat	25–30	25	25	
6. Monat	45–55	43	47	83–86
12. Monat	65–75	60	69	91–93
18. Monat	75–84	73	83	94–96
24. Monat	85–92	82	90	96–98

nach Lewis 1982, Meyer 1983

keit erheblich. Nach 3 Jahren werden 90–92 % der Endmasse erreicht, mit 4 bis 5 Jahren sind Pferde ausgewachsen.

Bis zum Alter von 1½ Jahren wirkt sich das Geschlecht auf die Entwicklungsgeschwindigkeit kaum aus. Nach diesem Zeitpunkt wachsen Hengste in Rassen mit ausgeprägtem Geschlechtsdimorphismus (Kaltblüter) rascher, während Stuten und Wallache etwa gleiche Zunahmen aufweisen (Abb. 11).

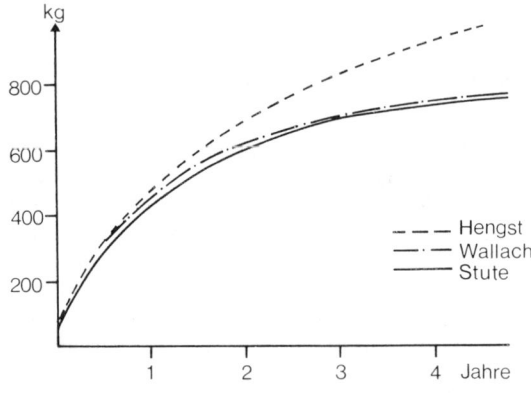

Abb. 11. Entwicklung der Lebendmasse bei Stuten, Wallachen und Hengsten, Niederländisches Kaltblut (nach DEN ENGELSEN 1966)

Der Energie- und Eiweißbedarf wachsender Fohlen wird außerdem durch die Zusammensetzung des Zuwachses beeinflußt. Während in den ersten Lebensmonaten der Proteingehalt im Zuwachs am höchsten liegt, steigt mit zunehmendem Alter der Fett- und damit der Energiegehalt an (Tab. 15).

Die in Tabelle 26 empfohlenen Energiemengen für wachsende Fohlen sichern eine mittlere Aufzuchtintensität, d. h. am Ende des 1. Lebensjahres werden etwa 60 % der Endmasse erreicht. Die Normen können entsprechend Rasse, Bewegungsintensität oder Individualität variiert und abgeändert werden. Eine zeitweilige Reduktion der Energie (während der Wintermonate) um 10 % ist ohne Nachteil möglich, eine

Tab. 26. Empfehlungen für die tägliche Versorgung von Fohlen mit verd. Energie (vE) und verd. Rohprotein (vRp)[1]

| Lebens-monat | Lebendmasse des ausgewachsenen Pferdes in kg | | | | | | | | | | | | | | |
| | 100 | | 200 | | 300 | | 400 | | 500 | | 600 | | 800 | | |
	vE MJ	vRp g	vE MJ	vRp g	vE MJ	vRp g	vE MJ	vRp g	vE MJ	vRp g	vE MJ	vRp g	vE MJ	vRp g	g vRp: MJvE
3.–6.	20	175	33	305	42	385	51	470	60	575	70	675	88	870	8,2–10
7.–12.	21	140	34	245	45	330	52	380	62	460	72	540	91	695	7–7,5
13.–18.	21	120	34	200	46	285	55	360	66	435	76	505	95	640	6–5,7
19.–24.	21	120	35	200	47	280	58	340	68	410	79	470	98	595	6
25.–36.	22	115	36	195	49	265	61	330	72	395	82	450	103	570	5,5

[1] Bei intensiver Aufzucht und/oder geringer biologischer Wertigkeit sind die Rohproteingaben um 10–20 % zu erhöhen. Für Absatzfohlen sind etwa 0,6 g Lysin, für Jährlinge 0,4 g Lysin pro MJ verd. Energie vorzusehen.

nach Gesellschaft für Ernährungsbiologie der Haustiere 1982 und Tabelle II (Anhang)

Steigerung verstärkt die bereits genannten Risiken. Bei intensiver Aufzucht nimmt gleichzeitig der Bedarf für Rohprotein, Mineralstoffe und Vitamine zu.

Der tägliche Eiweißbedarf wachsender Fohlen (pro kg LM) liegt in den ersten Lebensmonaten am höchsten (rd. 3 g) und geht dann kontinuierlich zurück (auf 0,8–1 g). Der absolute Bedarf (Tab. 26) nimmt mit fortschreitendem Alter ebenfalls ab. Die notwendige Relation verd. Rohprotein : verd. Energie im Futter geht entsprechend von etwa 10 : 1 auf 6 : 1 zurück.

Bis zum Alter von 8–9 Monaten ist auf die Eiweißqualität, d. h. auf eine ausreichende Zufuhr an essentiellen Aminosäuren zu achten. Der Lysinbedarf beträgt in dieser Periode rd. 7 g/kg lufttrockenes Gesamtfutter mit einer durchschnittlichen Verdaulichkeit von 75 % (Tab. 26). Eine ungenügende Lysinversorgung verzögert das Wachstum. Bei Absatzfohlen mit Grundfutterrationen aus Luzerneheu, Hafer, Trockenschnitzeln und Maiskolben (115 g Rohprotein/kg) konnte durch hochwertige pflanzliche Eiweiße (Sojaextraktionsschrot) oder Lysin das Wachstum bis zum Alter von 8 Monaten deutlich verbessert werden.

1.8 Proteingehalte in der Gesamtration

In Tabelle 27 sind Empfehlungen über durchschnittliche Gehalte an verd. Rohprotein in Futterrationen für Pferde mit unterschiedlichen Leistungen zusammengestellt (bei mittlerer Trockensubstanzaufnahme). Die höheren Werte entsprechen dem Bedarf großer, die unteren dem kleiner Rassen. Bei Pferden, die im Erhaltungsstoffwechsel stehen oder leichte bis mittlere Arbeit leisten, reichen im allgemeinen 60 g verd. Rohprotein pro kg lufttrockenes Futter aus, um den Bedarf zu decken. Bei schwerer Arbeit sind die Gehalte nur dann anzuheben, wenn die Energiedichte in der Futtertrockensubstanz ansteigt.

Tab. 27. Mindestgehalte an verd. Rohprotein und Mengenelementen in der Gesamtration (g/kg lufttr. Futter)

	Aufnahme (kg) luftrockenes Futter pro 100 kg LM/Tag[1]	verd. Rohprotein	Calcium	Phosphor	Magnesium	Natrium, Chlor	Kalium
Erhaltung	1,2	60	4,5	2,5	1,8	2,0	4,5
Arbeit							
leicht und mittlere	1,5–1,75	60	4,0	2,5	1,8	2,0[2]	6,0
schwere	2,0	70	4,0	2,5	2,0	2,0[2]	9,0
Hochträchtigkeit	1,75	65–85					
Laktation, 3. Mon.	2,5	100–125	5,0	4,0	1,5	2,0	4,0
Wachstum							
3.–6. Monat	2,3–2,5	160	7,5	5,5	2,5	2,5	6,0
7.–12. Monat	2,0–2,3	100	5,5	3,5	1,5	2,0	4,0
> 12. Monat	1,8–2,1	80	4,5	2,5	1,8	2,0	4,5

[1] Wird mehr Futter aufgenommen als unterstellt, können die Gehalte reduziert werden und vice versa

[2] + Leckstein

Gegen Ende der Gravidität reichen 80 g, während der Hochlaktation 110 g verd. Rohprotein pro kg lufttrockenes Futter aus. Für Saugfohlen sind 160 g/kg vorzusehen. Mit fortschreitender Entwicklung kann der Gehalt kontinuierlich abnehmen.

2   Mengenelemente

Zu den für das Pferd lebensnotwendigen Mengenelementen zählen Calcium, Phosphor, Magnesium, Kalium, Natrium, Chlor und Schwefel. Schwefel ist ein essentieller Bestandteil des Eiweißes und deshalb bei genügender Eiweißversorgung ausreichend, so daß dieses Element nicht näher behandelt wird.

2.1   Calcium (Ca) und Phosphor (P)

Im Körper eines mittelgroßen Pferdes sind rd. 7 kg Ca enthalten, davon 99 % im Skelett. Von der Gesamt-P-Menge im Körper (rd. 4 kg) ist ebenfalls der größere Teil (80 %) im Skelett deponiert. Diese Verteilung deutet bereits die wichtige Aufgabe von Calcium und Phosphor für Stabilität und Funktion des Knochengerüstes an. Darüber hinaus sind diese Elemente auch für Blutgerinnung, Reizleitung und den Energiestoffwechsel in der Muskulatur notwendig. Ein Mangel an Calcium (bzw. Phosphor) in Kombination mit einem Defizit an Vitamin D führt bei wachsenden Tieren zu Rachitis, bei ausgewachsenen Pferden zu Osteomalacie.

Wegen der weiten Anwendung von Vitamin D wird das klassische Bild der Rachitis heute kaum noch gesehen, verbreiteter ist der durch isolierten Ca-Mangel bzw. Ca-Mangel in Kombination mit P-Überschuß entstehende sekundäre nutritive Hyperparathyreoidismus. Infolge des Ca-Defizits wird unter dem Einfluß von Parathormon zunächst das metabolische Knochengewebe abgebaut (endogene Ca-Versorgung). Mit fortschreitendem Ca-Mangel greifen die Abbauvorgänge aber auch auf das funktionelle Knochengewebe über, so daß schließlich faseriges Ersatzgewebe gebildet wird (Osteodystrophia fibrosa generalisata). Bei wachsenden Pferden können sich die Knopfknochen (Ober- und Unterkiefer) infolge der geringeren Mineralisierung aufbeulen (grobe, unschöne Kopfformen). An den Gliedmaßenknochen werden unter diesen Bedingungen besonders die Zonen unmittelbar unter der Knochenhaut demineralisiert und teilweise vom Periost aus bindegewebig aufgefüllt. Durch Zugspannung vornehmlich an den Ansatzstellen von Sehnen und Bändern kommt es zu Schmerzen, die sich in unspezifischen, vorübergehenden Lahmheiten (steifer, unsicherer Gang) äußern. Dauert die unharmonische Mineralstoffversorgung länger, treten Knochenauftreibungen und -entzündungen, bei stärkeren Belastungen auch Sehnenabrisse oder Frakturen (Rückenwirbel) auf.

Demineralisierungen sind nicht allein durch eine ungenügende Mineralstoff- oder Vitamin-D-Versorgung möglich, sondern in geringerem, nicht pathologischem Umfang auch durch Inaktivität und die damit verbundenen Abbauvorgänge im Knochen.

Temporäre Regulationsstörungen des Ca-Plasma-Spiegels (Hypocalcaemie) werden gelegentlich bei Streßsituationen (Aufregung, Transport, schwere körperliche Anstrengungen) oder besonderen Belastungen des Ca-Stoffwechsels (Laktation) gesehen, die mit Unruhe, Muskelspasmen, Ataxien, eventuell auch Tetanien einhergehen.

Überschuß an Calcium wird vom Pferd in bestimmten Grenzen (Überschreitung der Norm um das 2–3fache) vertragen, sofern bestimmte andere Elemente (Phosphor, Magnesium, Mangan, Eisen, Zink) in ausreichenden Mengen vorliegen.

Das Verhältnis Ca : P kann in Pferdefutterrationen variieren, sollte jedoch nicht unter 1 : 1 und über 3 : 1 liegen. Darüber hinaus ist zu beachten, daß auch im Überschuß gegebenes Calcium – anders als bei anderen Tierarten – zu rd. 65 % die Darmschranke passiert und anschließend ausgeschieden werden muß (eventuell Übermineralisation der Knochen, erhöhtes Frakturrisiko ?).

Tab. 28. Empfehlungen für die Versorgung mit Mengenelementen bei unterschiedlichen Leistungen (g/Tag)

LM kg		Erhaltung	leicht	Arbeit mittel	schwer	Gravidität 8.	10.	11.	Laktation 3.	3-6	7-12	Wachstum 13-18	19-24	25-36 Mon.
	Ca	5	5,2	5,7	6,7	6,3		8,0	12	8,3	6,3	5,4	5,4	5,0
	P	3	3,2	3,8	4,9	4,0		5,3	9,8	5,9	4,1	3,5	3,5	3,1
	Mg	2	2,2	2,7	3,7		2,1		3,0	1,2	1,5	1,7	1,8	1,9
100	Na	2	3,9	10	bis 25		2,2		2,9					
	K	5	5,9	8,8	bis 15		5,2		7,8	2,5	3,4	4,0	4,4	4,7
	Cl	2	5,1	14	bis 35		2,5		3,8	1,0	1,4	1,6	1,8	2,0
	Ca	10	10	11	13	13		16	22	15	12	10	10	10
	P	6	6,4	7,6	9,8	8		11	18	11	8	6,8	6,8	6,2
	Mg	4	4,4	5,4	7,4		4,2		5,5	2,2	2,8	3,2	3,5	3,7
200	Na	4	8,0	20	bis 50		4,3		5,6					
	K	10	12	18	bis 30		10		15	4,7	6,5	7,7	8,5	9
	Cl	4	11	28	bis 70		5		7,0	2,0	2,7	3,2	3,6	4,0
	Ca	20	21	23	27	25		32	40	25	21	21	21	20
	P	12	13	15	19	16		21	31	17	14	14	13	13
	Mg	8	9	11	15		8,4		11	3,7	4,8	5,9	6,6	7,0
400	Na	8	15	40	bis 100		8,6		11					
	K	20	24	35	bis 60		21		28	8,2	11	14	16	18
	Cl	8	21	56	bis 140		10		13	4,0	5,4	6,4	7,2	8,0
	Ca	25	26	29	34	32		40	49	31	26	26	26	25
	P	15	16	19	25	20		27	38	22	18	17	17	16
	Mg	10	11	14	19		11		13	4,5	6,0	7,3	8,2	9,0
500	Na	10	20	50	bis 125		11		13					
	K	25	30	44	bis 75		26		34	10	14	17	20	22
	Cl	10	25	70	bis 175		13		16	5,0	6,8	7,7	9,0	10
	Ca	30	31	34	40	38		48	57	37	31	31	31	30
	P	18	19	23	29	24		32	44	26	21	20	20	19
	Mg	12	13	16	22		13		16	5,5	7,0	8,8	10	11
600	Na	12	24	60	bis 150		13		16					
	K	30	35	53	bis 90		31		40	12	17	21	24	26
	Cl	12	30	84	bis 210		15		20	6,0	8,1	9,6	11	12

Berechnungsgrundlagen s. Gesellschaft für Ernährungsphysiologie der Haustiere (1982) sowie Tabellen 13, 15, 21, 22, 24, 25 und II (Anhang). Der Na-, K- und Cl-Bedarf von Arbeitspferden variiert stark in Abhängigkeit von der Schweißbildung (Tab. 58) und kann bei niedrigen Umgebungstemperaturen niedriger liegen.

Der tägliche *Bedarf an Calcium* und *Phosphor* ergibt sich aus Tabelle 28. Im Erhaltungsstoffwechsel sind allein die durch Kot und Harn verlorengehenden Ca- und P-Mengen zu ersetzen, so daß der Bedarf relativ gering ist. Bei Arbeitspferden entsteht nur ein geringer Mehrbedarf infolge zusätzlicher Verluste über den Darmtrakt (erhöhte Futteraufnahme) sowie über die Haut (Schweiß, Tab. 58). Die Bedarfsnormen erhöhen sich bei ungenügender Vitamin-D-Versorgung (Stallhaltung), bei extremen Ca/P-Verhältnissen (s. oben) sowie bei hohen Oxalsäuregehalten (> 2 % TS) im Futter. Waren Reit- und Springpferde längere Zeit inaktiv (Erkrankungen, Winter), so müssen mit beginnendem Training die Ca- und P-Mengen für einige Wochen über die Norm angehoben werden, da während der Immobilisation die Abbauvorgänge im Knochen gegenüber den Aufbauprozessen überwiegen (teilweise Atrophie der Osteoblasten).

Bei graviden Stuten steigt im letzten Drittel der Trächtigkeit der Bedarf für Calcium und Phosphor merklich an, da das Fohlen mit weitgehend mineralisiertem Skelett zur Welt kommt (Tab. 15). Ein erheblicher Mehrbedarf entsteht bei laktierenden Stuten infolge der Mineralstoffausgaben über die Milch. Der Ca- und P-Gehalt in der Stutenmilch (Tab. 22) liegt im 1. Laktationsmonat am höchsten und geht dann kontinuierlich zurück. Trotz der steigenden Milchmengenleistung bis zum 3. Laktationsmonat nimmt daher der Gesamtbedarf nicht zu (Tab. 28).

Der Bedarf an Calcium und Phosphor pro kg LM ist bei Fohlen im 1. Lebenshalbjahr besonders hoch. Die absoluten Werte (Tab. 28) verändern sich mit fortschreitendem Alter nicht erheblich, da dem abnehmenden Bedarf für die Skelettausbildung ein steigender Erhaltungsbedarf gegenübersteht.

Der *Mindestgehalt* an *Calcium* sollte bei Pferden, die im Erhaltungsstoffwechsel stehen oder Arbeitsleistungen vollbringen, etwa 4,5 g pro kg lufttrockenes Futter betragen. Höhere Werte sind für gravide und laktierende Stuten (5 g/kg) bzw. Fohlen

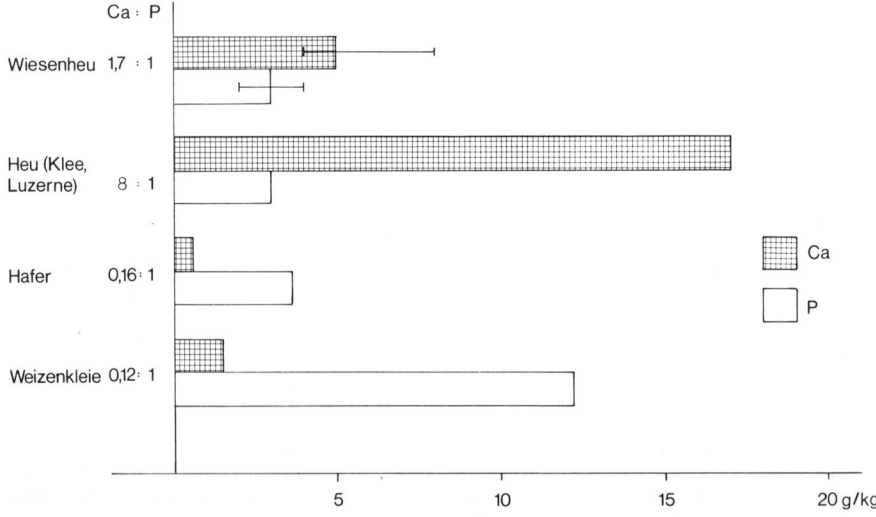

Abb. 12. Ca- und P-Gehalt sowie Ca/P-Verhältnis in Futtermitteln für Pferde

(7,5–4,5 g/kg) notwendig (Tab. 27). Der P-Gehalt sollte etwa ⅔ des Ca-Gehaltes ausmachen.

Die *Versorgung* des Pferdes mit *Calcium* ist bei konventionellen Rationen (Heu, Hafer) oft nicht ausreichend infolge des geringen Ca-Gehaltes im Hafer und in früh geernteten, klee- und kräuterarmen Heusorten (Abb. 12). Selbst durch Ca-reiches Tränkwasser (0,2 g Ca/l) wird die Ca-Versorgung nicht wesentlich verbessert. Bei der Verwendung von Leguminosenheu (Klee, Luzerne, Esparsette) in Mengen von über 2 kg ist dagegen stets mit einer ausreichenden Ca-Versorgung zu rechnen. Ein ungenügendes Ca-Angebot kann durch Verwendung P-reicher Futtermittel (Kleie, Nachmehle, Ölsamenrückstände) verstärkt werden (enges Ca/P-Verhältnis).

Die *P-Versorgung* des Pferdes ist meistens ausreichend. Ein knappes Angebot besteht allenfalls auf P-armen Weiden mit abgeblühtem, überständigem Bewuchs sowie bei einseitiger Verfütterung von Stroh, Knollen und Wurzeln.

2.2   Magnesium (Mg)

Magnesium ist für die Funktion vieler Enzyme im Nerven- und Muskelgewebe wichtig, sein Bedarf (Tab. 28) bei laktierenden Stuten wegen vermehrter Ausgaben über die Milch merklich erhöht. Bei Weidepferden sind die Normen infolge der oft ungünstigen Absorptionsbedingungen um 50 % anzuheben. Die in der Gesamtration notwendige Mg-Menge (Tab. 27) liegt um 1,8 g/kg, steigt bei Arbeitspferden infolge der mit dem Schweiß abgegebenen Mengen auf 2 g/kg lufttrockene Substanz an.

Die *Mg-Versorgung* des Pferdes ist in der Regel gesichert, insbesondere wenn Geteidekörner, Getreidenachprodukte sowie Leguminosenheu, die meist einen hohen Mg-Gehalt aufweisen, in der Ration enthalten sind. Allein auf intensiv gedüngten Weideflächen mit einseitig zusammengesetzten Gräsern können Mg-Mangelkrankheiten auftreten, die sich in erhöhter Erregbarkeit, Muskelzittern, Muskelkrämpfen oder ausgeprägten Tetanien manifestieren.

2.3   Natrium (Na) und Chlor (Cl)

Natrium und Chlor sind für die Einhaltung des osmotischen Druckes in der extrazellulären Flüssigkeit und die Regulation des Säuren-Basen- sowie Wasserhaushaltes unentbehrlich. Etwa 50 % des Gesamtkörpernatriums liegt im Skelett, je 10 % in Muskulatur, Haut und Blut (Tab. 29). Der Na-Anteil im Inhalt des Magen-Darm-Kanals variiert je nach Futterart und Fütterungszustand zwischen 12 und 20 %.

Na-Mangel ist beim Pferd nicht selten, da viele Grundfuttermittel Na-arm sind und durch Schweiß hohe Na-Mengen ausgeschieden werden. Je nach Intensität und Dauer der Arbeitsleistung und der Umgebungstemperatur erreicht die tägliche Schweißmenge bis zu 7 % der LM (Tab. 58). Der Na-Gehalt im Schweiß liegt in ähnlicher Höhe wie im Blutserum, während für Chlor deutlich höhere Konzentrationen gemessen wurden (Tab. 58). Die täglichen kutanen Verluste können bis zu 150 mg Natrium und 250 mg Chlor pro kg LM betragen. Auch bei chronischen Verdauungsstörungen, Parasitenbefall und Blutungen entstehen Na-Verluste, die den Bedarf erhöhen.

Bei ungenügender Na-Aufnahme geht der Na-Gehalt im Schweiß nicht, die Schweißmenge nur geringgradig zurück, so daß eine negative Na-Bilanz entsteht. Zur

Tab. 29. Verteilung von Wasser, Natrium und Kalium im Gesamtorganismus und seinen Teilen (je 500 kg LM)

	Gewebe-anteil kg	Wasser		Natrium		Kalium	
	kg	kg	%	g	%	g	%
insgesamt	500	325	100	800	100	1050	100
Muskulatur	190	140	43	80	10	750	71
Skelett	75	10	3,1	400	50	50	4,8
Blut	45	35	11	100	12,5	25	2,4
Haut	35	25	7,7	70	8,8	30	2,9
Magen-Darm-Inhalt	45	40	12,3	100	12,6	48	4,6
Magen + Dünndarm	13	10	3,1	30	3,8	16	1,5
Dickdarm	32	30	9,2	70	8,8	32	3,1
sonstige Gewebe	110	75	23,1	50	6,1	147	14,3

nach WEPP u. WEAVER 1979, LINDNER 1983

Kompensation wird Natrium zunächst aus dem Verdauungskanal, bei fortschreitendem Mangel unter gleichzeitiger Schrumpfung des extrazellulären Flüssigkeitsraumes und Abnahme der Plasma-Na-Konzentration aus dem Skelett freigesetzt. Lecksucht, bei Weidepferden eventuell Erdefressen, geringer Appetit, Gewichtsabnahme, trockene Haut, Rückgang der Osmolarität im Blut, Leistungsschwäche, Eindickung des Darminhaltes sind die Folgen.

Der tägliche *Na-Bedarf* von Pferden im Erhaltungsstoffwechsel variiert zwischen 3 und 12 g (Tab. 28) und steigt bei arbeitenden Pferden erheblich an, ebenso der Cl-Bedarf.

Der Na-Bedarf von Zuchtstuten und Fohlen (Tab. 28) liegt nur unwesentlich über dem Erhaltungsbedarf, da im angesetzten Gewebe bzw. in der Milch wenig Natrium enthalten ist. Dennoch bleibt eine ausreichende Versorgung für die normale Entwicklung der Frucht zu beachten: Na-Mangel bei hochtragenden Stuten erschwert den Abgang von »Darmpech« bei neugeborenen Fohlen.

In der Gesamtration sollte der *Gehalt an Natrium und Chlor* im Mittel um 2 g/kg lufttrockene Substanz betragen (Tab. 27). Damit wird der Erhaltungsbedarf sowie der relativ geringe Mehrbedarf während Gravidität, Laktation und Wachstum sicher erfüllt. Der zusätzliche Bedarf bei Arbeitspferden infolge Schweißverlust ist so variabel, daß er allein durch Lecksteine, die frei zugänglich sind, gedeckt werden kann. Pferde besitzen die Fähigkeit, bei einem Mangel an Salz Salzquellen aufzuspüren und die Aufnahme ihrem Bedarf anzupassen.

Eine überhöhte Na-Aufnahme, die allenfalls bei jüngeren, unerfahrenen Tieren nach Bereitstellung von Viehsalz oder Lecksteinen zu beobachten ist, führt zu verstärktem Harnfluß, Diarrhoe, in extremen Fällen zu schweren nervösen Erscheinungen.

Mit den üblichen Futtermitteln nimmt das Pferd ausreichend Chlor, aber nicht genug Natrium auf. Im Grünfutter ebenso wie im Heu und in Silagen liegen die Na-Gehalte oft extrem tief. Auch in Getreidekörnern und Getreidenachprodukten ist der Na-Gehalt mäßig (Tab. VI, Anhang). Allein Rüben und Rübennachprodukte sowie Melasse liefern höhere Na-Mengen.

2.4   Kalium (K)

Von den rd. 1000 g Kalium, die ein Pferd von 500 kg LM enthält, liegen rd. 90 % im intrazellulären Raum, besonders in der Muskulatur und in den Organen (Tab. 29). Kalium ist für die Regulierung des osmotischen Druckes in den Zellen unentbehrlich, aber auch für die Aktivität zahlreicher Enzyme, die bei der Glykolyse sowie der oxidativen Phosphorylisierung beteiligt sind.

Ein alimentärer K-Mangel ist unter praktischen Bedingungen selten zu erwarten, da vor allem Grün- und Rauhfutter hohe K-Gehalte aufweisen. Bei Hochleistungspferden (K-Verluste durch Schweiß) treten nach Belastungen eventuell Hypokaliaemien auf (Abb. 13), die auf einer temporären Verteilungsstörung zwischen Blut und Weichgeweben beruhen. Mit Beginn der Muskeltätigkeit tritt Kalium aus den Muskelzellen in das Blutplasma über (dadurch wird eine starke Durchblutung der Muskulatur erreicht), so daß zunächst eine Hyperkaliaemie mit entsprechend erhöhten renalen und faekalen K-Verlusten entsteht. Nach Beendigung der Arbeit fließt Kalium wieder in die Zelle zurück, der K-Blutspiegel kann dann deutlich unter die Norm abfallen, insbesondere wenn das entstandene intrazelluläre Defizit groß und die aus dem Darmkanal oder aus den wenig umfassenden Skelettdepots zufließenden K-Mengen gering sind.

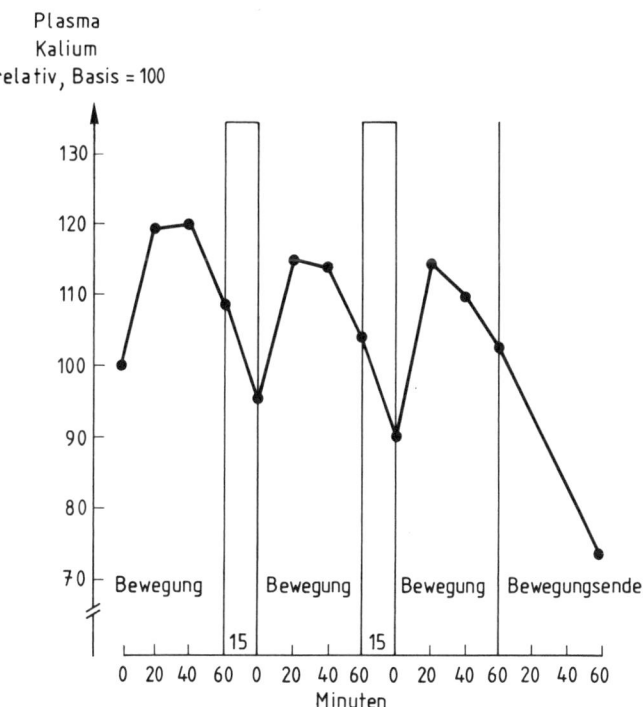

Abb. 13. Veränderungen des Plasma-K-Gehaltes während Bewegung (170 m/Min.) und Ruhe (nach KÖLLE 1984)

Temporäre Hypokaliaemien wirken sich nachteilig auf die Herzfunktion, längerfristige intrazelluläre K-Defizite auf die Leistungsfähigkeit (allgemeine Muskelschwäche) aus.

Der *K-Bedarf* liegt in ähnlicher Größenordnung wie für Calcium (Tab. 28), nimmt jedoch bei Zuchtstuten ebenso wie bei wachsenden Tieren gegenüber dem Erhaltungsbedarf nicht wesentlich zu, wohl aber bei Reit- und Zugpferden infolge der K-Abgabe mit dem Schweiß.

Der *K-Gehalt* in der lufttrockenen Futtersubstanz (Tab. 27) sollte etwa 4,5 g/kg betragen, damit ist die Versorgung bei Stuten ebenso wie bei wachsenden Tieren (sofern keine Verluste durch Schweiß oder Diarrhoen auftreten) gesichert. Bei Arbeitspferden sind mit steigender Schweißproduktion höhere Konzentrationen (bis 9 g/kg lufttrockenes Futter) notwendig.

Überschüssige K-Mengen (intensiv gedüngtes Weidefutter, hohe Melasseanteile) werden vom Pferd im allgemeinen gut toleriert. Erst bei extrem hohen Gaben (über 500 mg/kg LM) nehmen Wasseraufnahme und Harnmenge zu.

3   Spurenelemente

3.1   Eisen (Fe)

Eisen ist für die Bildung des roten Blut- bzw. Muskelfarbstoffes (Hämoglobin bzw. Myoglobin) unentbehrlich. Bei einer ungenügenden Eisenversorgung können diese Stoffe, die den Sauerstofftransport bzw. die Sauerstoffübertragung in Blut und Gewebe übernehmen, nicht ausreichend gebildet werden. Die Zahl der roten Blutkörperchen geht zurück, Leistungsschwäche, Infektionsanfälligkeit und angestrengte Atmung sind die Folgen.

Entsprechend den genannten Funktionen ist Eisen besonders für Fohlen (Blutbildung) von Bedeutung, aber auch nach Blutverlusten (Verletzungen, Darmparasiten) ebenso wie bei beginnendem Training (Vermehrung der roten Blutkörperchen). Da mit dem Schweiß nicht unerhebliche Eisenmengen verlorengehen (Tab. 58), ist auch bei stark schwitzenden Pferden der Eisenbedarf erhöht.

Diesen Anforderungen entsprechend sind die Bedarfszahlen in den einzelnen Alters- und Nutzungsgruppen unterschiedlich anzusetzen (Tab. 30).

Die Versorgung mit Eisen ist bei ausgewachsenen Pferden in der Regel gesichert, da die üblichen Pferdefuttermittel mehr Eisen enthalten, als die Bedarfszahlen vorsehen (Tab. 31). Allerdings wird Eisen aus manchen Futtermitteln (Getreidekörner, Getreidenachprodukte, Ölsaatrückstände), in denen es überwiegend in Form von Eisenphytat vorliegt, schlechter verwertet. Bei Rennpferden wurden gelegentlich Eisenmangelzustände beobachtet ebenso wie bei stark parasitär verseuchten Pferden. Eine besondere Beachtung verdient die Eisenversorgung frühgeborener Fohlen, da rd. 50 % des insgesamt im Fohlenkörper retinierten Eisens (Tab. 15) erst im letzten Trächtigkeitsmonat eingelagert wird.

Ein sekundärer Eisenmangel (geringe Verwertung des aufgenommenen Eisens) ist bei extrem hohen Mangangehalten in den Futterpflanzen (saure Böden) möglich. Auch bei Saugfohlen, die im Stall gehalten werden und noch kein Beifutter aufnehmen, kann die Eisenversorgung nicht ausreichen, da die Stutenmilch eisenarm ist

Tab. 30. Empfehlungen für die Spurenelementversorgung von Pferden

		mg/kg Futtertrockensubstanz			mg/kg LM/Tag
		Fohlen	Zuchtstuten	Reit-(Renn-)Pferde	
Eisen	(Fe)	80–100	80–100	80–100	1
Kupfer	(Cu)	10	10	10	0,1
Zink	(Zn)	50	50	50	0,5
Mangan	(Mn)	40	40	40	0,4
Cobalt	(Co)	0,05–0,1	0,05–0,1	0,05–0,1	0,001
Selen	(Se)	0,1 –0,2	0,1 –0,2	0,1 –0,2	0,001
Jod	(J)	0,1 –0,3	0,1 –0,3	0,1 –0,3	0,002

nach Gesellschaft für Ernährungsphysiologie der Haustiere 1982

Tab. 31. Spurenelementgehalt verschiedener Futtermittel[1]) (mg/kg Trockensubstanz)

	Eisen	Kupfer	Mangan	Zink	Cobalt	Jod
Weidegras, mäßig gedüngt	200	8	120	35	0,15	0,40
Heu, Wiese, mittl. Qualität	200	8	80	25	0,10	0,35
Luzerneheu	250	9	50	25	0,15	0,24
Maissilage	150	7	45	35	0,05	
Futterrüben	135	8	80	30	0,19	0,50
Melasse	150	10	35	20	0,90	0,85
Trockenschnitzel	500	15	70	20	0,60	1,00
Möhren	60	8	25	35	0,15	0,35
Hafer	65	5	50	35	0,07	0,15
Weizenkleie	170	15	130	90	0,09	0,35
Sojaextraktionsschrot	160	19	40	60	0,20	0,25

[1]) Gehalte können besonders bei Grünfutter und Heu je nach Standort, Düngung, Alter der Pflanzen erheblich variieren (s. Tab. 42).

nach DLG-Futterwerttabelle – Mineralstoffgehalte 1973

(0,6 mg Fe/kg). Sobald die Fohlen Beifutter (im Stall oder auf der Weide) aufnehmen, ist die Eisenbilanz günstiger.

Zur Substitution von Eisenmangelzuständen sind orale Gaben vorzuziehen. Nach intramuskulärer Eisenzufuhr als Eisen-Dextran treten gelegentlich Unverträglichkeitsreaktionen auf; i. v. Gaben von 0,5–1 g eines 3wertigen Eisen-Komplexes wurden komplikationslos vertragen.

Der maximal verträgliche Eisengehalt in den Futtermitteln liegt bei rd. 5000 mg/kg Futtertrockensubstanz. Hohe Eisengehalte in der Ration (starke Kontamination des Weidegrases mit Erde) können die Verwertung von Phosphor, eventuell auch von Spurenelementen (Mangan) beeinträchtigen.

3.2   Kupfer (Cu)

Kupfer ist für die Blut-, Blutgefäß- und Pigmentbildung, aber auch für die Knochenentwicklung unentbehrlich. Bei mangelhafter Versorgung sind bei wachsenden Fohlen Anämien und Skelettveränderungen, bei tragenden Stuten ungenügende Einlage-

rung von Kupfer in die fötale Leber sowie generell Pigmentverluste zu erwarten. Bei
2–4 Monate alten Saugfohlen sind Kupfermangelerscheinungen beobachtet worden
(schmerzhafte Schwellungen insbesondere am Fesselkopf, generalisierte Osteochondrose), wenn sie nur Muttermilch (mit geringem Kupfergehalt) aufnahmen und auf
kupferarmen Standorten (leichte Sand-, Moor- und Marschböden) oder auf Flächen
mit hohen Molybdängehalten (5–25 mg/kg TS) weideten. Eine ungenügende intrauterine Kupferspeicherung in der Leber kann das Risiko erhöhen.

Der Kupferbedarf des Pferdes ist mit etwa 10 mg/kg Futtertrockensubstanz anzusetzen. Soweit bekannt, ist die Kupferversorgung unter üblichen Fütterungsbedingungen bei adulten Tieren ausreichend.

Die Toleranz des Pferdes gegenüber Kupfer scheint hoch zu sein. Gehalte von
200 mg/kg Futtertrockensubstanz wurden über mehrere Monate toleriert; dennoch
sind überhöhte Gaben zu vermeiden, da die Leber geschädigt (erhöhte Kupfergehalte
in der Leber) und die Zinkverwertung beeinträchtigt werden kann.

3.3   Zink (Zn)

Für Aufbau und Funktion der Haut ist Zink erforderlich. Mangel führt zu borkigen
Auflagerungen und Verdickungen der Haut (Parakeratose) bei gleichzeitigem Haar-
ausfall. Zink ist auch für zahlreiche Fermentreaktionen im Kohlenhydrat- und
Eiweißstoffwechsel unentbehrlich.

Der Zinkbedarf des Pferdes kann mit etwa 50 mg/kg Futtertrockensubstanz angesetzt werden. Bei hohen Gehalten an Phytinphosphorsäure im Futter (Getreidekörner, Getreidenachprodukte) sowie einem hohen Ca- oder Kupferangebot ist mit
einem erhöhten Zinkbedarf zu rechnen. Auch in der Phase der Wundheilung (größere Wunden) steigt der Bedarf. Durch zusätzliche Zinkgaben (500 mg/Tag) kann bei
marginal versorgten Tieren die Wundheilung beschleunigt werden. Zink wird auch
direkt über die Haut aufgenommen.

Die Zinkversorgung des Pferdes scheint in der Regel gesichert. Mangelerkrankungen wurden bisher nur unter experimentellen Bedingungen erzeugt.

Die Toleranz des Pferdes gegenüber Zink (bis 8000 mg/Tag) ist, ähnlich wie bei
anderen Spezies, relativ hoch, doch bleibt das Risiko einer ungenügenden Kupferver-
wertung zu beachten.

3.4   Mangan (Mn)

Mangan wirkt als Kofaktor in zahlreichen Fermentsystemen (Knochen- und Fettstoff-
wechsel). Es ist auch für die Funktion der Eierstöcke essentiell. Der Manganbedarf
des Pferdes kann aufgrund von Beobachtungen bei anderen Tieren mit 40 mg/kg
Futtertrockensubstanz angesetzt werden (Tab. 30).

Die Versorgung mit diesem Element ist in der Regel gesichert (Tab. 31). Akute
Mangelzustände wurden nicht bekannt. Der Mangangehalt im Grünfutter und Heu
liegt selten unter 30 mg/kg Futtertrockensubstanz. Nur auf kalkhaltigen Böden mit
hohem pH-Wert sowie auf leichten Sandböden, die von Natur aus manganarm sind
und stark aufgekalkt wurden, kommen tiefere Werte vor. Luzerneheu ist in der Regel
manganärmer als Grasheu.

Stark überhöhte Mangangehalte im Grünfutter (600–1200 mg/kg Trockenmasse) begünstigen Anämien, vermutlich infolge beeinträchtigter Eisenabsorption.

3.5 Cobalt (Co)

Cobalt liegt als Zentralatom im Vitamin B_{12} vor, das im Darmtrakt des Pferdes durch Mikroorganismen synthetisiert wird. Ein Cobaltmangel führt somit zu Vitamin-B_{12}-Mangel, der durch Blutarmut, Hautveränderungen, Wachstumsstillstand gekennzeichnet ist.

Der Cobaltbedarf des Pferdes (0,05–1 mg/kg Futtertrockensubstanz) wird mit den üblichen Pferdefuttermitteln in der Regel gedeckt. Auf bestimmten Böden (ausgewaschene Sand- bzw. Granit- und Gneisverwitterungsböden) liegt der Cobaltgehalt im Grünfutter eventuell unter der angegebenen Bedarfszahl. Dann entwickeln sich bei Wiederkäuern, deren Cobaltbedarf doppelt so hoch ist wie bei Pferden, bereits ausgeprägte Mangelerscheinungen.

3.6 Jod (J)

Jod ist Bestandteil der Schilddrüsenhormone, die den Stoffumsatz im Organismus steuern. Ein Jodmangel verursacht kompensatorisches Wachstum der Schilddrüse (Kropf). Neben verzögertem Haarwechsel fallen Ödembildung an den Gliedmaßen und lethargisches Verhalten auf, später allgemeine Körperschwäche und Erschöpfung. In Jodmangelgebieten treten Ausfallerscheinungen zunächst bei neugeborenen Fohlen auf, die Kropf, allgemeine Lebensschwäche, in schweren Fällen auch Haarlosigkeit und Wassersucht aufweisen. Stuten mit ungenügender Jodaufnahme produzieren weniger Milch oder Milch mit geringem Jodgehalt (schlechte Entwicklung der Saugfohlen).

Der Jodbedarf des Pferdes liegt zwischen 0,1–0,3 mg/kg Futtertrockensubstanz, die oberen Werte sind für tragende und laktierende Stuten ebenso wie für Rennpferde anzusetzen. Pflanzen mit höheren Blausäuregehalten (Weißklee, Leinsamen) steigern den Jodbedarf (um das 2–3fache), so daß bei ihrer Verwendung die Jodzufuhr angehoben werden muß.

Der Jodbedarf der Pferde wird in küstennahen Gebieten duch die dort wachsenden Grundfuttermittel reichlich gedeckt, da mit den vom Meer kommenden Niederschlägen größere Jodmengen abregnen. In einigen Mittelgebirgs- und Alpengebieten kann aufgrund des geringen Jodgehaltes in Böden, Futtermitteln und Trinkwasser die Jodversorgung marginal sein.

Eine zusätzliche Versorgung des Pferdes mit Jod wird durch Jod-Salze und jodhaltige Futtermittel (Tang-, Fischmehle, jodiertes Viehsalz, Mineralfutter) gesichert. Lagern Lecksteine länger auf der Weide, kann Jod, wenn es in der leicht zersetzbaren Form des Kaliumjodids zugemischt wurde, flüchtig werden. Dann enthalten die äußeren, vom Tier beleckten Flächen nur noch Jodspuren. Der Zusatz von Kaliumjodat, das weniger leicht zersetzt wird, ist zweckmäßiger.

Vor unkontrollierter, überhöhter Jodzufuhr ist zu warnen. Fütterung von über 50 mg Jod/Tag (z. B. von Tangmehl mit Jodgehalten bis zu 2 mg/g) an tragende Stuten verursacht bei neugeborenen Fohlen Jodmangelerscheinungen (Kropf), da weniger Jod in den placentaren Kreislauf eintritt.

3.7   Selen (Se)

Selen schützt neben Vitamin E die Zellmembranen vor schädlich wirkenden Peroxiden. Während Vitamin E als Antioxidans die Bildung von Peroxiden hemmt, inaktiviert das selenhaltige Enzym Glutathionperoxidase diese Peroxide.

Selenmangel führt u. a. zu degenerativen Skelettmuskel- und Pankreasveränderungen sowie Fettverfärbungen (Gelbfettkrankheit bei Fohlen). Er kann sich besonders bei neugeborenen Fohlen in den ersten Tagen oder Wochen nach der Geburt manifestieren infolge ungenügender Selenversorgung der tragenden Stuten. Unter diesen Bedingungen gehen die Selengehalte in Plasma und Milch zurück. Klinisch manifeste Störungen sind bei älteren Tieren seltener. Die Erkrankung zeichnet sich durch Schmerzhaftigkeit der Muskulatur, steifen Gang, Lahmheiten, bei Fohlen auch durch Saugschwierigkeiten (ungenügende Drehung des Kopfes) aus. In fortgeschrittenen Fällen verenden die Fohlen unter allgemeiner Schwäche.

Der Selenbedarf des Pferdes wird auf 0,1–0,2 mg/kg Futtertrockensubstanz angesetzt. Bei Gehalten von unter 0,05 mg/kg Futtertrockensubstanz sind mit Sicherheit Störungen zu erwarten. Bei gleichzeitiger Aufnahme größerer Schwefel- oder Sulfatmengen steigt der Selenbedarf an.

Die Versorgung des Pferdes mit Selen ist schwer zu beurteilen, da die Selengehalte in Futtermitteln erheblich variieren in Abhängigkeit von Boden, Düngungsintensität, Vegetationsstadium oder Konservierungsart. Leinsamen weisen im allgemeinen hohe Selenmengen (1–3 mg/kg) auf. Durch Trocknung bei hohen Temperaturen kann der Selengehalt abnehmen, da sich teilweise flüchtiger Selenwasserstoff bildet. In Trockenmagermilch oder Trockenhefe wurden z. T. extrem niedrige Selengehalte festgestellt. Verdacht auf Selenmangel erfordert eine spezielle Futtermitteluntersuchung.

Bei Selenmangelzuständen der Fohlen hat sich die wöchentliche Zufuhr von 5 mg Na-Selenit (= 46 % Selen) pro 50 kg LM bewährt.

Die Toleranz des Pferdes gegenüber Selen ist gering. Bei Gehalten von 4 mg Selen/ kg Futtertrockensubstanz muß mit einer chronischen Selenvergiftung gerechnet werden, die sich durch ringförmige Einschnürungen an Hufen, Ausschuhen der Hufkapsel, Haarverlust an Mähne und Schweif sowie unspezifische Lahmheiten manifestiert. Akute Vergiftungserscheinungen (Schwitzen, Kolik) sind nach oraler Aufnahme von 12 mg Na-Selenit (rd. 6 mg Selen) pro kg LM/Tag zu erwarten.

3.8   Sonstige

Außer den genannten Spurenstoffen sind noch weitere Elemente (Molybdän, Chrom, Zinn u. a.) für den Organismus essentiell. Bei üblicher Fütterung scheint die Versorgung ausreichend zu sein.

4   Vitamine

4.1   Vitamin A

Das Vitamin A entfaltet seine wichtigsten Wirkungen in den äußeren Zellschichten von Haut und Schleimhäuten (Epithelschutzvitamin). Bei Mangel verhornen die Epithelien, die Sekretion der Schleimdrüsen geht zurück, und damit steigt die Infektionsanfälligkeit nicht nur der äußeren Haut, sondern auch aller anderen Organsysteme, die mit Epithel ausgekleidet sind (Magen-Darm-Kanal, Atmungs- sowie Harn- und Geschlechtsapparat, Bindehautsack am Auge). Unter der erhöhten Infektionsdisposition leiden besonders die Jungtiere (Erkrankungen des Verdauungs- kanals bzw. der Atmungswege, Parasitenbefall). Bei weiblichen Zuchttieren wird bei Vitamin-A-Mangel auch die Funktion der Gebärmutterauskleidung bzw. der Frucht- hüllen betroffen, so daß Fertilitätsstörungen (Absterben der Frucht) resultieren können. Beim ausgewachsenen Pferd macht sich ein krasser Vitamin-A-Mangel besonders am Hufhorn bemerkbar, das brüchig wird und zu Spaltbildungen neigt.

Vitamin A ist auch für den normalen Aufbau der Knochensubstanz wichtig. Bei einem Mangel verzögert sich der physiologisch notwendige Abbau der inneren lumenseitigen Schichten an Röhren- und Plattenknochen, so daß sich ihr Lumen verengt. Frühe Symptome eines Vitamin-A-Mangels sind daher Erhöhung des Liquordruckes in Schädel und Wirbelkanal sowie Kompression von Nervensträngen, die durch Knochenkanäle verlaufen (Lahmheiten). Relativ spät treten beim Vitamin- A-Mangel Sehstörungen auf.

Der Vitamin-A-Bedarf des Pferdes ergibt sich aus Tabelle 32. Bei Zuchttieren ebenso wie bei Fohlen ist er besonders hoch. Ausgewachsene Pferde kommen dagegen mit geringeren Vitamin-A-Mengen aus. Bei Belastungen (Infektionen) muß die Vitamin-A-Zufuhr erhöht werden.

Tab. 32. Empfehlungen zur Vitaminversorgung von Pferden

		Erhaltung und Arbeit	Wachstum	hochtragende und laktierende Stuten
Vitamin A	IE/kg LM	75	150–200	100–150
Vitamin D	IE/kg LM	5–10	15	15
Vitamin E	mg/kg LM	0,25–1,0	0,3	0,5
Vitamin B_1	mg/kg Futter-TS	3–5	3	3
Vitamin B_2	mg/kg Futter-TS	2,5	2,5	2,5
Biotin	mg/kg Futter-TS	0,05	0,1	0,2

nach Gesellschaft für Ernährungsphysiologie der Haustiere 1982, modifiziert

Vitamin A kommt in natürlichen Futtermitteln des Pferdes nicht vor. Das Tier ist aber in der Lage, aus einer Vorstufe, dem β-Carotin, das sich in allen Grünpflanzen findet, Vitamin A zu bilden (pro 1 mg β-Carotin etwa 400–500 IE Vitamin A). Bei hoher β-Carotinzufuhr ist die Umwandlung geringer als bei knappem Angebot. Begleitstoffe im Futter (hohe Nitratgehalte) beeinträchtigen die Umwandlung von β- Carotin in Vitamin A.

Neuere Untersuchungen deuten an, daß Stuten für die normale Funktion ihrer Eierstöcke auch unmittelbar β-Carotin benötigen (s. Fütterung der Stuten). Sofern die Grundfuttermittel kein β-Carotin enthalten, ist daher den Zuchtstuten neben Vitamin A auch β-Carotin zu verabreichen.

Die Vitamin-A-Versorgung der Pferde ist stets gesichert, wenn sie frisches Grünfutter erhalten. Weidetiere nehmen in der Regel weit mehr Carotin auf, als ihrem Bedarf entspricht. Durch die geringere Umwandlung von Carotin in Vitamin A wird der Organismus jedoch vor einem Überangebot geschützt. In älterem Weidefutter (abgestorbenes, verholztes Material) geht der Carotingehalt erheblich zurück, so daß unter diesen Bedingungen (Weidegebiete in Trockenzonen) der Bedarf nicht immer gedeckt werden kann (Tab. 33).

Tab. 33. Carotin-, Vitamin-D- und -E-Gehalt verschiedener Futtermittel (mg/kg ursprüngl. Substanz)

	β-Carotin mg	Vitamin D IE	Vitamin E mg
Grünfutter, frisch, jung	50–75	30–50	25–80
Grünfutter, älter	30–50	50	5–10
Grassilage, frisch	40–50	50–70	15
Grassilage, angewelkt	20–40	60–80	10–15
Heu, unterdachgetrocknet	15–20	200	10–20
Heu, gut, sonnengetrocknet	5–10	500–1000	20–100
Klee- und Luzerneheu	20	1000	30–70
Grünmehl	100–400	250	40–150
Möhren, rot	50–65	–	1–5
Möhren, gelb	20	–	1–5
Haferkörner	–	–	5–35
Weizenkleie	–	–	15–25

nach DLG-Futterwerttabelle 1962 u. a.

Während der Stallfütterung ist bei konventionellen Heu/Hafer-Rationen die Carotinversorgung meistens nicht ausreichend, da der Carotingehalt im Heu, der bereits durch die Trocknung auf rd. 10 % des Ausgangswertes zurückgeht, während der Lagerung ständig abnimmt. Durch Möhren, Grünmehl (Tab. 33) oder Ergänzungsfutter kann die Versorgung verbessert werden. Bei tragenden und laktierenden Stuten ist eine Ergänzung der Heu/Hafer-Ration durch die genannten Futtermittel oder vitaminierte Mineralfutter in der 2. Hälfte der Winterfütterung unumgänglich. Die Vitamin-A-Versorgung der Fohlen hängt zunächst ausschließlich vom Vitamin-A-Gehalt der Muttermilch ab. Zur Ergänzung können neben natürlichen Carotinträgern Vitamin-A-haltige Futtermittel (Lebertran) oder synthetisch hergestellte, vollwirksame, stabilisierte Vitamin-A-Präparate (über Mineral- oder Mischfutter) verwendet werden.

Eine chronisch oder stoßweise überhöhte Vitamin-A-Zufuhr ist zu vermeiden (Gefahr erhöhter Knochenbrüchigkeit). Die in Tabelle 32 genannten Bedarfswerte sollten langfristig nicht um das 5fache überschritten werden. 4000 IE Vitamin A/kg LM/Tag führten bei Fohlen zu Wachstumsdepressionen.

4.2   Vitamin D

Vitamin D (antirachitisches Vitamin) ist für Stoffwechsel und Umsatz von Calcium und Phosphor unentbehrlich. Es fördert die Resorption von Calcium aus dem Darmrohr ebenso wie den Einbau von Calcium und Phosphor in das Skelett. Bei einem Vitamin-D-Mangel wird der Knochen ungenügend mineralisiert, so daß bei Fohlen Knochenverbiegungen und -auftreibungen (Rachitis) auftreten.

Der Bedarf an Vitamin D ist bei Pferden mit starkem Mineralstoffumsatz (wachsende und laktierende Tiere) erhöht (Tab. 32), ebenso bei einem abweichenden Ca/P-Verhältnis im Futter.

Die Versorgung des Pferdes mit Vitamin D, die wegen der geringen Speicherung im Organismus kontinuierlich erfolgen muß, ist durch Zufuhr von Vitamin D_2 (Ergocalciferol), das nur in Futtermitteln pflanzlicher Herkunft vorkommt, oder durch Vitamin D_3 zu sichern. Vitamin D_3 kann aus einer im Körper gebildeten Vorstufe, dem Dehydrocholesterol, in der Haut durch UV-Strahlen gebildet werden. Diese cutane Vitamin-D_3-Synthese ist nur bei Freilandhaltung (nicht im Stall) möglich.

Als natürlicher Vitamin-D_2-Träger kommt sonnengetrocknetes Heu in Frage. Ähnlich wie beim Tier müssen auch in der Pflanze UV-Strahlen eine Vitamin-D-Vorstufe in die aktive Form (Vitamin D_2) transformieren. Aus diesem Grunde weist sonnengetrocknetes Heu höhere Vitamin-D_2-Gehalte auf als Grünfutter, Trockengrün, Grünfuttersilage oder unterdachgetrocknetes Heu (Tab. 33). Da die Vitamin-D_2-Versorgung über natürliche Futtermittel oft ungenügend ist, müssen während der Stallhaltung (keine Vitamin-D_3-Bildung in der Haut) die Rationen ergänzt werden. Neben bestrahlter Bierhefe und Lebertran sind dazu synthetisch hergestellte, stabilisierte Vitamin-D-Präparate geeignet, die in Mineral- oder Mischfuttern enthalten sind.

Eine unkontrollierte Verwendung von Vitamin-D-Präparaten, die pro ml bis zu 5000 IE Vitamin D_3 für orale Applikationen und bis zu 200 000 IE für parenterale Injektionen enthalten können, ist gefährlich (z. B. bei Fohlen). Akute Erkrankungen (Appetitlosigkeit, Lahmheiten, Nierenversagen) wurden nach oraler Aufnahme von 14 000 IE, chronische (Gefäß- und Nierenverkalkungen) nach 3500 IE/kg LM/Tag oder einmaliger Injektion von 5000 IE/kg LM gesehen.

Eine längerdauernde Überversorgung um das 5fache des Bedarfes (Tab. 32) ist zu vermeiden. In einigen Pflanzen (im mitteleuropäischen Raum z. B. im Goldhafer, *Trisetum flavescens*) kommen Substanzen vor, die ähnlich wie Vitamin D wirken und bei übermäßiger Aufnahme ebenfalls Gewebsverkalkungen verursachen.

4.3   Vitamin E

Vitamin E ist für Struktur und Funktion verschiedener Gewebe, insbesondere der Herz- und Skelettmuskulatur unentbehrlich. Ein Mangel führt primär zu Permeabilitätsveränderungen an bestimmten Zellelementen (Mitochondrien), zu erhöhtem Sauerstoffverbrauch, sekundär zu degenerativen Veränderungen insbesondere an der Muskulatur (antidystrophisches Vitamin). Diese Ausfallserscheinungen können auch durch einen Selenmangel hervorgerufen werden. Daneben wirkt Vitamin E als Antioxidans, indem es oxidationsempfindliche Stoffe (Vitamin A, ungesättigte Fettsäuren) im Futter ebenso wie im Darmtrakt und Stoffwechsel vor Oxidation bzw. Inaktivierung bewahrt. Die sogenannte Gelbfettkrankheit bei Fohlen (Oxidation ungesättigter Fettsäuren im Unterhautbindegewebe) kann auch auf einem Vitamin-E-Mangel beruhen.

Der Bedarf des Pferdes an Vitamin E liegt bei rd. 0,25 mg/kg LM, bei hochtragenden und laktierenden Stuten um 0,3–0,5 mg. Er steigt an, wenn größere Mengen an ungesättigten Fettsäuren im Futter vorkommen (Leinsamen, Lebertran, Kleien, junges Grünfutter). Bei Pferden mit Herzmuskelschäden haben sich Mengen bis zu 4 mg Vitamin E/kg LM und Tag, über mehrere Wochen gegeben, bewährt.

Für die Erhaltung und Steigerung der Leistungen von Rennpferden werden Vitamin-E-Gaben bis zu 4 mg/kg LM empfohlen.

Die Versorgung des Pferdes mit Vitamin E ist auf der Weide oder durch Grünfutter stets gesichert (Tab. 33). In der Stallfütterungsperiode kann die Vitamin-E-Zufuhr ungenügend sein, insbesondere bei Verwendung von überaltertem Heu und überlagertem, gequetschtem und geschrotetem Hafer. Um den Bedarf zu sichern, sind Grünmehle, Getreidekeime und vitaminierte Mineralfutter geeignet.

Vitamin-E-Mangelzustände wurden bei Saugfohlen in Kombination mit einer Selenunterversorgung beschrieben. Durch zeitweilig erhöhte Vitamin-E-Gaben (200 mg/Tier und Tag) sowie ergänzende Selenzufuhr (rd. 1 mg Selen/Tier und Tag) konnten die Erkrankungen ebenso wie durch 1 × wöchentliche Gaben von 25 mg Selen (als Na-Selenit) und 500 mg Vitamin E an hochtragende Stuten (500 kg LM) weitgehend verhütet werden. Schäden durch Vitamin-E-Überversorgung sind nur bei extremen Dosierungen (über 1000 mg/kg Futter) zu erwarten.

4.4   Vitamin K

Vitamin K sorgt für den normalen Ablauf der Blutgerinnung.

Der Bedarf des Pferdes an diesem Vitamin ist nicht bekannt. In der Regel wird ausreichend Vitamin K im Dickdarm durch Mikroorganismen synthetisiert, so daß eine Zufuhr mit dem Futter nicht notwendig ist.

Fohlen sind wegen des zunächst noch nicht voll entwickelten Dickdarmes auf die Zufuhr über die Muttermilch angewiesen. Vor operativen Eingriffen bei Saugfohlen sollte wegen der unsicheren Vitamin-K-Versorgung zunächst die Gerinnungsfähigkeit des Blutes überprüft werden.

Der Vitamin-K-Bedarf wird durch Schädigung der Darmflora (Diarrhoe, Medikamente) oder durch Vitamin-K-Antagonisten (Dicumarol aus verschimmeltem Bokaraklee) erhöht.

Unter den Futtermitteln sind die Grünfutter besonders reich an Vitamin K. Durch Licht- und Sauerstoffeinwirkung nimmt der Gehalt, ähnlich wie beim Carotin, rasch ab. Bei erhöhter Blutungsneigung, z. B. nach Aufnahme von schimmeligem Steinkleeheu ebenso wie nach Überdosierung von Warfarin (im Zusammenhang mit der Behandlung von Hufrollenentzündungen), ist die i. v. Gabe von 0,2–0,5 mg Vitamin K_1/kg LM angezeigt. Auch beim Nasenbluten kann eine Vitamin-K-Behandlung versucht werden. Zufuhr von über 2,2 mg/kg LM wirkte toxisch.

4.5 Wasserlösliche Vitamine

Zu den wasserlöslichen Vitaminen zählen die B-Vitamine und Vitamin C. Auf eine exogene Zufuhr von B-Vitaminen mit dem Futter ist das Pferd nur in begrenztem Umfang angewiesen, da im Darm eine starke mikrobielle Synthese erfolgt und die dort gebildeten Vitamine (Tab. 6) z. T. absorbiert werden.

Bei Fohlen, deren Darmflora noch nicht voll entwickelt ist, ebenso wie bei Störungen der Darmflora durch Diarrhoen, verschimmeltes Heu (antibiotische Wirkung), rohfaserarme Rationen, plötzliche Futterumstellungen, orale Verwendung von Medikamenten mit bakteriostatischer Wirkung im Dickdarm sind eventuell Mangelerscheinungen möglich, zumal die B-Vitamine, ausgenommen Vitamin B_{12}, nicht im Organismus gespeichert werden.

Die Ausfallerscheinungen bei derartigem Vitaminmangel wechseln entsprechend dem fehlenden Vitamin. Unter den oben genannten Bedingungen entsteht in der Regel ein Mangel an mehreren Vitaminen, so daß unspezifische Symptome wie Leistungsschwäche, wechselnder Appetit, Freßunlust, Blut- und Hautveränderungen, eventuell auch nervöse Symptome vorherrschen. Sobald solche Erscheinungen auftreten, ist auch die Versorgungslage mit B-Vitaminen zu überprüfen. Bei Pferden mit geringem Appetit wirken, sofern andere Ursachen auszuschließen sind, B-Vitamine (z. B. getrocknete Bierhefe, rd. 15 g/Tier und Tag) oft förderlich.

Überhöhte Vitamin-B-Gaben mit dem Futter werden vom Pferd toleriert und führen nicht zu gesundheitlichen Risiken.

4.5.1 Vitamin B_1 (Thiamin, Aneurin)

Das Vitamin B_1 übernimmt eine zentrale Funktion im Kohlenhydratstoffwechsel, bei einem Mangel können Zwischenprodukte des Kohlenhydratabbaues (Brenztraubensäure, α-Ketoglutarsäure) nicht weiter metabolisiert werden, so daß neben einer Erhöhung dieser Substanzen im Blut ungenügende Futteraufnahme, schlechte Futterausnutzung, gesteigerte Erregbarkeit (Schreckhaftigkeit), unkoordinierte Bewegungen und Lahmheiten resultieren. Infolge Schädigung der Herzmuskulatur verlangsamt sich die Herzschlagfrequenz, und die Herzkammern dilatieren.

Der Bedarf des Pferdes an Vitamin B_1 liegt um 3–5 mg/kg Futtertrockensubstanz. Er nimmt mit steigendem Kohlenhydratumsatz zu. Bei körperlich stärker beanspruchten Pferden reichten 3 mg Vitamin B_1/kg Futtertrockensubstanz nicht aus

Tab. 34. Vitamin-B_1- und -B_2-Gehalt einiger Futtermittel (mg/kg ursprüngl. Substanz)

	Vitamin B_1	Vitamin B_2
getrocknete Bierhefe	82	35–45
Weizenkeime	25	4
Weizenkleie	7	5
Grünfutter	2	2,5
Grünmehl (Luzerne)	5	15
Heu	2–12	10
Hafer	6	1,5

nach DLG-Futterwerttabellen 1962 u. Souci, Fachmann, Kraut (1981) (erhöhte Laktat- und Brenztraubensäuregehalte im Blut nach Bewegung), so daß 4–5 mg zu empfehlen sind, zumal dem hohen Bedarf oft geringe Syntheseleistungen im Darm gegenüberstehen (Verwendung kraftfutterreicher, rohfaserarmer Rationen).

Der Vitamin-B_1-Bedarf des Pferdes wird auch durch Thiaminasen, die Vitamin B_1 inaktivieren, erhöht. Reich an diesen Stoffen sind Sumpfschachtelhalm und Adlerfarn.

Die Versorgung mit Vitamin B_1 ist bei ausgeglichener Fütterung und bei Verwendung qualitativ einwandfreier Futtermittel im allgemeinen durch die im Darm gebildeten und im Futter enthaltenen Vitamin-B_1-Mengen gesichert. Bei besonders hohem Bedarf, bei einseitig zusammengesetzten Rationen (wenig Heu, viel Hafer), bei schimmeligem Futter sowie bei Heu mit Schachtelhalm oder Adlerfarn kann eine gezielte Substitution notwendig werden. Dazu eignen sich Vitamin-B-reiche Futtermittel wie Trockenhefe, Weizen- oder Reiskleie oder synthetische Produkte (Tab. 34).

Überhöhte Vitamin-B_1-Mengen wirken bei nervösen Pferden nicht beruhigend.

4.5.2   Vitamin B₂ (Riboflavin)

Ein Vitamin-B_2-Mangel wurde beim Pferd bisher nur unter experimentellen Bedingungen erzeugt (katarrhalische Bindehautentzündung, erhöhter Tränenfluß, Lichtscheue, in späteren Stadien auch Schädigung der Linse). Für die Entstehung der periodischen Augenentzündung (Mondblindheit) ist ein B_2-Mangel nicht verantwortlich. Bei üblicher Fütterung reicht die Vitamin-B_2-Zufuhr aus.

4.5.3   Vitamin B₁₂

Im Dickdarm des Pferdes werden erhebliche Mengen an Vitamin B_{12} synthetisiert und resorbiert. Selbst bei extrem niedrigen Vitamin-B_{12}-Gehalten im Futter konnte experimentell kein Vitamin-B_{12}-Mangel mit klinischen Erscheinungen erzeugt werden. Unter den üblichen Fütterungsverhältnissen scheint daher die Vitamin-B_{12}-Versorgung stets ausreichend zu sein. Voraussetzung ist jedoch die Gegenwart von Cobalt im Futter. Vitamin-B_{12}-Zulagen erscheinen bei funktionierendem Dickdarmsystem überflüssig. Bei abgemagerten, anämischen Pferden können Vitamin-B_{12}-Injektionen die Blutbildung fördern. Neugeborene Fohlen werden über die Biestmilch (Colostrum) mit Vitamin B_{12} versorgt.

4.5.4   Folsäure

Bisher wurde Folsäuremangel (Anämie, Leistungsschwäche) in der Praxis nur sporadisch beschrieben. Bei Weidegang ist die Versorgung über Futter und Eigensynthese im Darmkanal stets ausreichend. Pferde, die nur im Stall gefüttert (ohne Grünfutter) und intensiv bewegt wurden, wiesen geringe Folsäuregehalte im Blut auf, z. T. bedingt durch Verluste über Schweiß (s. Tab. 58). Die temporäre Zulage von 20 mg Folsäure pro Tier und Tag soll Anämie und Leistungsschwäche gebessert haben.

4.5.5 Biotin

Die Biotinversorgung des Pferdes gilt aufgrund der enteralen Synthese als ausreichend. Nach Beobachtungen bei Schweinen und Geflügel reichen 0,05–0,2 mg Biotin/kg Futtertrockensubstanz aus (entsprechend rd. 0,5–2 mg pro Pferd und Tag), um Wachstums- und Fertilitätsstörungen sowie Hautveränderungen (trockene Haut, brüchiges Haar) zu vermeiden. Nach neueren Erfahrungen wirken extrem hohe Dosierungen (15 mg Biotin/Tier und Tag) günstig bei Pferden mit weichem Hufhorn oder Hornspalten.

4.5.6 Nikotinsäure, Pantothensäure, Vitamin B_6, Cholin

Ein Mangel an diesen Vitaminen wurde bisher nicht beobachtet und konnte, soweit geprüft, auch experimentell nicht erzeugt werden. Allenfalls nach einseitiger Körnermaisfütterung und allgemein geringer Tryptophanzufuhr besteht die Gefahr einer marginalen Nikotinsäureversorgung.

4.5.7 Vitamin C (Ascorbinsäure)

Die Ascorbinsäure besitzt bei den meisten Nutztieren keinen Vitamincharakter, da sie im Körper selbst in ausreichenden Mengen synthetisiert werden kann.

Das Saugfohlen wird über die Stutenmilch versorgt, die hohe Gehalte an Ascorbinsäure aufweist. Bei ausgewachsenen Pferden, die mit einer nahezu Vitamin-C-freien Ration ernährt wurden, ging auch bei stärkerer Bewegung der Vitamin-C-Gehalt in Blut und Harn nicht zurück. Eine zusätzliche Vitamin-C-Versorgung des Pferdes kann jedoch unter besonderen Streßbedingungen (z. B. Infektionen der Atemwege, Nasenbluten, hohe Umgebungstemperaturen, allgemeine Leistungsschwäche) angezeigt sein, da dann die Eigensynthese eventuell nicht ausreicht (10 g Ascorbinsäure i. v. pro Tier und Tag, 10 Tage).

5 Essentielle Fettsäuren

Für die meisten Säugetiere sind Linol- und Arachidonsäure lebenswichtig. Sie dienen der Synthese von Lipiden in den Zellmembranen sowie als Vorstufe der Prostaglandine. Ein Mangel führt zu Hautveränderungen (rauhes, trockenes Haarkleid, Hautverdickungen, Haarausfall, rissige Haut mit Sekundärinfektionen) und Fertilitätsstörungen.

Der Bedarf des Pferdes an Linolsäure wurde bisher nicht experimentell bestimmt. Saugfohlen nehmen etwa 25 g Linolsäure pro kg Milchtrockensubstanz auf. Bei wachsenden Tieren und Stuten sind etwa 10, bei ausgewachsenen mindestens 5 g/kg Futtertrockensubstanz vorzusehen.

Die durchschnittlichen Fett- und Linolsäuregehalte in verschiedenen Futtermitteln (Tab. 35) zeigen günstige Werte bei Gras, Heu, Maissilage sowie bei Hafer- und

Tab. 35. Fett- und Linolsäuregehalt in verschiedenen Futtermitteln für Pferde (g/kg Trockensubstanz)

	Rohfett	Linolsäure
Weidegras	46	10–14
Heu	50	13
Stroh, Weizen	16	3,7
Maissilage	36	20
Futterrüben	7	2,7
Mohrrüben	15	7
Haferkörner	54	25
Maiskörner	50	28
Weizenkleie	42	25
Leinsamen	370	53
Mischfutter für Pferde (n = 6)	25–35	2–5
Sonnenblumenöl	950	750
Sojaöl	950	500

Maiskörnern und Weizenkleie, geringe, eventuell zu geringe Werte bei Stroh, Hackfrüchten und einigen Kraftfuttermitteln.

Zu fettarmen Rationen sollten Leinsamen oder pflanzliche Öle gefüttert werden (u. a. Verbesserung des Haarglanzes).

6   Struktur- und Ballaststoffe

Neben den eigentlichen Nährstoffen ist das Pferd als Pflanzenfresser auch auf Struktur- und Ballaststoffe im Futter angewiesen, also auf strukturiertes, rohfaserreiches pflanzliches Material (Rauhfutter).

In der Pferdefütterung besteht heute die Tendenz, die Verwendung solcher Stoffe möglichst einzuschränken: wegen der schwierigen Beschaffung von Rauhfuttern gleichmäßiger Qualität, des hohen Raumbedarfs für ihre Lagerung und des vermehrten Arbeitsaufwandes bei der Fütterung. Bei Pferden mit hohen Leistungen sind dafür auch ernährungsphysiologische Gründe bestimmend, da bei hohem Energiebedarf und begrenzter Futteraufnahmekapazität (absolut und pro Zeiteinheit) Rationen mit hoher Nährstoffkonzentration notwendig werden.

In der Fütterungspraxis besteht daher oft die Frage nach der unteren Grenze der für das Tier notwendigen Rauhfuttermengen. Dazu ist zunächst die Bedeutung des Rauhfutters für die Funktion des Verdauungstraktes zu beachten: Es übt eine regulierende Wirkung auf Höhe und Geschwindigkeit der Nahrungsaufnahme aus und zwingt die Pferde zu intensiver Kautätigkeit und gleichzeitiger Speichelproduktion (Tab. 3 und 4). Damit wird ein mechanischer Aufschluß der Futterkomponenten erreicht, aber auch eine Durchmischung und Verflüssigung, so daß eine leichte Oesophaguspassage und lockere, vom Magensaft gut durchtränkbare Lagerung im Magen gewährleistet ist. Die schwer verdaulichen Ballaststoffe regen darüber hinaus die Darmmotorik an und schaffen die Voraussetzungen für die Tätigkeit der Dickdarmflora. Da die Komponenten der Rohfaserfraktion im Dünndarm nicht verdaut werden und z. T. auch andere Nährstoffe in diesem Darmabschnitt vor einer Verdauung bewahren, sichern sie der Dickdarmflora ein ausreichendes Nährsubstrat bei gleichzeitig protrahiertem Abbau der Futterstoffe.

Die Ballaststoffe sorgen darüber hinaus für einen ausreichenden Füllungsdruck im Magen-Darm-Trakt und erweitern das Dickdarmvolumen, so daß ein größeres intestinales Reservoir an Wasser und Elektrolyten gebildet wird.

Bei einer ungenügenden Aufnahme von Struktur- und Ballaststoffen steigen die Risiken für verschiedene Störungen: Durch unvollkommene Kautätigkeit können sich Haken an den Backenzähnen bilden, eine geringe Speichelproduktion bedingt eventuell Schlundverstopfungen oder Fehlgärungen im Magen. Die ungenügende Beschäftigung und Sättigung kann zu Untugenden führen (Benagen der Krippen, Stallwände oder Flankierbäume) oder zu vermehrter Aufnahme von Einstreu (Hygiene!). Die bei strukturarmen Rationen zu erwartende geringere Syntheseleistung der Darmbakterien begünstigt ferner latente Nährstoffmangelzustände, die sich eventuell in geringer Freßlust und Leistungsschwäche ausdrücken. Der fehlende Einfluß auf die Darmperistaltik kann einerseits Obstipationen begünstigen, andererseits auch infolge sekundärer Fehlgärungen zu dünnbreiigem Kot und Diarrhoen führen.

Der Bedarf des Pferdes an Ballast- bzw. Strukturstoffen wird als prozentualer Rohfasergehalt in der Futtertrockensubstanz oder als Rauhfuttermenge/Tag angegeben.

Die Dimension *»Rohfasergehalt im Futter«* berücksichtigt nicht die physikalische Struktur, da die Rohfaser auch in gemahlener Form (z. B. Grünmehl) vorliegen kann. Durch diesen Strukturverlust geht der Einfluß auf die Regulierung der Nahrungsaufnahme sowie die Kau- und Speicheltätigkeit verloren. Die Nährstoffversorgung der Dickdarmbakterien wird dagegen nicht beeinträchtigt, da die Rohfaser auch nach Zerkleinerung im Dünndarm nicht enzymatisch zerlegt werden kann.

Nach bisherigen Erfahrungen sollte der Rohfaseranteil in der Gesamtration (TS) mindestens 16–18 % betragen, bei Pferden, die im Erhaltungsstoffwechsel stehen und nur wenig Futter aufnehmen, auch mehr (20–22 %).

Der minimale tägliche Bedarf an Rauhfutter (Heu und Stroh) liegt bei Arbeitspferden um 0,5–0,6 kg/100 kg LM (sofern der Rohfaseranteil im Krippenfutter mindestens 10 % beträgt), bei Zuchttieren und Fohlen um etwa 0,8 kg/100 kg LM. Diese Bedarfswerte sind in Abhängigkeit von den übrigen Futtermitteln zu sehen. Eine Erhöhung wird notwendig, wenn die Begleitfutter besonders ballastarm sind (Rüben, Kartoffeln, Melasse, rohfaserarme Getreideschrote), während bei Verwendung rohfaserreicher Kraftfutter (mit Trockengrün, Mühlennachprodukten, Haferschalen) und hoher Gesamtfutteraufnahme das Rauhfutter noch reduziert werden kann.

Die obere Grenze der Rauhfutteraufnahme ergibt sich aus Energiebedarf einerseits und Futteraufnahmekapazität andererseits. Bei intensiv wachsenden Fohlen, laktierenden Stuten und Pferden mit hoher Arbeitsleistung sollte der Rohfasergehalt der Ration 20 % nicht überschreiten, damit die Tiere überhaupt (Stuten, Fohlen) bzw. in der verfügbaren Zeit (Arbeitspferde) genügend Energie aufnehmen können. Eine übermäßige Verwendung von eiweißarmem Rauhfutter (Stroh) ist auch im Hinblick auf seine geringe Verdaulichkeit im Dickdarm und Obstipationsgefahren von Nachteil.

7   Wasser

Bei kaum einer Tierart ist die Wasserversorgung für Gesundheit und Leistungsfähigkeit so wichtig wie beim Pferd, da Wasser nicht allein für die ungestörte Funktion des Darmkanals und intermediären Stoffwechsels, sondern vor allem für die Regulation des Wärmehaushaltes (Schweißbildung) unentbehrlich ist. Der Wasserbedarf des Pferdes läßt sich nicht pauschal angeben. Er hängt einerseits von den Wasserverlusten des Körpers über Niere, Darm, Haut und Lunge sowie Euter ab, andererseits aber von der Wassermenge, die gleichzeitig mit dem Futter aufgenommen wird.

Bei den Wasserabgaben sind primär die renalen Verluste zu berücksichtigen, da über die Niere Stoffe, die im Stoffwechsel nicht mehr verwertet werden können (z. B. Eiweißabbauprodukte) oder die im Überschuß aufgenommen wurden (Kalium, Calcium, Natrium usw.), in gelöster Form aus dem Körper geschleust werden müssen. Diese Stoffe können nur bis zu einer bestimmten Konzentration im Harn eingedickt werden, so daß z. B. ein überhöhtes Angebot an Eiweiß oder Mineralien (einseitige Leguminosenheufütterung, Melasse) Harnfluß und damit Wasserbedarf verstärkt. Die Harnmenge beträgt bei üblicher Fütterung und normalen Umgebungstemperaturen etwa 40–50 % der aufgenommenen Wassermenge. Bei rauhfutterreichen Rationen (höhere Wasserabgabe über den Kot) ebenso wie bei stärkeren Schweißverlusten kann der Anteil bis auf 20 % zurückgehen.

Die über den Darm ausgeschiedenen Wassermengen hängen von Art und Verdaulichkeit der Futtermittel ab. Der Wassergehalt im Kot variiert zwischen 75 % und 80 % (Tab. 10). Mit 10–20 kg Kot/Tag werden 7,5–15 kg Wasser ausgeschieden. Je unverdaulicher das Futter, um so größer die abgesetzte Kotmenge und um so höher der Wasserbedarf. Mit Rauhfutterrationen wurden im Mittel 3,6 kg, mit gemischten Rationen (Rauhfutter/Kraftfutter) 2,9 kg Wasser/kg Futtertrockensubstanz aufgenommen.

Bei Durchfällen geht mehr Wasser über den Darm verloren, da der Wassergehalt im Kot bis über 90 % ansteigt. Das entstehende Flüssigkeitsdefizit, das besonders bei Fohlen beachtet werden muß, führt in Verbindung mit Elektrolytmangel (Natrium, Kalium) zu Bluteindickung und schweren Kreislaufbelastungen.

Große Wassermengen können beim Pferd auch über die Haut (Schweißdrüsen), in geringerem Umfang über die Lungen den Körper verlassen. Das Pferd reguliert den Wärmehaushalt überwiegend durch Schweißverdampfung, d. h. an der Körperoberfläche entsteht Verdunstungskälte. Während starker körperlicher Anstrengung und bei hohen Umgebungstemperaturen können innerhalb weniger Stunden bis zu 7 kg Schweiß/100 kg LM gebildet werden. Daher ist gerade für Arbeitspferde an heißen Tagen eine ausreichende Wasserversorgung wichtig.

Tab. 36. Täglicher Tränkwasserbedarf der Pferde (kg)

pro 100 kg LM		pro kg Futtertrockensubstanz	
Fohlen	7–10	Rauhfutter	3,5
ausgewachsene Tiere		Kraftfutter	3,0
– Erhaltung	5		
– leichte Arbeit	7		
– schwere Arbeit	10–12		
– säugende Stuten	8		

Laktierende Stuten geben über das Euter größere Flüssigkeitsmengen ab. Bei 10–20 kg Milch/Tag (Tab. 21) mit einem Wassergehalt von rd. 90 % liegt die Wasserabgabe in der Größenordnung der Milchmengenproduktion.

Die auf verschiedenen Wegen entstehenden Wasserverluste müssen durch Wasseraufnahme ausgeglichen werden. Bei wasserreichen Futtermitteln (junges Weidegras, Naßsilage, Rüben) mit Wassergehalten von 80–90 % nimmt das Pferd teilweise wesentlich mehr Wasser auf als für den Ausgleich im Organismus notwendig. Neben vermehrter Harnbildung beobachtet man unter diesen Bedingungen die Neigung zu frühzeitigem Schwitzen. Bei Trockenfutterrationen werden die in Tabelle 36 angegebenen Wassermengen benötigt.

Die Wasseraufnahme wird sowohl durch Veränderungen der Osmolarität im Plasma als auch des Plasmavolumens reguliert. Steigt die Plasmaosmolarität um über 3 % oder reduziert sich das Plasmavolumen um über 6 %, entsteht ein Durstgefühl: das Pferd versucht, Wasser aufzunehmen. Da während und nach der Mahlzeit Wasser mit den Sekreten in den Verdauungskanal fließt (Erhöhung der Plasmaosmolarität), steigt in dieser Zeit das Trinkbedürfnis (Abb. 14). Ähnlich ist die Reaktion nach schweißtreibender Arbeit oder bei hohen Umgebungstemperaturen. Weidepferde nahmen z. B. bei 0–5 °C Umgebungstemperatur 1 × in 8 Std. Wasser auf, bei 30–35 °C 1,8 × pro Std.

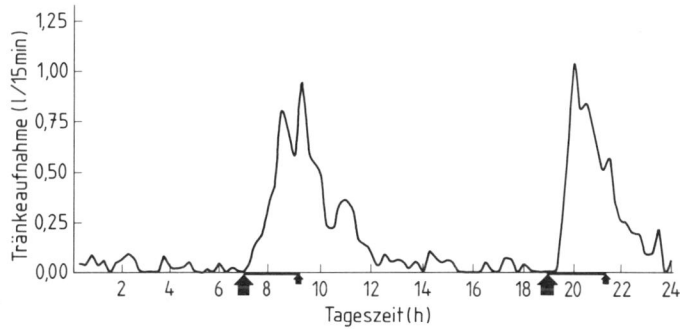

Abb. 14. Wasseraufnahme beim Pferd in Abhängigkeit von der Fütterung: je 0,4 kg Heu und Mischfutter pro 100 kg LM und Mahlzeit (nach HEILEMANN 1984)

8 Beurteilung der Nährstoffversorgung

Die Nährstoffversorgung des Pferdes kann anhand von Rationsberechnungen, für einige Stoffe aber auch durch Bestimmung verschiedener Parameter in Blut, Harn, Leber oder anderen Geweben beurteilt werden. Rationsberechnungen sind einfach, liefern aber nur grobe Anhaltspunkte, da die Nährstoffgehalte, besonders im Gras und in seinen Konservaten, erheblich variieren können, andererseits aber auch die Verwertung der aufgenommenen Nährstoffe schwankt.

Die Beurteilung der Versorgungslage anhand der Analyse verschiedener Körpersubstrate ist z. T. möglich, die Rohwerte bedürfen jedoch einer fachlichen Interpretation (Tab. 37).

Tab. 37. Möglichkeiten zur Beurteilung der Nährstoffversorgung beim Pferd

Nährstoff	Untersuchungssubstrat	Substanz und Dimension	Unterversorgung	Normalbereich	Überversorgung
Wasser	Plasma	Protein; g/dl	> 7,5[1])	6–7	
	Blut	Haematokrit; %		35–42	
Eiweiß	Blut	Harnstoff; mg/dl	< 20	20–30	> 30–40
Calcium	Harn	Ca; mg/dl	< 25		
		Ca : Creatinin[2])	< 0,3		
Phosphor	Plasma	anorg. P; mg/dl			
		bis 2 Jahre	< 4	4–8	
		adult	< 3	3–5	> 6[3])
Magnesium	Plasma	Mg; mg/dl	< 1,5	1,5–2,5	> 2,5
Natrium	Harn	Na; mg/dl	< 20	80–200	> 300
		Na : Creatinin[2])	< 0,2		
Kalium	Plasma	K; mg/dl	< (12)[4])		
	Harn	K; mg/dl	< 100		
		K : Creatinin[2])	< 1,0		
Eisen	Blut	Hb; g/dl[5])		11–17	
	Serum	Fe; µg/dl	< 80	100–150	
Kupfer	Plasma	Cu; µg/dl	< 50	70–150	
	Leber	Cu; µg/g TS	< 10	25–200	> 800
Zink	Plasma	Zn; µg/dl Fohlen	< 70		
		adult	< 60	130	
Jod	Serum	PBJ; µg/dl		1,5–2,0	
Selen	Plasma	Se; µg/dl	7	10–14	
Vit. A	Plasma	Retinol IE/dl	< 60	80–150	> 150
	Leber	Retinol IE/g uS	< 20	150–500	> 2000
Vit. D	Plasma	Ca; mg/dl[6])			> 14
		anorg. P; mg/dl			> 7
Vit. E	Plasma	Tocopherol; mg/dl		0,2–0,7	
Vit. C	Plasma	Ascorbinsäure; mg/dl		0,7–0,9	
Folsäure	Serum	Folate; µg/dl		0,02–0,15	

[1]) sofern keine renalen oder enteralen Proteinverluste vorliegen
[2]) nach körperlicher Belastung nicht aussagefähig
[3]) Ca unter 10,5 mg/dl
[4]) eventuell nur temporär (s. Abb. 13)
[5]) nicht spezifisch
[6]) adult, nicht spezifisch

Die Konzentration einiger Nährstoffe im Blut (Ca, Na) wird straff reguliert, so daß auch bei chronischer Unter- oder Überversorgung zunächst keine auffälligen Änderungen eintreten. Sind solche Störungen unter extremen Bedingungen schließlich nachweisbar, werden sie in der Regel schon von klinischen Symptomen (hypocalcaemische Tetanie, hyponatriaemische Exsiccose) begleitet. Gelegentlich liegt bei solchen Veränderungen – unabhängig von der Zufuhr – eine temporäre Regulationsstörung vor.

Der K-Gehalt im Plasma kann bei einem Defizit zwar deutlich abfallen, doch findet sich diese Reaktion auch nach größeren Arbeitsleistungen infolge Rückfluß von Kalium in den intrazellulären Raum (Abb. 13).

Die Serum- bzw. Plasmawerte für anorganischen Phosphor können bei einer stark überhöhten P-Zufuhr insbesondere bei gleichzeitig knappem Ca-Angebot diagnostisch verwertet werden, da dann die P-Werte an der oberen, die Ca-Gehalte an der unteren Grenze der Norm liegen. Bei Beurteilung der Serum-Plasmawerte für Kupfer, Eisen, Vitamin A, z. T. auch Zink ist zu berücksichtigen, daß der Organismus gegebenenfalls über erhebliche Reserven verfügt, so daß sich bei einem chronischen Mangel die Werte noch über längere Zeit am unteren Rand der Norm bewegen. Normalwerte schließen somit einen Mangel nicht aus.

Relativ günstige Bedingungen ergeben sich für die Beurteilung der Eiweiß-, Magnesium-, Selen- und Jodversorgung durch Blutanalysen. Der Serum-Harnstoffspiegel reagiert relativ empfindlich auf die Höhe der Eiweißzufuhr und sollte besonders bei Reitpferden zur Beurteilung der Proteinzufuhr herangezogen werden. Fehleinschätzungen sind möglich bei Niereninsuffizienz, starken körperlichen Belastungen und Wassermangel (absolut oder nach hohem Schweißverlust). Diese Störmöglichkeiten bestehen auch für die zuvor genannten Nährstoffe. Größere Sicherheit läßt sich erreichen, wenn in einem Bestand mehrere Pferde mit gleicher Fütterung oder Einzeltiere mehrmals hintereinander untersucht werden.

Für die Beurteilung des Wasserbestandes im Organismus liefert der Gesamteiweißgehalt im Plasma relativ gute Hinweise, insbesondere nach hohen Wasserverlusten durch Schweiß. Andererseits kann jedoch eine ausgeprägte Exsiccose auch bei normalem Proteingehalt im Plasma bestehen, wenn neben Wasser gleichzeitig Protein verlorengeht, wie z. B. bei schweren Diarrhoen.

Für einige Nährstoffe, deren Beurteilung aufgrund von Blutanalysen unsicher ist (Ca, Na, K), kann die Harnanalyse wertvolle Hilfe geben. Sofern kein extrem hoher oder niedriger Harnfluß vorliegt, liefert die Bestimmung der Konzentration dieser Stoffe im Harn erste Hinweise. Wegen wechselnder Harnmengen ist es jedoch sicherer, die Relation des zu prüfenden Nährstoffes mit der Creatininmenge in Beziehung zu setzen. Creatinin wird in relativ konstanten Mengen unabhängig von der Stickstoffzufuhr ausgeschieden (rd. 20–25 mg/kg LM/Tag), so daß sich diese Substanz als innerer Standard anbietet (ausgenommen während und nach körperlicher Belastung).

D Futtermittel

Futtermittel enthalten Energie- und Nährstoffe, aber auch schwer- und unverdauliche, für die Funktion des Verdauungskanals unentbehrliche Ballaststoffe.

Für die Rationsberechnung sind Kenntnisse über die Futtermittel, ihre Herstellung, Zubereitung, Zusammensetzung, Konservierung, Schmackhaftigkeit, über schädliche Inhaltsstoffe und allgemeine Verträglichkeit notwendig (s. auch Tab. VI, Anhang).

1 Futterinhaltsstoffe

Die organischen Inhaltsstoffe werden traditionell nach dem Weender Analyseverfahren bestimmt (Tab. 38). Die mit dieser Methode erfaßten Inhaltsstoffe sind jedoch mit den Nährstoffen nicht voll identisch.

Tab. 38. Futterkomponenten (nach der Weender Analyse) und ihre Funktionen

Futterkomponenten	Physikalische Eigenschaften bzw. chemische Bestandteile	Funktionen
Rohwasser	Wasser sowie andere bei über 103 °C flüchtige Substanzen	
Trockensubstanz	Substanzen, die bei 103 °C nicht flüchtig sind	
Rohprotein	Reineiweiß, nichteiweißartige stickstoffhaltige Verbindungen (Amide)	Bau- und Brennstoff
Rohfett	Fette und fettähnliche Substanzen	Brennstoff
N-freie Extraktstoffe	Zucker, Stärke, lösliche Anteile von Zellulose, Lignin, Pentosanen und Pektin	Brennstoff
Rohfaser	unlösliche Anteile von Zellulose, Pektin, Lignin und Pentosanen sowie Cutin und Suberin	Brenn- und Strukturstoffe
Rohasche	Mengen- und Spurenelemente, Erdverunreinigungen (Silikate)	Baustoffe, z. T. Begleitstoffe

Durch Trocknen der Futtermittel können die flüchtigen und nichtflüchtigen Stoffe getrennt werden. Die flüchtigen Komponenten bestehen überwiegend aus Wasser, aber auch aus flüchtigen Säuren und Geruchsstoffen. Der zurückbleibende Teil des Futtermittels wird als *Trockensubstanz* bezeichnet.

Im *Rohproteingehalt* des Futters, dessen Anteil durch Bestimmung des Stickstoffs ermittelt wird, sind neben den Reineiweißen auch alle stickstoffhaltigen Substanzen nichteiweißartiger Natur enthalten wie Aminosäuren, Peptide, Amine, Ammonium-salze oder organische Basen (Amine, Alkaloide, stickstoffhaltige Glykoside).

Unter *Rohfett* werden alle ätherlöslichen Substanzen in den Futtermitteln zusam-mengefaßt: also Fette, Lipoide, Wachse, Fettsäuren und fettlösliche Vitamine.

Die Gruppe der *N-freien Extraktstoffe* enthält im wesentlichen leicht verdauliche Kohlenhydrate wie Zucker und Stärke, aber auch lösliche Anteile von Pektin, Zellulose, Lignin und Pentosanen. Der Hauptteil der letztgenannten Stoffe findet sich jedoch in der *Rohfaserfraktion,* die auch andere Zellwandstoffe (Kutin, Suberin) enthält.

Die *Rohasche* besteht aus anorganischen Komponenten des Futtermittels, den lebensnotwendigen Mengen- und Spurenelementen, aber auch aus zahlreichen Begleitstoffen und Verunreinigungen (Sand, Ton).

Die verschiedenen Mineralstoffe und Vitamine werden in speziellen zusätzlichen Analyseverfahren unmittelbar als Elemente oder chemische Verbindungen bestimmt.

2 Futtermittelrechtliche Regelungen

Verkehr und Verwendung von Futtermitteln unterliegen den Regelungen des Futter-mittelgesetzes (FMG 1975) und der Futtermittelverordnungen. Sie sollen u. a. Käufer von Futtermitteln schützen und Tiere vor Schäden bewahren.

Für Käufer von Pferdefuttermitteln sind folgende futtermittelrechtliche Regelun-gen von Bedeutung:

▷ Futtermittel dürfen nicht gesundheitsschädigend sein.
▷ Futtermittel müssen von handelsüblicher Reinheit und Unverdorbenheit sein (sofern beim Verkauf keine besonderen Angaben gemacht werden). Körnerfutter sollen eine botanische Reinheit von mindestens 95 % aufweisen.
▷ Sofern Einzelfuttermitteln (außer Wasser) bei der Herstellung Stoffe zugesetzt oder entzogen wurden, bedürfen sie der Zulassung.
▷ Bei Einzelfuttermitteln muß die Bezeichnung der Natur der Sache entsprechen. Für zulassungsbedürftige Einzelfuttermittel gelten festgelegte Bezeichnungen, die z. T. mit Höchst- oder Mindestwerten gekoppelt sind (z. B. Weizengrießkleie mind. 18 % Stärke, max. 10 % Rohfaser und 14 % Wasser; Weizenkleie max. 12,5 % Rohfaser, 14 % Wasser, s. Anlage I der Futtermittelverordnung). Im Zweifelsfall kann die Futterqualität nachgeprüft werden.
▷ Mischfutter müssen ausreichend gekennzeichnet sein. Der Wassergehalt ist anzu-geben, wenn er 14 % übersteigt.
▷ Mischfutter dürfen nur Zusatzstoffe enthalten, die zugelassen sind; diese müssen bei Verwendung angegeben werden.
▷ Mischfutter dürfen bestimmte Schadstoffgehalte (Schwermetalle, Mykotoxine, Pflanzenschutzmittel, Pflanzeninhaltsstoffe) nicht überschreiten (s. Tab. 69).
▷ Mischfutter dürfen nur an die Tierart verfüttert werden, für die sie bestimmt sind. Diese Vorschrift muß der Pferdehalter besonders beachten, da Futtermittel für andere Tierarten (Rinder, Geflügel) z. T. Stoffe enthalten, die für das Pferd toxisch sind.

▷ Bei Mischfuttern muß angegeben werden, ob es sich um Allein- oder Ergänzungsfuttermittel handelt und für welche Tierart das Futter bestimmt ist. Außerdem
sind die Einzelkomponenten und die Hauptinhaltsstoffe (Rohprotein, Rohfett,
Rohfaser, Rohasche, Calcium, Phosphor) zu deklarieren.

3   Einzelfuttermittel

Die Einzelfuttermittel werden nach Art und Herkunft unterteilt. Für das Pferd haben
Grünfutter und seine Konservate (Heu, Silage) sowie Getreide und Getreidenachprodukte die größte Bedeutung. Über die Zusammensetzung der nachfolgend aufgeführten Futtermittel s. Tabelle VI, Anhang.

3.1   Grünfutter

Grünfutter sind die oberirdischen Teile von Futterpflanzen, deren Wachstum noch
nicht abgeschlossen ist. Nach seiner Herkunft unterscheidet es sich in
– Grünfutter vom Dauergrünland (Wiesen oder Weiden),
– Grünfutter vom Acker (Feld- oder Ackerfutter).

3.1.1   Grünfutter vom Dauergrünland

Die Pflanzenarten des Grünlandes sowie Klima, Boden und Düngung beeinflussen in
hohem Maße Nährstoffzusammensetzung und Geschmack des Grünfutters von Wiesen und Weiden.

3.1.1.1 Botanische Zusammensetzung

Auf natürlichem Grünland kommen über 100 verschiedene Pflanzenarten vor. Sie
lassen sich grob einteilen in Gräser, Kleeartige und Kräuter.

Die *Gräser* sind die eigentlichen Massenbildner des Grünlandes und bestimmen
daher die Quantität des Futters. Sie können nach ihrem Nutzungswert unterteilt
werden in wertvoll bis brauchbar und minderwertig.

In der ersten Gruppe sind *Ober-* und *Untergräser* zu unterscheiden (Tab. 39). Die
Obergräser zeichnen sich durch ihre Wuchsform und hohe Blütenstände mit relativ
geringem Blattanteil aus, während die Untergräser weniger Halme und mehr Blätter
bilden und somit einen geringeren Rohfasergehalt und eine höhere Verdaulichkeit
besitzen.

Zu den minderwertigen Gräsern zählen Rasenschmiele, Pfeifengras, Borstgras,
Schilfrohr, ferner die Seggen, Binsen und Simsen. Diese Arten besitzen infolge ihres
hohen Rohfaser- und geringen Mineralstoffgehaltes nur einen mäßigen Futterwert.
Außerdem senken sie bei stärkerer Verbreitung den Gesamtertrag der Grünlandflä-
che. Die Seggen werden von Pferden zwar noch gefressen, doch die stark verkieselten

Tab. 39. Pflanzen vom Grünland

---

1. Gräser

Obergräser	*Untergräser*
Wiesenschwingel *(Festuca pratensis)*	Deutsches Weidelgras *(Lolium perenne)*
Wiesenlieschgras/	Wiesenrispengras *(Poa pratensis)*
Timothé *(Phleum pratense)*	Gemeines Rispengras *(Poa trivialis)*
Wiesenfuchsschwanz *(Alopecurus pratensis)*	Weißes Straußgras *(Agrostis stolonifera)*
Glatthafer *(Arrhenatherum elatius)*	Rotschwingel *(Festuca rubra)*
Goldhafer *(Trisetum flavescens)*	Jähriges Rispengras *(Poa annua)*
Knaulgras *(Dactylis glomerata)*	
Wehrlose Trespe *(Bromus inermis)*	
Rohrglanzgras *(Phalaris canariensis)*	

2. Kleeartige
Weißklee *(Trifolium repens)*, Wiesenrotklee *(Trifolium pratense)*, Bastardklee *(Trifolium hybridum)*, Zaunwicke *(Vicia sepium)*, Vogelwicke *(Vicia cracca)*, Wiesenplatterbse *(Lathyrus pratensis)*

3. Kräuter
u. a. Löwenzahn *(Taraxacum officinale)*, Herbstlöwenzahn *(Leontodon autumnalis)*, Schafgarbe *(Achillea millefolium)*, Große Bibernelle *(Pimpinella major)*, Spitzwegerich *(Plantago lanceolata)*, Großer Wiesenknopf *(Sanguisorba officinalis)*, Großer Sauerampfer *(Rumex acetosa)*.

Blattrandzähnchen können bei empfindlichen Tieren eventuell Lippen und Zunge verletzen.

Der Geschmackswert der Gräser hängt von Art, Sorte, Alter, Düngung, Boden und relativer Häufigkeit im Bestand ab, weniger von der Wuchsform. Auch langabgewachsene Gräser werden vom Pferd aufgenommen, wenn sie schmackhaft sind. Zu den gern gefressenen Gräsern zählen Rotschwingel, Rohrschwingel, Kreuzungen zwischen Deutschem und Welschem Weidelgras sowie Kammgras, während Wiesenfuchsschwanz, Lieschgras, Knaulgras, Wiesenschwingel, Trespenarten und Quecken nicht favorisiert werden. Mittleren Geschmackswert scheinen Wiesenrispengras, Deutsches Weidelgras und rotes Straußgras zu haben.

Die in der Gruppe der *Kleeartigen* zusammengefaßten Pflanzen (Tab. 39) sind nicht so massenwüchsig, aber hochverdaulich und reich an Eiweiß, Calcium und Magnesium. Auf besseren, nicht zu sauren Böden mit starker Verdichtung der Oberfläche breitet sich besonders der Weißklee aus, der auf Pferdeweiden aufgrund seiner Ausläuferbildung recht ausdauernd ist. Von den Kleeartigen wird der Weißklee sehr gern, der Rotklee dagegen ungern gefressen.

Zur Gruppe der *Kräuter* zählen weidewirtschaftlich alle zweikeimblättrigen Pflanzen außer Schmetterlingsblütlern, aber auch Farne, Flechten und Moose. In ihr gibt es sowohl wertvolle Futterpflanzen wie auch giftige Unkräuter. Auf extensiven, wenig gedüngten Flächen ist der Anteil an Kräutern und Unkräutern im allgemeinen noch hoch; mit steigender Nutzungsintensität geht ihr Spektrum zurück.

Zu den Kräutern mit mittelmäßigem bis gutem Futterwert, die auch vom Pferd noch gefressen werden, zählen die in Tabelle 39 aufgeführten Pflanzen. Sie sind allerdings nur dann wertvoll, wenn sie in geringerem Umfang im Grünland vorkommen. Nimmt ihre Zahl überhand, so wirken sie ertragsmindernd. Von geringerem Futterwert sind Gänseblümchen, Margerite, gemeines Hornkraut, Flockenblume, kriechender Hahnenfuß u. a.

Unter den Kräutern kommen allerdings auch Arten vor, die schon als Unkräuter zu bezeichnen sind, weil sie entweder nicht gefressen werden (Ginster, Hauhechel, Heidekraut, Krauser Ampfer) oder giftig wirken (Scharfer und Knolliger Hahnenfuß, Sumpfdotterblume, Wiesenschaumkraut, Sumpfschachtelhalm, Adonisröschen, Herbstzeitlose, Alderfarn, Johanniskraut; s. Tab. 44).

Die *Verteilung* von Gräsern, Kleeartigen und Kräutern auf dem Grünland hängt vom Boden und Klima, aber auch von Nutzungsart und Grasungsverhalten der Weidetiere ab. Eine vielseitige Zusammensetzung der Flora wirkt sich günstig auf Ertrag, Nährstoffangebot und Geschmack aus. Der Gräseranteil sollte 70–80 % nicht übersteigen, Kleeartige und Kräuter je 10–15 % erreichen. Eine solche Verteilung ist nicht auf allen Flächen aufgrund von Klima und Boden möglich. Auf feuchten Standorten mit hohen Niederschlägen liegt der Anteil an Gräsern im allgemeinen höher, während auf trockenen, kalkreichen Flächen mehr Leguminosen und Kräuter wachsen.

Bei ausschließlicher Nutzung durch Pferde gehen in der Regel die schmackhaften Gräser zurück, da sie oft bis auf die Wurzeln abgefressen werden und nicht zum Blühen kommen, während die weniger beliebten Gräser und Kräuter reifen und sich vermehren können. Auch Pflanzen mit bodennahen Vegetationensorganen, die vom Pferd schwer erreicht werden (Löwenzahn, Wegerich, Gänseblümchen), oder mit hohem Lichtbedürfnis (Weißklee) haben auf reinen Pferdeweiden Chancen zur Ausbreitung. Ihre Zunahme spricht für eine Überweidung durch Pferde. Eine einseitige Entwicklung wird durch zwischenzeitliches Mähen verhindert bzw. verzögert, da sich dann alle Pflanzen, besonders aber Obergräser und höherwüchsige Leguminosen entwickeln und z. T. blühen können. Gleichzeitig werden die bei Beweidung begünstigten Pflanzen mit bodennahen Vegetationsorganen in ihrer Entwicklung beeinträchtigt.

Auch die wechselseitige Nutzung der Weiden durch Pferde und Rinder kann einen vielseitigen Pflanzenaufwuchs begünstigen, da beide Tierarten unterschiedliche Gräser bevorzugen. Außerdem ist die Parasitenbelastung für beide Spezies geringer.

Ganz erheblich wird die botanische Zusammensetzung des Weidefutters durch Düngung und Düngungsintensität verändert. Allgemein nimmt mit steigender Düngeranwendung die Artenzahl auf dem Grünland ab, besonders bei Kleeartigen und Kräutern.

Eine einseitige Stickstoffdüngung fördert den Wuchs der Gräser, vor allem in Gebieten mit hohen Niederschlägen oder bei Beregnung. Andere Pflanzen werden unterdrückt, besonders der Weißklee, da er schattenempfindlich ist. Werden die Flächen jedoch früh genutzt, so ist auch bei intensiver Stickstoffdüngung der Weißklee auf der Weide noch zu halten. Die isolierte Düngung mit Phosphor oder Kalium fördert im allgemeinen die Kleeartigen, während die Kombination Stickstoff/Kalium (Gülle, Jauche) nicht allein das Wachstum der Gräser, sondern auch mancher Kräuter, besonders der Doldenblütler begünstigt. Diese Möglichkeiten lassen sich bei starker Verschiebung der Flora nutzen. Nimmt z. B. der Weißklee überhand, so kann durch Stickstoffdüngung sowie einmalige Nutzung der Weide zur Heugewinnung die Kleeausbreitung nachhaltig unterdrückt werden.

Eine harmonische Düngung mit allen Kernnährstoffen (s. unten) in Kombination mit wechselseitiger Nutzung (Weiden und Mähen) und bei Wechsel der Weidetiere (Pferde und Rinder) führt zu den geringsten Verschiebungen in den Hauptpflanzengruppen.

Wenn die Ertragsleistung einer Pferdeweide infolge Überrepräsentation ertrags-schwacher Pflanzen nachläßt, ist vor einem Umbruch in jedem Fall die Nachsaat zu versuchen. Dazu wird die Fläche im Frühjahr leicht geeggt (keine tiefgreifenden Geräte) und die Saat mit der Drillmaschine überkreuz eingebracht. Für die Nachsaat kommt pro ha folgende Mischung in Frage: 5 kg ausläufertreibende Rotschwingel (sehr schmackhaft, gleichzeitig Bildung eines elastischen Graspolsters), 5 kg Wiesen-rispe, 2 kg Weidelgras, 1 kg weißes Straußgras. Nur wenn durch Düngung, Nutzung und Nachsaat die Grünfläche nicht mehr ertragreich gehalten werden kann, sollte man umbrechen und möglichst unmittelbar danach im Spätsommer oder Frühherbst neu ansäen. Je nach Standort kommen verschiedene Ansaatmischungen in Frage (Tab. 40). Im ersten Jahr werden neu angesäte Flächen möglichst durch Rinder oder zur Heugewinnung genutzt, um die Wurzelentwicklung zu verbessern und den Bestand zu verdichten.

Tab. 40. Aussaatmischungen für Dauerweiden in Gestüten (kg/ha)

Pflanzenart	Botanischer Name	Aussaatmenge	
		[1]	[2]
Lieschgras	*Phleum pratense*	8	–
Knaulgras	*Dactylus glomerata*	4	3
Wehrlose Trespe	*Bromus inermis*	2	–
Wiesenrispe	*Poa pratensis*	10	2,5
Rotschwingel, ausläufertreibend	*Festuca rubra eurubra*	6	12,5
Horstrotschwingel	*Festuca rubra fallax*	3	–
Rohrschwingel	*Festuca arundinacea*	–	3
Deutsches Weidelgras	*Lolium perenne*	5	25
Fioringras	*Agrostis alba*	2	–
Kammgras	*Cynosurus cristatus*	2	2,5
Hornschotenklee	*Lotus corniculatus*	2	–
Weißklee	*Trifolium repens*	1	0,5
Esparsette	*Onobrychis sativa*	2	–
Kümmel	*Carum carvi*	3	–

[1] nach KÖHNEKAMP (1978) für sandigen Lehm, pH 6,5, 700 mm Niederschlag
[2] nach ARCHER (1980)

3.1.1.2 Düngung und Pflege

Pferdeweiden müssen gedüngt werden, wenn sie nicht zu ertragsschwachen Naturflä-chen degenerieren sollen. Bei richtiger Anwendung organischer oder mineralischer Düngemittel wird nicht nur der Ertrag gesteigert, sondern auch die Qualität des Futters verbessert, besonders wenn Böden von Natur aus arm sind an lebenswichtigen Mineralien (wie Phosphor, Kupfer, Mangan, Cobalt usw.). Auf solchen Flächen ist die Düngung absolut notwendig. Bei einseitiger und überhöhter Anwendung minera-lischer oder organischer Düngemittel kann jedoch die Qualität des Futters beein-trächtigt werden, wenn auch die Erträge insgesamt steigen.

In diesem Zusammenhang können nur kurze Hinweise zur Düngung gegeben werden. Zu den Kernnährstoffen der Pflanze zählen Stickstoff, Phosphor, Kalium und Calcium. Unter lokalen Bedingungen kann auch die Düngung mit Magnesium, Kupfer, Mangan, Bor usw. notwendig werden. Der Kalk ist zusätzlich Bodendünger, um eine Übersäuerung des Bodens zu vermeiden.

Die Höhe der Düngermengen richtet sich nach Bodenverhältnissen, Klima und Nutzungsintensität. Regelmäßige Bodenuntersuchungen sind für die Beurteilung der Düngebedürftigkeit unerläßlich.

*Stickstoff*mengen von 60–120 kg/ha können auf Pferdeweiden durchaus toleriert werden, eventuell auch mehr, wenn die Weiden gleichzeitig durch Rinder genutzt werden. Die Stickstoffdüngung sollte möglichst auf die Vegetationszeit verteilt sein, beginnend im April mit Kalkammonsalpeter. In sehr günstigen Lagen kann die Stickstoffdüngung vor dem Austrieb infolge des natürlichen intensiven Graswuchses im Frühjahr entfallen. Läßt die Wuchsleistung im Sommer nach, so sind schnell wirksame Stickstoffdünger am Platze (25 kg Chilesalpeter Anfang Juni, 25 kg Anfang August pro ha). Bei starkem Verbiß trägt der Salpeter zur schnellen Regeneration des Grases bei. Im Herbst ist eventuell der Kalkstickstoff geeignet, um Schadpflanzen zu unterdrücken. Die Zufuhr von Perlkalkstickstoff im Frühjahr (3–5 dt/ha) vernichtet gleichzeitig überwinterte Parasitenlarven.

Die *Phosphor*menge richtet sich nach dem Versorgungsgrad der Böden. Bei Gehalten von 30 mg P_2O_5/100 g Boden und mehr ist keine Düngung angezeigt. Zur Erhaltung eines ausreichenden Phosphorbestandes in Boden und Pflanze werden etwa 40 kg P/ha benötigt, auf phosphorarmen Böden entsprechend mehr. Die Phosphordüngung erfolgt am zweckmäßigsten im Spätherbst oder Frühjahr.

Die Höhe der *Kalium*düngung ist ebenfalls primär vom Kaliumgehalt im Boden (Richtwert: 15–25 mg K_2O/100 g Boden) bzw. der Pflanze (Richtwert: höchstens 2,5 % der TS) abhängig zu machen. Sie wird im zeitigen Frühjahr oder Herbst vorgenommen, eventuell in Kombination mit Kali-Magnesia (40–60 kg K_2O/ha). Auf den von Pferden benutzten Kotabsatzplätzen ist sie überflüssig.

Zur Beurteilung der *Kalk*bedürftigkeit des Bodens muß zunächst der pH-Wert bestimmt werden, der auf Sandböden 5–5,5, auf Lehm- und Tonböden 6–6,5 und auf Moorböden etwa 4,5 betragen sollte.

Die Versorgung der Böden mit Calcium kann über Düngekalk oder dort, wo auch Magnesium fehlt, über Magnesiumbranntkalk erfolgen. Auf sauren Böden wird eine Kalkung in der Regel alle 3–4 Jahre notwendig (10–15 dz/ha), am zweckmäßigsten im Herbst bzw. Frühwinter. Auf schwachsauren Böden genügt oft schon die Anwendung kalkhaltiger Stickstoff- oder Phosphordünger.

Auf mineralstoffarmen Böden (Sand- und Moorböden, Granit- und Gneisverwitterungsböden) wird man mit Vorteil *Mehrfachdünger* mit Spurenelementzusätzen (Kupfer, Mangan, Zink, Bor) einsetzen. Bei krassen Mangelsituationen sind spezielle Düngungen mit diesen Elementen notwendig.

Auch organische Düngemittel können auf Pferdeweiden eingesetzt werden. Jauche und Gülle sind einseitig stickstoff- und kaliumreich, so daß sie nur in geringen Mengen geeignet sind. Gut kompostierter Stallmist ist dagegen ein ausgezeichnetes Düngemittel aufgrund der langsam freiwerdenden Nährstoffe und der schonenden Wirkung auf die Grasnarbe. Der Stalldung (rd. 100 dt/ha jedes 3. Jahr) wird möglichst im Herbst (Vermeidung von Geschmacksbeeinträchtigungen) auf den Weiden fein verteilt. Damit erreicht man gleichzeitig auch einen Schutz vor Auswinterungsschäden. Im Sommer – bei starker Trockenheit – kann ein dünner Stalldungschleier die Grünflächen vor Austrocknungsschäden bewahren. Auch stark verbissene Stellen können sich nach Überdeckung mit Stallmist wieder regenerieren. Ähnlich günstige Wirkungen sind durch Kompost zu erreichen.

Durch Stalldung können Weiden mit Eiern des Spulwurmes *(Parascaris equorum)* kontaminiert werden. Zur Vernichtung der sehr widerstandsfähigen Eier ist der Dünger zunächst locker zu lagern (Innentemperatur über 70 °C); Randschichten müssen zwischenzeitlich nach innen gepackt werden. Vor der Besetzung im Frühjahr werden die Weiden abgeschleppt, um die Maulwurfshügel etc. einzuebnen, Moorweiden, die im Winter leicht auffrieren, auch gewalzt.

Zur Bekämpfung spezieller Unkräuter s. Tabelle 41.

Tab. 41. Empfehlungen zur Unkrautbekämpfung auf Pferdeweiden

Unkraut	technische Maßnahmen	Unkrautbekämpfungsmittel[1])
Brennessel	häufiges Mähen, spätestens bei	MPT-Salz
Distel	20 cm Höhe (auf rd. 10 cm	2,4-D
Ampfer	reduzieren) keine Überdüngung	Asulam
Adlerfarn	mind. 2mal pro Jahr mähen	Asulam
Hahnenfuß	Drainage und Bodenfruchtbarkeit verbessern, Ätzdüngung (Kalkstickstoff, Kainit)	MCPA MCPB
Huflattich	Entwässerung, häufige Mahd, Ätzdüngung	wie Brennessel, Bhdlg. im Mai, wachsende Blattmasse
Kreuzkraut	ausgraben, vor der Blüte	MCPA, 2,4-D (Rosettenstadium)
Löwenzahn	Nutzung durch Wdk, Heugewinnung, keine Überkalkung	2,4-D + MCPA, Bhdlg. kurz vor oder in der Blüte
Sumpfschachtelhalm	Drainage, verstärkte Düngung, Walzen	wie Hahnenfuß
Vogelmiere	Walzen, Nutzung durch Rinder, keine N-Überdüngung	2,4-D

[1]) horstweise Bekämpfung

nach ARCHER 1980 u. a.

3.1.1.3 Nährstoffgehalte

Das Grünfutter zeichnet sich durch eine weite Variation im Nährstoffgehalt aus. Durchschnittswerte können daher nur mit Vorbehalt gegeben werden. In Tabelle 42 sind Grenzwerte aufgeführt sowie die wichtigsten Faktoren, die den Gehalt variieren. Mittelwerte über den Nährstoffgehalt aus Tabellen müssen entsprechend den angegebenen Faktoren modifiziert werden. Der Gehalt an verd. Energie und verd. Eiweiß wird vor allem durch das Vegetationsstadium beeinflußt (Abb. 15). Mit fortschreitendem Alter der Pflanzen nimmt der Rohfasergehalt zu und damit ihre Verdaulichkeit ab.

3.1.1.4 Weidestandort und Weideeinrichtungen

Die besten Bedingungen für Pferdeweiden bestehen auf trockenen, durchlässigen, möglichst kalkhaltigen Böden mit einer vielseitigen Pflanzengesellschaft und einer

Tab. 42. Nährstoffgehalte im Grünfutter und die Ursachen ihrer Variationen

		Gehalte/kg Frischsubstanz	Variationsursachen
Rohfaser	g	30–100	steigende Gehalte mit zunehmendem Alter der Gräser und bei viel Obergräsern (höherer Stengelanteil; s. Abb. 91)
verd. Rohprotein	g	15–35	hohe Gehalte in jungen Pflanzen und Klee- arten, kein Einfluß durch Stickstoffdüngung
verd. Energie	MJ	1,7–2,5	Veränderung umgekehrt proportional zum Rohfasergehalt
Calcium	g	0,6–2,5	höhere Gehalte bei vermehrtem Anteil an Klee- artigen und Kräutern (Tab. 43), niedrige
Magnesium	g	0,1–0,6	Gehaltswerte bei jungen und intensiv mit Stick- stoff und Kalium gedüngten sowie überständigen, verholzten Pflanzen
Phosphor	g	0,3–0,8	hohe Werte in jungem, eiweißreichem Material bei ausreichender Phosphordüngung; geringe Gehalte auf phosphorarmen Standorten, sauren Böden und bei Trockenheit
Natrium	g	0,02–0,6	geringe Gehalte bei natriumarmer Düngung (keine Verwendung von Kalirohsalzen oder natriumhaltiger Mehrfachdünger)
Kalium	g	2–6	hohe Werte bei einseitiger Düngung (Jauche, Gülle, Kaliumdüngemittel)
Eisen	mg	40–200	hohe Gehalte bei Erdverunreinigungen
Mangan	mg	4–100	niedrige Gehalte eventuell auf manganarmen Standorten (Sandböden), bei hohen pH-Werten im Boden (Kalkverwitterungsböden)
Kupfer	mg	0,4–4	niedrige Gehalte auf kupferarmen Standorten (Sand, Moor) und bei fehlender Kupfer- düngung
Cobalt	µg	4–30	auf ausgewaschenen Sand- sowie Granit- und Gneisverwitterungsböden niedrige Gehalte
Jod	µg	80 und mehr	geringe Werte eventuell im Mittelgebirge und Alpengebiet; höhere Gehalte in der Regel in Küstennähe
Zink	mg	4–10	abnehmende Gehalte bei älteren Pflanzen
β-Carotin	mg	20–90	sowie bei Welk- und Trocknungsvorgängen
Vitamin E	mg	50–100	höhere Werte mit zunehmendem Alter
Vitamin D_2	IE	40–60	der Pflanzen und Absterben der Blätter

festen Narbe, die auch bei Niederschlägen nicht zertreten wird. Feuchte oder sumpfige Standorte sind nicht oder nur bedingt geeignet.

Pferdeweiden sollten möglichst in offenem Gelände mit entsprechender Luftzirku- lation liegen. Waldweiden werden für Pferde in den Sommermonaten durch die Insektenplage oft zu einem Martyrium. Außerdem ist der Futterwert von Schatten- pflanzen erheblich geringer. Andererseits sollten die Pferde auf der Weide Schutz vor Wind und Sonne finden: durch natürliche Gegebenheiten (Wallhecken, Bäume) oder durch Weideschuppen. Diese Schuppen mit Zugang an der windabgewendeten Seite können oberhalb der Widerristhöhe nach allen Seiten offenbleiben, so daß sich Insekten infolge der Luftzirkulation nicht halten.

Die Pferdeweide muß nach außen durch einen festen Zaun begrenzt sein. Ausfüh-

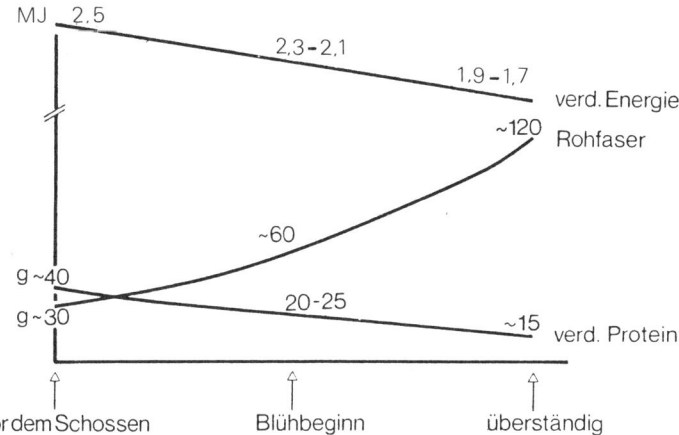

Abb. 15. Veränderungen des Nährstoffgehaltes von Grünfutter in Abhängigkeit von der Vegetationszeit (Gehalte pro kg)

rungen aus Holz (2–3 waagerecht liegende Holzstangen, Mindesthöhe 1,20–1,40 m) sind bewährt. Neuerdings werden auch Zäune aus Gummibändern, die kräftig gespannt sein müssen, versucht. Elektrozäune können die Hüte-, nicht aber in allen Fällen die Schutzfunktion eines Zaunes erfüllen, d. h. in der Nähe von Straßen, Ortschaften, Eisenbahnlinien etc. sind sie als alleinige Begrenzung nicht ausreichend. Stacheldraht ist wegen der Verletzungsgefahr ungeeignet, besonders bei temperamentvollen Pferden. Wenn Pferde auf Rinderweiden gehalten werden, sollte 50 cm von der Stacheldrahtzone ein Elektrozaun angebracht und die obere Begrenzung markiert werden.

Die äußere Umgrenzung der Pferdeweiden läßt sich durch Sträucher oder Bäume (keine toxischen!, s. Tab. 68) abschirmen. Dafür kommen Weißdorn, Weißbuche, Rosen, auf feuchteren Standorten auch Weiden, Erlen und Pappeln in Frage. Innerhalb der fest eingezäunten Weiden sind weitere Unterteilungen durch Elektrozäune möglich. Die Drähte müssen in einer Höhe von 30 und 80–100 cm angebracht und mit farbigen Lappen, Aluminiumfolien o. ä. markiert werden, damit die Pferde diese Begrenzungen erkennen.

Auf Weiden mit natürlichen Wasserquellen von ungenügender Qualität sind Brunnen mit Pumpen anzulegen. Die angeschlossenen Selbsttränken werden möglichst mit Schlauchleitungen verlegt, um die in der Umgebung stationärer Tränken auftretende Schädigung der Weidenarbe sowie eine Anreicherung mit Parasitenlarven zu vermeiden.

Als weitere Alternative bieten sich fahrbare Wasserbehälter mit Tränkebecken (bis 15 Pferde pro Tränke) an.

3.1.1.5 Grasungs- und Abkotverhalten

Das Pferd selektiert bestimmte Pflanzen oder Pflanzenteile und beweidet manche Flächen besonders intensiv. Lippen und Zähne können Sprossen, Sproßknoten, eventuell sogar die Wurzeln erfassen. Die Regenerationskraft der verbissenen Weidepflanzen wird dadurch nachhaltig geschwächt. Weniger schmackhafte Pflanzen bleiben dagegen unberührt und können sich ausbreiten. So entsteht das typische Bild einseitig genutzter Pferdeweiden: Flächen mit extrem kurzem Aufwuchs wechseln ab mit Zonen überständiger, verholzter, abgeblühter Gräser und Unkräuter. Diese Entwicklung wird begünstigt durch das eliminative Verhalten der Pferde, die Kot und Harn nur auf bestimmten Plätzen absetzen und diese später nicht begrasen. Dabei bestehen Unterschiede zwischen Stuten und Hengsten bzw. Wallachen. Während letztere Kot und Harn auf eng begrenzten Stellen absetzen, neigen Stuten dazu, stets an der Peripherie der vorhandenen Abkotflächen zu defäkieren, so daß sich diese Bereiche immer stärker ausbreiten.

Die bevorzugte Nutzung bestimmter Flächen für Kotabsatz kann gemindert werden durch ständiges Kotsammeln, Nachmahd der hochgewachsenen Pflanzen, vor allem aber durch Düngung mit Rindermist, so daß der spezifische, von den Kotabsatzflächen ausgehende Pferdekotgeruch kaschiert wird. Unterbleiben solche Maßnahmen, so kann der nicht mehr nutzbare Weideanteil 50 % erreichen.

Über den Rhythmus der Nahrungsaufnahme des Pferdes auf der Weide orientiert Abbildung 9.

3.1.1.6 Weidenutzung

Die Weidenutzung sollte darauf abgestimmt sein, neben hohen Erträgen den Pferden während der Weidesaison kontinuierlich ein gleichmäßig zusammengesetztes Futter zu sichern. Dazu wäre aufgrund ihres Grasungs- und Abkotverhaltens das für Rinder entwickelte Portionsweidesystem besonders geeignet, das täglich oder jeden zweiten Tag mittels Elektrozaun eine geringe Futterfläche bereitstellt, so daß der Aufwuchs nur kurzfristig belastet wird.

Kleine Weideflächen können Pferden jedoch in der Regel nicht zugeteilt werden, da die Weide nicht nur Futter, sondern auch Bewegungsraum bieten soll. Je temperamentvoller ein Pferd (Alter, Geschlecht) und je mehr die Nutzung der Bewegungsorgane im Vordergrund steht, um so größer müssen die Weideflächen sein.

Bei nur einem oder wenigen Pferden ist die Standweide, d. h. Haltung der Pferde auf einer Fläche während der gesamten Vegetationszeit, trotz der Nachteile durch selektives Grasen nicht zu umgehen. Pro Tier werden je nach Qualität etwa folgende Flächen benötigt:

Lebendmasse der Pferde kg	Fläche ha
bis 200	0,25
200–400	0,20–0,40
400–600	0,40–0,60

Für laktierende Stuten mit Fohlen bei Fuß sind auf guten Flächen (Marsch) 0,5, auf weniger günstigen Standorten (Geest) 0,7 ha zu veranschlagen, in Vollblutgestüten rd. 1 ha pro Pferd (500–600 kg LM).

In den Monaten Mai und Juni, der Zeit des stärksten Graswuchses, können die Weiden zusätzlich mit anderen Tieren besetzt werden. Zur Ergänzung sind besonders Rinder geeignet, die auch das von Pferden zurückgelassene Futter noch abgrasen. Die Kombination Schaf/Pferd ist notfalls möglich, jedoch – da das Schaf die Grasnarbe ebenfalls verbeißt – weniger günstig. Im Spätherbst und Frühwinter wird das Futter auf den verfügbaren Flächen nicht immer ausreichen. Dann besteht eventuell die Möglichkeit, zusätzlich Rinderweiden zu nutzen. Andernfalls muß zugefüttert werden. Sofern Weideschuppen Windschutz und trockene Liegeflächen bieten und die Weidenarbe nicht zertreten wird, können Extensivrassen auch im Winter weitgehend draußen gehalten werden.

Da die Weide innerhalb von wenigen Wochen unterschiedlich abgeweidet sein wird, müssen die Reste zwischenzeitlich gemäht werden, um die weniger wertvollen Arten an Blüte und Vermehrung zu hindern. Der Mähschnitt ist möglichst hoch anzusetzen (5 cm), um das junge, nachwachsende Gras zu schonen. Das gemähte Gras kann, sofern die Masse nicht zu groß ist, auf der Weide zum Trocknen liegen bleiben; es wird teilweise von Pferden noch gefressen.

Trotz dieser Pflegemaßnahmen werden Standweiden für Pferde nach Jahren einseitiger Nutzung in ihrer Qualität nachlassen. Nach 2–3jährigem ausschließlichen Besatz mit Pferden ist eine 1jährige Beweidung durch Rinder (intensive Portionsweide) empfehlenswert. Die Nachteile einer einseitigen Weidehaltung werden auf Standweiden am einfachsten umgangen, wenn Pferde gemeinsam mit Rindern weiden (Anteil der Pferde rd. 15–30 % des Gesamtbesatzes).

Umtriebsweide. Können mehrere Pferde auf der Weide gehalten werden, so ist eine gemäßigte Form der Umtriebsweide möglich. Die Besatzdichte sollte bei etwa 30 dt/ ha liegen, d. h. rd. 5 Pferde/ha. Je nach Zahl der Pferde kann die Gesamtfläche in Teilflächen untergliedert werden, so daß ein mindestens 3wöchiger Wechsel zwischen Beweidung und Weideruhe möglich wird. Auch unter diesen Bedingungen ist nach jedem Umtrieb nachzumähen und zwischen Mäh- und Weidenutzung sowie Tierart zu wechseln. Nach einigen Jahren ist zur Regeneration des Pflanzenbestandes die ausschließliche Nutzung durch Rinder während einer Vegetationsperiode in Form der intensiven Portionsweide zu empfehlen.

3.1.1.7 Energie- und Nährstoffaufnahme

Pferde ohne besondere Belastungen nehmen auf der Weide täglich bis zu 2 kg TS/ 100 kg LM auf, d. h. bei 8–10 MJ verd. Energie/kg Futtertrockensubstanz reicht die Energiezufuhr mit Sicherheit für die Erhaltung der Energiebilanz, eventuell auch für geringe bis mittlere Arbeitsleistung. Auf guter Weide besteht das Risiko der Überversorgung, so daß Pferde der Extensivrassen häufig verfetten. Gleichzeitig werden auch überhöhte Eiweißmengen aufgenommen, da das Verhältnis verd. Rohprotein : verd. Energie im jungen Gras bis 15 : 1 betragen kann; selbst bei überständigem Gras wird das Verhältnis 5 : 1 selten unterschritten.

Bei Pferden, von denen zusätzliche hohe Arbeitsleistungen verlangt werden, ist die reine Weidehaltung nicht zu empfehlen, da die Tiere zur Aufnahme der notwendigen Futtermengen viel Zeit benötigen (12–18 Std., s. Abb. 9) und sehr voluminöses Futter erhalten (Grasbauch) mit in der Regel unausgeglichener Zusammensetzung (s. unten). Zur Ergänzung ihrer Nährstoffversorgung können solche Pferde jedoch über

Nacht auf die Weide gebracht werden, wo sie rd. 5–6 MJ verd. Energie pro 100 kg LM aufnehmen.

Für Stuten und Fohlen, deren Trockensubstanzaufnahme auf der Weide bis zu 3 % der LM betragen kann, ist bei guter Weide mit einer ausreichenden Energie- und Eiweißzufuhr zu rechnen. Auf ungünstigen Standorten oder bei fortschreitender Vegetation im Sommer wird Zufütterung notwendig. Ähnliches gilt für Fohlen im ersten Lebensjahr.

Von den Mineralstoffen sind, vor allem zu Beginn der Saison, auf reinen Grasweiden (Tab. 43) oder bei überständigem Gras eventuell Magnesium und Calcium knapp, während die P-Versorgung im allgemeinen ausreicht (außer auf P-armen Standorten). Im jungen Gras wird der für Fohlen bzw. laktierende Stuten notwendige Ca-Gehalt (Tab. 27) oft nicht erreicht, so daß bei Fohlen – auch aufgrund des gleichzeitig engen Ca/P-Verhältnisses – Störungen in der Skelettentwicklung, bei Stuten Hypocalcaemien möglich sind.

Tab. 43. Durchschnittlicher Mineralstoffgehalt in verschiedenen Pflanzengruppen des Grünlandes (g/kg Trockensubstanz)

	Calcium	Magnesium	Phosphor	Natrium
Gräser	3,5–5	1–2	3	1–3
Kleeartige	14–16	3,5–4	3,5–4	0,5–2
Kräuter	16–19	5	3–4	1,5

Von den Alkalien wird Kalium meistens in überhöhten Mengen (besonders nach zu reicher Düngung) aufgenommen, während das Na-Angebot in der Regel knapp ist. Die Versorgung mit Spurenelementen richtet sich nach Bodenverhältnissen und Düngung (Tab. 42).

Werden Pferde nachts aufgestellt und beigefüttert, so gilt folgende Regel: Rauhfutter *vor* dem Austrieb, Krippenfutter *nach* dem Eintrieb. Kleinere Kraftfuttermengen direkt auf der Weide zu ungewohnten Zeiten zu füttern (zur Belohnung etc.), ist nicht ungefährlich. Hastige Futteraufnahme kann zu Schlundverstopfungen führen.

3.1.1.8 Gesundheitliche Risiken

Gesundheitliche Risiken bestehen beim Übergang auf die Weide durch hohe Nitrat- oder Amidgehalte im Futter, durch Giftpflanzen sowie Kontaminationen des Futters mit Düngemitteln, Pestiziden, Schwermetallen (Fluor, Blei, Molybdän, Kupfer) oder Parasitenlarven bzw. -eiern.

Der Übergang von der Stall- auf Weidefütterung muß mit Vorsicht erfolgen. Der Wechsel von trockenem und in der Regel rohfaserreichem, eiweißarmen Stallfutter auf das wasserreiche, rohfaserarme und eiweißreiche Frühjahrweidefutter kann zu Verdauungsstörungen führen mit wäßrigen Durchfällen, Tympanien, Koliken, unter Umständen auch Intoxikationen (Hufrehe, besonders bei Ponys). Daneben sind auch die psychischen Belastungen (Gewöhnung an neue Umgebung, andere Weidepferde) bei der Umstellung zu beachten. Zur Risikominderung werden die Pferde im Frühjahr zunächst nur für wenige Stunden ausgetrieben oder Grünfutter wird im Stall gefüttert. Ist beides nicht möglich, sollte bei sehr eiweißreichem Aufwuchs in den ersten Wochen nach dem Austrieb zusätzlich älteres Heu, Stroh oder Maissilage zugefüttert werden.

Gefrorenes Gras ist – solange tiefe Temperaturen herrschen und keine Verderbnis eingesetzt hat – unbedenklich. Folgen den Frostperioden mildere Temperaturen, sind – je nach Grad der Frostschädigung – Qualitätsveränderungen möglich, die besonders bei tragenden Stuten und Fohlen beachtet werden müssen. Wird gefrorenes Gras gemäht, ist es alsbald zu verfüttern.

Über die Ursachen und Folgen hoher Nitratmengen im Grünfutter s. Seite 162. Hohe Amidgehalte, die ebenfalls nach hoher Stickstoffdüngung auftreten, begünstigen die Weidediarrhoe.

Die gelegentlich bei Fohlen zu beobachtende starke Erdaufnahme kann auf einem absoluten Nahrungsmangel (Aufsuchen der Pflanzenwurzeln), aber auch auf einer mangelhaften Zufuhr an Mineralien (Natrium, Calcium, eventuell auch Spurenelementen) beruhen. In einzelnen Fällen scheint eine Unart, die manchmal nachgeahmt wird, vorzuliegen. Besonders gefährdet sind Pferde auf Winterausläufen mit spärlichem Bewuchs. Die vereinzelt stehenden Gräser werden dann oft insgesamt herausgerissen, so daß bei Pflanzen mit kräftigem Wurzelwerk (einjähriges Rispengras, Quecken) die Sandaufnahme erheblich ist (Folgen s. Sandkolik Seite 177).

Sonstige Risiken sind im Kapitel G »Ernährungsbedingte Krankheiten und Störungen« erläutert.

3.1.2 Grünfutter vom Acker

Die vom Acker stammenden Leguminosen (Rotklee, Luzerne, Esparsette) zeichnen sich durch hohen Eiweiß- und Ca-Gehalt aus (Tab. 43). Sie sollten nur in Mengen bis zu 25 kg/Tier und Tag verfüttert werden. Günstiger im Hinblick auf ein ausgeglichenes Nährstoffangebot sind Gemische aus Klee und Gräsern (Kleegrasgemisch, Landsberger Gemenge) oder die Kombination mit eiweißarmen, rohfaserreichen Futtermitteln (Stroh, Trockenschnitzel), vor allem auch um Verdauungsstörungen und Tympanien zu vermeiden.

Vor der Verfütterung müssen langwüchsige Leguminosen mit noch wenig verholzten Stengeln lang gehäckselt werden, da sie sich, wenn ungenügend gekaut, zu Faserkonglobaten im Dickdarm zusammenschließen können.

Nicht alle Kleearten sind für Pferde gut verträglich. Nach einseitiger Fütterung großer Schwedenklee-Mengen wurden schwere Lebererkrankungen beobachtet. Auch der Inkarnatklee wird in größeren Mengen nicht immer gut vertragen.

Die Grünfutterpflanzen aus der Gruppe der Gräser (Grünmais, Grünroggen, Grünhafer, Liesch[Timothé]-gras bzw. Wiesen- und Parkgras) sind ärmer an Calcium und im fortgeschrittenen Vegetationsstadium auch ärmer an Eiweiß als die Leguminosen. Sie werden gern gefressen, sofern zeitig genug geerntet. Mit zunehmendem Alter verholzen sie rasch (insbesondere Grünroggen) und verlieren an Geschmack und Futterwert.

Die übrigen, vielfach als Zwischenfrüchte angebauten Ackerfutterpflanzen sind für Pferde nur bedingt geeignet. Senf, Raps, Stoppelrüben und Markstammkohl scheiden wegen ihrer geringen Schmackhaftigkeit aus. Im fortgeschrittenen Vegetationsstadium enthalten sie höhere Senfölmengen, die unmittelbar schleimhautreizend wirken, aber auch die Schilddrüsenfunktion beeinträchtigen können.

Von den Lupinen kommen allein die Süßlupinen mit geringem Alkaloidgehalt in Frage. Bei älterem Pflanzenmaterial mit abgestorbenen Blättern besteht Gefahr für Pilzbefall und Intoxikationen. Die Verwendung der Sonnenblume wird durch die rasche Verholzung der Stengel eingeschränkt.

Frisch geerntete Zuckerrübenblätter können, sofern sie nicht verschmutzt sind, an Zugpferde in Mengen bis zu 20 kg/Tag verfüttert werden. Bei länger dauernder Verwendung in größeren Mengen wirken sich Oxalsäure- und Saponingehalt ungünstig aus (eventuell Nierensteinbildung, Hämolyse). Stark angewelkte Rübenblätter sollte man nicht mehr einsetzen.

Auch im Stall müssen Pferde langsam an Grünfutter gewöhnt werden. Es sollte täglich frisch gemäht und bei Zwischenlagerung in dünner Schicht ausgebreitet werden, um eine Erhitzung zu vermeiden (erhöhter Keimgehalt, Risiko von Verdauungsstörungen und Koliken).

3.2   Grünfutterkonserven

3.2.1   Heu

3.2.1.1 Gewinnung und Lagerung

Durch Trocknung von Grünfutter entsteht Heu, das entsprechend Herkunft oder Ausgangsmaterial als Wiesen-, Klee-, Luzerne-, Esparsetteheu usw. bezeichnet wird. Je nach Schnittzeit spricht man vom 1., 2. oder 3. Schnitt, beim 2. oder 3. Schnitt (Ende August/Anfang September) auch von »Grummet«. Nach Trocknungsverfahren ist zu unterscheiden: boden-, reuter- und unterdachgetrocknetes Heu, nach der Verarbeitungsform bei der Ernte: Lang-, Preßballen- und Häckselheu.

Bei der Heugewinnung soll der Wassergehalt des Ausgangsmaterials so weit gesenkt werden, daß es lagerfähig ist, d. h. während der Lagerung keine mikrobiellen Umsetzungen erfolgen. Dies wird bei Wassergehalten unter 15 % erreicht.

Während der Bodentrocknung muß das Grünfutter wiederholt durch Zetten und Wenden aufgelockert werden, damit das Wasser rasch verdunstet. Durch diese unvermeidliche Bewegung des Futters entstehen im fortgeschrittenen Stadium der Trocknung Bröckelverluste, besonders unter den eiweiß- und mineralstoffreichen Bestandteilen (Blätter), nach stärkeren Niederschlägen auch erhebliche Auswaschungsverluste, besonders bei Proteinen, Mineralien und Vitaminen.

Die Reutertrocknung (Aufpacken auf Holzgerüste oder Drahtseile) verringert die Bröckel- und Auswaschungsverluste, wird jedoch wegen des hohen Arbeitsaufwandes nur noch selten praktiziert, allenfalls bei Luzerne und Klee, deren kleine spröde Blätter besonders leicht bröckeln.

Sobald der Wassergehalt des Heus auf 18–20 % gesenkt ist, kann eingefahren werden. Dieses Stadium wird bei günstiger Witterung nach 3–4 Tagen, bei ungünstigen Verhältnissen oft erst nach Wochen erreicht.

Zur Verminderung von Nährstoffverlusten und Arbeitsaufwand wird heute vermehrt die Unterdachtrocknung gehandhabt. Das Grünfutter kann bereits nach 1- bis 2tägiger Vortrocknung mit Wassergehalten von 40 % eingefahren und dann in Scheunen oder Heutürmen durch Belüftung mit Kalt- oder Warmluft nachgetrocknet werden. Dabei ist eine ständige Temperaturkontrolle notwendig, damit es nicht zur Überhitzung im Futterstock kommt (nicht über 40 °C).

Während der ersten Wochen der Lagerung macht das frische Heu eine *Schwitz-phase* durch, sofern der Wassergehalt über 15 % liegt. Infolge der erhöhten Wasser-menge kommt es zur Keimvermehrung, die zur Erwärmung im Zentrum des Heusta-pels und auch zu Nährstoffverlusten (Fermentationsverlusten) führt. Der bei diesem Prozeß im Kern des Stapels gebildete Wasserdampf dringt mit der warmen Luft nach außen, kondensiert aber zunächst an den kühleren Randschichten. So ist zu erklären, daß sich das Heu während dieser Schwitzphase an den Rändern noch feucht und klamm anfühlt. Nach und nach gibt das Heu von innen nach außen noch Wasser ab, bis es bei einem Wassergehalt von unter 15 % zur Keimruhe kommt. Die Dauer dieser Schwitzphase richtet sich nach dem Wassergehalt beim Einfahren und der Dichte der Lagerung. Bei nicht zu früh geerntetem (höherer Stengelanteil) und weniger dicht lagerndem Heu mit Wassergehalten von 18–20 % beim Einfahren ist die Schwitzphase nach etwa 6–8 Wochen beendet. Junges, blattreiches Material, das im Frühherbst oft weniger gut vorgetrocknet eingefahren wird und besonders dicht lagert (Grummet), benötigt eine längere Zeit zur Stabilisierung der Keimflora. Dies gilt auch für Häcksel- und Preßballenheu. Solange die Fermentation im Heu nicht abgeschlossen ist, darf es nicht verfüttert werden, da der erhöhte Keimgehalt schwere Verdauungsstörungen und Koliken verursachen kann.

Wird der Wassergehalt im Heu während Ernte und Lagerung nicht ausreichend reduziert, muß mit Qualitätseinbußen gerechnet werden. Bei Wassergehalten über 15 % können sich Schimmelpilze entwickeln *(Aspergillus, Penicillium, Mucor* oder *Oidium)*. Ihre Aktivität führt nicht allein zu Nährstoffverlusten, sondern unter Umständen auch zur Bildung hochtoxischer Substanzen. Schimmelpilzbefallenes Heu kann bei Pferden Verdauungsstörungen (Durchfälle), Koliken, Allergien, Atmungs-beschwerden (Dämpfigkeit), bei tragenden Stuten auch Aborte auslösen. Schimmel-pilzsporen können Ursache für allergische Reaktionen des Atmungstraktes sein. Vor Verfütterung ist das Heu daher auf Schimmelbefall zu überprüfen, besonders auch das Ballenheu, in dem sich durch dichte Pressung und Feuchtigkeitsstau im Zentrum leicht Schimmelpilznester bilden können.

Die Schmackhaftigkeit des Heues hängt von der Zusammensetzung, der Gewin-nung und dem Trocknungsgrad ab. Je trockner ein Heu, desto höher ist im allgemei-nen seine Akzeptanz, unabhängig von anderen Eigenschaften (Halmstärke, Zusam-mensetzung etc.). Nach Beobachtungen aus der Praxis soll unterdachgetrocknetes Heu nicht so gut wie sonnengetrocknetes Heu aufgenommen werden, möglicherweise bedingt durch geringere Fermentation.

Für die Beliebtheit von Heuarten aus bestimmtem Ausgangsmaterial läßt sich keine eindeutige Rangordnung aufstellen. Unterschiede im Pflanzenmaterial werden oft überdeckt durch Veränderungen infolge Erntezeit und Lagerung. Zeitweise wurde das Wiesenlieschgras für Pferde als besonders geeignet angesehen. Vergleichende Versuche mit verschiedenen Heusorten bei ad-libitum-Fütterung wiesen jedoch auf keine Präferenz hin. Allein Klee- und Luzerneheu wurde in etwas größeren Mengen (um 10 %) aufgenommen.

3.2.1.2 Beurteilung

Das Heu zählt bis heute zu den wichtigsten Futtermitteln für Pferde. Von seiner Qualität hängen in hohem Maße Wohlbefinden und Gesundheit der Tiere ab. Bei Einkauf oder Verfütterung von Heu ist es daher notwendig, seine Qualität beurteilen zu können. Tabelle 44 zeigt, auf welche einfachen Kriterien man achten sollte und welche Schlußfolgerungen bei Veränderung der normalen Eigenschaften zu ziehen sind.

Tab. 44. Heubeurteilung

Farbe und Aussehen	
– frisch, grün:	günstige Erntebedingungen, geringe Nährstoffverluste
– blaß, bleich:	zu spät geerntet, bei Ernte verregnet oder lange gelagert, geringer Carotingehalt
– braun bis schwarz:	während der Lagerung überhitzt, Nährstoffverluste, geringe Eiweißverdaulichkeit
Geruch	
– frischer, angenehmer Heugeruch:	gute Ernte- und Lagerungsbedingungen
– aromatischer Heugeruch:	eventuell hoher Anteil an Kräutern und Kleearten
– brandig:	bei der Lagerung überhitzt, Abnahme Nährstoffgehalt und Verdaulichkeit
– muffig, faul:	Schimmelpilzbefall (Nährstoffverluste, Gefahr von Gesundheitsschädigungen), nicht verfüttern
Griff	
– weich und zart:	blattreiches, stengelarmes Material, hoher Eiweiß-, geringer Rohfasergehalt, eventuell Ca-arm
– rauh:	blattärmer, stengelreicher; abnehmender Eiweiß-, steigender Rohfaseranteil
– sperrig:	viele Stengel, wenige Blätter, geringe Verdaulichkeit
– klamm:	Feuchtigkeit noch über 20 %, Nachtrocknung noch nicht abgeschlossen, nicht verfüttern
Verunreinigungen	
Erde, Stroh, Stallmistreste, Steine, Staub (Schimmelpilze):	je nach Art und Umfang qualitätsmindernd und gesundheitsgefährdend
Botanische Zusammensetzung	
– überwiegend Gräser:	bei jungem, intensiv gedüngtem Futter Ca-, Mg- und Na-arm, P- und eiweißreich
– hoher Anteil an Kleeartigen und Kräutern:	hoher Gehalt an Ca, Mg und Eiweiß
Giftpflanzen	
beachten:	Sumpfschachtelhalm, Adlerfarn, Adonisröschen, Herbstzeitlose, Kreuzkraut

3.2.1.3 Nährstoffgehalt und allgemeiner Futterwert

Der Nährstoffgehalt im Heu hängt vom Ausgangsmaterial, dessen Gewinnung und Lagerung ab. Infolge des Wasserentzugs liegt die Nährstoffkonzentration im Heu etwa 3–4mal höher als im Grünfutter (Tab. VI, Anhang).

Durch Werbungs- und Lagerungsbedingungen kann die ursprüngliche Variation der Nährstoffgehalte noch erweitert werden. Die Bröckel- und eventuell Auswaschungsverluste führen bei der Bodentrocknung zu einem Rückgang des Rohprotein- und auch Mineralstoffgehaltes, während der Anteil an Rohfaser relativ ansteigen kann. Stark reduziert wird auch der Carotingehalt: Je länger das Grünfutter zum Trocknen braucht, um so größer ist der Carotinverlust. Bei der Bodentrocknung gehen auch unter günstigsten Bedingungen rd. 90 % des Carotins verloren. Während der Lagerung ist mit weiteren Verlusten zu rechnen, so daß Heu gegen Winterausgang nur noch Spuren an Carotin enthält. Bei der Unterdachtrocknung kommt es zu geringeren Verlusten (Tab. 33). Der Vitamin-D-Gehalt steigt dagegen bei längerer Sonneneinwirkung an und liegt beim bodengetrockneten Heu im allgemeinen höher als bei den übrigen Futterkonserven (Tab. 33).

Der Futterwert des Heues ergibt sich nicht allein aus seinem Nährstoffgehalt, sondern auch aus seiner physikalischen Struktur (s. »Struktur- und Ballaststoffe«). Das Pferdeheu sollte möglichst einen Rohfasergehalt von über 20 % aufweisen. Die optimale Erntezeit liegt in der ersten Hälfte der Gräserblüte, also später als bei der üblichen Heugewinnung für Milchvieh. Zu weiches, blattreiches Heu (Grummet oder Almheu) führt nicht allein zu größeren Schwierigkeiten bei der Lagerung, sondern ist auch ernährungsphysiologisch weniger geeignet als härteres, stengelhaltiges Material. Älteres, strohiges Heu kann, sofern die Qualität einwandfrei ist, die Funktion des Rauhfutters noch erfüllen, besitzt jedoch einen geringeren Nährstoffgehalt.

Über die in der Fütterungspraxis verwendeten Heumengen s. F »Praktische Fütterung«. Im allgemeinen ist eher eine untere als obere Grenze zu beachten. Gutes Wiesenheu kann bis zur Sättigungsgrenze verfüttert werden. Die Verwendung von Klee- und Luzerneheu ist auch bei größeren Pferden auf 4–5 kg zu beschränken wegen der damit verbundenen überhöhten Eiweiß- und Ca-Zufuhr und eventuell nachteiliger Wirkungen auf den Verdauungsablauf (weiche Kotkonsistenz). Falls kein vielseitig zusammengesetztes Heu zur Verfügung steht, ist die Kombination verschiedener Heusorten (Gras- und Kleeheu im Verhältnis 4 : 1) oder von Heu und Stroh zur Regulierung des Eiweißangebotes und zur Verbesserung der Ca-Versorgung zweckmäßig.

3.2.2 Trockengrün

Trockengrünfutter werden aus grünen Pflanzen (Gras, Luzerne, Rotklee) durch schonende Trocknung mittels Warmluft hergestellt. Nach Ausgangsmaterial unterscheidet man Gras-, Luzerne-, Kleetrockengrün usw.

Werden Grünfutter nach dem Trocknen fein gemahlen, entstehen Grünmehle bzw. nach Pelletieren Grünmehlpellets. In jüngster Zeit werden vermehrt Heubriketts angeboten. Dazu wird das Heu lang gehäckselt (1–8 cm) und in Stempelpressen zu rd. 2 cm dicken Scheiben verdichtet, so daß die Struktur des Futters besser erhalten bleibt. Heucobs sind Preßlinge aus kürzer gehäckseltem Material mit 1,5–2,5 cm

Durchmesser. Aufnahme und Zerkleinerung von zu fest gepreßten Trockengrünpro-
dukten bereitet den Pferden eventuell Schwierigkeiten.

Der Nährstoffgehalt von Trockengrünfutter ist unter Berücksichtigung des Wasser-
verlustes ähnlich wie im Ausgangsmaterial, da durch die Trocknung kaum Verluste
entstehen. Für Pferde sind Chargen mit relativ geringen Gehalten an verd. Rohprotein (10 %) und höheren Rohfaserwerten (25–28 %) durchaus geeignet. Besonders
günstig ist der hohe Carotin-, aber auch Vitamin-E- und Vitamin-B-Gehalt im
Trockengrün. Der Vitamin-D-Wert liegt dagegen in der Regel tiefer als in sonnenge-
trocknetem Heu (Tab. 33). Produkte mit einem hohen Rohaschegehalt (über 12 %)
sind für Pferde weniger geeignet (Erdverunreinigungen).

Trockengrün muß zur Erhaltung des Carotins in luftdichten Säcken verpackt sein.
Der Wassergehalt sollte 12 % nicht überschreiten. Zum Schutz oxidationsempfindli-
cher Vitamine können Antioxidantien zugesetzt werden.

Die Trockengrünfutter sind geeignete Pferdefutter, wenngleich sie aufgrund ihrer
Zerkleinerung die Rauhfutterfunktion nicht vollständig ersetzen können. Wegen
ihres hohen Carotin- und teilweise auch Mineralstoffgehaltes (Klee, Luzerne) werden
sie gern zur Ergänzung von Rationen für gravide oder laktierende Stuten (1–2 kg pro
Tag) am Winterausgang, aber auch bei wachsenden Fohlen (0,5–1 kg) eingesetzt. Je
nach Preisverhältnissen kann Trockengrün einen Teil des Hafers ersetzen (1 kg
entspricht im Energiegehalt rd. 0,7 kg Hafer).

3.2.3 Silage

Die Konservierung von Grünfutter mittels Silierung ist mit geringeren Nährstoffverlusten verbunden und außerdem weniger arbeitsaufwendig und witterungsabhängig
als die Heugewinnung. Beim Verfüttern entfällt das Staubproblem, gleichzeitig
scheint die Verwertung der Nährstoffe unter vergleichbaren Bedingungen bei silier-
tem Material höher als bei getrocknetem zu sein.

Die Silage weist bei ungestörtem Silierverlauf (bezogen auf TS) eine ähnliche
Zusammensetzung wie das Ausgangsmaterial auf. Ein Teil der Kohlenhydrate ist
jedoch zu Milchsäure umgewandelt. Das Carotin bleibt in Grünfuttersilagen im
Gegensatz zum Heu weitgehend erhalten, während der Vitamin-D_2-Gehalt je nach
Vorwelkzeit unterschiedlich hoch sein kann (Tab. 33).

Die Verwendung von Silagen in der Pferdefütterung wird bisher eingeschränkt
durch die bei Öffnung der Silos eintretenden Nachgärungen einerseits und die bei
Haltung nur weniger Pferde benötigten geringen Futtermengen andererseits. Bei
üblichen Flachsilos ist mit Anschnittflächen von 3–5 m^2 zu rechnen, d. h. bei einem
täglichen Vorschub von 10 cm fallen 0,3–0,5 m^3 oder 200–350 kg Futter an (bei einem
Gewicht von 700 kg pro 1 m^3). Nur in Ställen mit mehr als 20 Pferden oder wenn
gleichzeitig andere Nutztiere mit der Silage gefüttert werden können, läßt sich täglich
frische Silage zuteilen. In Betrieben mit wenigen Pferden ist dies jedoch nicht
möglich, da sich die Dimensionen der Silos nicht verkleinern lassen.

Nachgärungen an der Oberfläche unter Beteiligung von Hefen sind für das Pferd
gefährlich. Das Risiko läßt sich durch Behandlung der Anschnittfläche mit Propionsäure (500 ml mit 1–2 l Wasser verdünnt, pro m^2) abschwächen. Die relativ aggressive
Propionsäure ist sorgfältig zu verteilen (bei ausreichenden Schutzmaßnahmen für den

Menschen). Durch Propionsäurezusatz wird die Schmackhaftigkeit des Futters offenbar nicht beeinträchtigt.

Für *Grünmaissilagen* läßt man den Mais möglichst bis zur Teigreife (teigartige Konsistenz der Körner) heranwachsen. Er wird in der Regel in Fahrsilos mit festen Böden und Seitenwänden eingebracht, verdichtet und luftdicht abgeschlossen. Die Silierung in Plastiksäcken ist möglich, aber arbeitsaufwendig. Die Maissilage sollte möglichst 25–30 % TS enthalten. Sie ist mineralstoff- und proteinarm, jedoch energie- und fettreich (8 g/kg) und daher bei einem Rohprotein/Energie-Verhältnis von etwa 4,5 : 1 besonders für Reitpferde mit geringerem Eiweißbedarf geeignet. 3 kg Maissilage (30 % TS) entsprechen im Futterwert etwa 1 kg Hafer oder 2 kg Heu.

Reitpferde können pro 100 kg LM täglich 2–3 kg Maissilage fressen. Bei Zuchtstuten und Fohlen wird man wegen ihres höheren Eiweißbedarfes eher die untere Menge einhalten. Maissilage weist einen geringen Mineralstoff-, insbesondere Ca-Gehalt auf, so daß sie mit Mineralfutter oder mineralisiertem Mischfutter ergänzt werden muß.

Pferde sollen langsam an die Silage gewöhnt werden. Aufgespleißte, harte Stengelstücke können anfangs eventuell Lippenverletzungen verursachen. Bei zu kurz gehäckselter Maissilage bestehen Risiken für Ileumobstipationen.

Unter den *Gras-* oder *Kleegrassilagen* sind Anwelksilagen mit Trockensubstanzgehalten von über 30 % für Pferde am ehesten geeignet, insbesondere für Zuchtstuten und wachsende Fohlen mit einem höheren Proteinbedarf. Der Trockensubstanzgehalt sollte mindestens 25 % und die Häcksellänge nicht kürzer als 5 cm sein. Je nach Alter und Herkunft können Mineralstoffungleichgewichte vorliegen, ähnlich wie beim Grünfutter. Die tägliche Futtermenge richtet sich nach der Höhe des Trockensubstanzgehaltes und beträgt in der Regel 1–2 kg/100 kg LM.

Für *Rübenblattsilagen* gilt ähnliches wie für das Ausgangsmaterial. Nur bei einwandfreier Qualität (frisch, sauber) ist der Einsatz in der Pferdefütterung zu rechtfertigen (in Mengen von 2 kg/100 kg LM).

In den letzten Jahren haben Silagen aus Preßschnitzeln, die nach Abpressen der Naßschnitzel bei der Zuckerrübenverarbeitung anfallen und möglichst einen Trockensubstanzgehalt von 20 % aufweisen sollen, an Bedeutung gewonnen. Nach Zusatz von Melasse in Höhe von 5 % lassen sich Preßschnitzel leicht silieren und werden vom Pferd gut verdaut. Sie stellen ein eiweißarmes Futter, das sich bei einer Relation verd. Rohprotein : verd. Energie von 6 : 1 besonders für Arbeitspferde eignet. Auch hier ist auf das Risiko von Nachgärungen nach Silo-Öffnung hinzuweisen.

3.3 Stroh

Die Stroharten zeichnen sich durch geringen Eiweiß-, aber hohen Rohfasergehalt aus. Die Vitamin- und Mineralstoffgehalte sind unbedeutend (bis auf den Ca-Gehalt im Leguminosenstroh). Der Futterwert wird vom Verhältnis Blatt/Stengelanteil, aber auch von der Akzeptanz bestimmt. Am nährstoffreichsten sind blattreiche Stroharten (Hafer- und Leguminosenstroh); am besten gefressen werden jedoch stengelreiche, harte, gut getrocknete Arten wie Weizen- und Gerstenstroh.

Durch Aufschluß kann die Verdaulichkeit von Stroh deutlich erhöht werden (um rd. 50 %). Für den Aufschluß stapelt man Strohballen auf ebenem Untergrund, möglichst windgeschützt und in Stallnähe auf einer Bodenfolie von 0,2 mm Stärke, die den Strohstapel um rd. 1 m überragen sollte. Der Stapel (möglichst Giebeldachform), dessen Größe sich nach Futterbedarf und Foliengröße richtet (max. 20 t), wird anschließend mit einer gasdichten Folie bedeckt, diese dann mit der Bodenfolie eingerollt (unter Verwendung einer Dachlatte). Die anschließende Begasung mit Ammoniak wird am besten einem Lohnunternehmen übertragen (3 kg Ammoniak/ 100 kg Stroh). Die durch die Dosierlanzen entstandenen Löcher werden sorgfältig verschlossen. Bei dem anschließenden Aufschlußprozeß sackt das Stroh etwas zusammen und verfärbt sich gelbbraun. Je nach Umgebungstemperatur ist der Aufschluß in 4–8 Wochen beendet, das Stroh kann nach mehrtägiger gründlicher Lüftung verfüttert werden. Durch diese Behandlung wird nicht nur die Verdaulichkeit erhöht, sondern infolge Ammoniakwirkung das Pilzwachstum weitgehend unterbunden. Aus diesem Grund kann auch Stroh mit höheren Feuchtigkeitsgehalten für den Aufschluß verwendet werden. Das aufgeschlossene Stroh läßt sich in ähnlichen Mengen wie Heu einsetzen, allerdings unter ausreichender Ergänzung mit Eiweiß, Mineralstoffen und Vitaminen.

Die Akzeptanz des Strohes wird durch den Aufschluß nicht gemindert. Extensiv genutzte Pferde können mit aufgeschlossenem Stroh unter geringer Zulage von Ergänzungsfutter ihren Energiebedarf im Erhaltungsstoffwechsel decken.

Außer durch Ammoniakgas kann auch mittels Natronlauge oder Harnstoff Stroh aufgeschlossen werden, jedoch haben diese Verfahren geringe Bedeutung. Mit Natronlauge aufgeschlossenes Stroh wird weniger gern gefressen.

Das Futterstroh dient in erster Linie zur Regulierung der Futteraufnahme und Beschäftigung der Pferde, aber auch zur Erhaltung der physiologischen Bedingungen im Dickdarm und zur Erreichung des mechanischen Sättigungsgefühls. In Kombination mit Kraftfuttermitteln kann es teilweise die Funktion von Heu ersetzen. Wird Stroh gehäckselt, um es mit anderen Futtermitteln mischen zu können, soll die Länge mindestens 3–5 cm betragen, um Obstipationen im Blinddarm und Koliken zu verhü-

Tab. 45. Strohbeurteilung

	Punktzahl[1])
a) Aussehen	
natürliche Strohfarbe (gelb, gelblich)	5
verfärbt, ausgebleicht	2
graue oder schwarze Beläge	0
b) Geruch	
typischer Strohgeruch[2])	5
fad oder geruchlos	2
Fremdgeruch (dumpf, muffig)	0
c) Griff	
mäßig hart (viel Blätter/wenig Halme)	10
rauh (mäßiger Blattanteil)	5
sperrig (überwiegend Stengel)	2
klamm	0
d) Verunreinigungen	
frei von Fremdbestandteilen oder Unkräutern, insb. Windhalm	5
wenig Verunreinigungen (Staub)	2
starke Verunreinigungen (Erde, Schimmel)	0

[1]) Maximale Punktzahl = 25.
[2]) Abgesehen von aufgeschlossenem Stroh.

ten. Der Zusatz von Strohhäcksel zu Getreidekörnern (20 %) verzögert die Futteraufnahme und fördert die Kautätigkeit und Speichelproduktion. Zur Beschäftigung der
Pferde ist Langstroh geeignet.

Übermäßige Strohfütterung kann insbesondere bei alten Pferden (die das Stroh
unvollkommen kauen) oder bei sehr hartstengeligem Material (Raps-, Rübsenstroh)
zu Obstipationen und schweren Koliken führen.

Bezüglich Ernte, Lagerung und Qualität stellen sich ähnliche Anforderungen wie
beim Heu. Nicht ausreichend getrocknetes Stroh, das in ungünstigen Jahren bei
Mähdrusch und Preßballenherstellung anfällt, kann leicht schimmelig und muffig
werden und zu ähnlich schweren Erkrankungen führen wie schimmeliges Heu. Auch
mit Rost- und Brandpilzen befallenes Stroh ist für Pferde nicht ungefährlich. Da bei
ungenügender Rauhfuttergabe ein größerer Teil des Streustrohs von den Pferden
aufgenommen wird, muß es eine ähnliche Qualität wie Futterstroh aufweisen.
Anhaltspunkte für die Beurteilung gibt Tabelle 45. Hinweise für Unverträglichkeit
von Stroh nach Einsatz von »Kurzspritzmitteln« bestehen nicht.

3.4   Wurzeln und Knollen

3.4.1   Allgemeines

Die Bedeutung von Wurzeln und Knollen in der Pferdefütterung hat in den letzten
Jahren abgenommen: aus arbeitswirtschaftlichen Gründen, aber auch aufgrund der
geringen Haltbarkeit, schwierigen Lagerung und Reinigung.

Zu den wichtigsten Wurzeln und Knollen zählen Kartoffeln, Maniok, Gehalts- und
Zuckerrüben sowie Möhren. Ferner sind hier die Rückstände der Zuckerrübenverarbeitung (Trockenschnitzel, Melasse) einzuordnen. Diese Futtermittel lassen sich
durch folgende Eigenschaften charakterisieren:

– hoher Wassergehalt (geringe Haltbarkeit),
– geringer Rohfasergehalt (hohe Verdaulichkeit),
– hoher Anteil an Kohlenhydraten in Form von Stärke (Kartoffeln, Maniok), Zucker
  (Betarüben, Möhren), Pektinen (Rüben, Möhren),
– geringer Eiweiß- und Ca-Gehalt,
– Mangel an fettlöslichen Vitaminen bzw. Vorstufen (außer Möhren),
– hoher bis mittlerer Gehalt an B-Vitaminen (insbesondere Kartoffeln).

Die Wurzeln und Knollen sind somit einseitig zusammengesetzte, überwiegend
Kohlenhydrate enthaltende, hochverdauliche Futtermittel, die in der Pferdefütterung
in gewissem Umfang (unter Ergänzung von Mineralien und Vitaminen) vor allem als
Energielieferanten verwendet werden können.

Begrenzend für den Einsatz der Wurzeln und Knollen sind ihr hoher Wassergehalt
(überhöhte Wasseraufnahme, geringe Haltbarkeit) und der oft hohe Verschmut-
zungsgrad sowie die teilweise vorkommenden schädlichen Inhaltsstoffe.

3.4.2   Kartoffeln

Kartoffeln können, sofern ausreichend gereinigt, frisch oder gedämpft an Pferde
verfüttert werden. Rohe Kartoffeln, deren Verwendung weniger arbeitsaufwendig

ist, sollten wegen des Gehaltes an Trypsinhemmstoffen und Solanin, aber auch der vermutlich begrenzten Verdauung im Magen-Dünndarmbereich nur in Mengen von 10 kg/Tier und Tag an Arbeitspferde verfüttert werden, nicht an Zuchtstuten oder Fohlen. Gekochte Kartoffeln werden von schweren Zugpferden in Mengen bis zu 25 kg vertragen.

Grüne, gekeimte (Solaningehalt) Kartoffeln müssen stets gekocht werden (Kochwasser entfernen) und werden ähnlich wie andere Kartoffeln am besten im Gemisch mit Spreu oder Häcksel verfüttert.

3.4.3 Rüben

Von den *Betarüben* sind die Zuckerrüben mit ihrem hohen Zucker- und Trockensubstanzgehalt am wertvollsten. Der Zucker, der über 70 % der Trockenmasse betragen kann, wird vom Organismus rasch resorbiert und verwertet. Allerdings bereitet die Säuberung der Zuckerrüben infolge der tiefen Riefen und zahlreichen Würzelchen erhebliche Schwierigkeiten. Gut gereinigt, kann man an schwer arbeitende Pferde 10–15 kg Zuckerrüben/Tag verfüttern bei entsprechender Ergänzung mit Rauhfuttermitteln. Einfacher zu handhaben, allerdings auch teurer, sind Zuckerschnitzel, d. h. Zuckerrüben, die nach Reinigung geschnitzelt und getrocknet wurden. Bei schweren Zugpferden können bis zu 6 kg/Tag, bei Reitpferden bis zu 3 kg/Tag ohne Nachteil verwendet werden. Vor der Verfütterung sind die Zuckerschnitzel in jedem Fall ähnlich wie Trockenschnitzel mit Wasser einzuweichen.

Von den übrigen Betarüben haben allein die gehaltreichen Futter- und Futterzuckerrüben in der Pferdefütterung Bedeutung, während die Massenrüben mit rd. 90 % Wasser wegen des geringen Nährstoffgehaltes und der hohen Wasserbelastung weniger geeignet sind. Gehaltreiche Futterrüben werden je nach Größe und Arbeitsleistung der Pferde in Mengen von 10–25 kg/Tag eingesetzt.

Die *Rote Bete,* eine weitere Kulturform der Beta-Rüben, ist ebenfalls wasserreich, jedoch im Gegensatz zu Möhren arm an Carotin. Für ihre Verwendung in der Pferdefütterung besteht keine besondere Indikation.

Die Rüben aus der Familie der *Brassicaceae* (Steck- und Wasserrüben) werden heute nur selten in der Pferdefütterung eingesetzt (schwierige Reinigung, geringe Schmackhaftigkeit infolge Senfölgehaltes). Bei Verwendung in größeren Mengen über längere Zeit kann die Schilddrüsenfunktion gehemmt werden. Für Stuten und Fohlen sind Brassicarüben ungeeignet. Arbeitspferde können bei langsamer Gewöhnung bis zu 5 kg/Tier und Tag aufnehmen.

Möhren sind aufgrund ihres hohen Zuckergehaltes (bis 50 % der Trockensubstanz) recht schmackhaft. Der Hauptwert liegt in ihrem hohen Carotingehalt, der im Mittel zwischen 20 mg (gelbe) und 60 mg/kg (rote) Möhren variiert (Tab. 33). Während der Lagerung in Mieten nimmt der Carotingehalt nicht ab, so daß ihre Funktion als Vitaminträger auch noch im Frühjahr voll erhalten ist.

Ob die in Möhren enthaltenen ätherischen Öle (Terpene) oder andere Inhaltsstoffe Darmparasiten abtreiben, ist bisher nicht bewiesen. Allenfalls könnten sie Einfluß auf Spulwürmer, jedoch kaum auf die wesentlich gefährlicheren Strongyliden haben. Ein ungünstige Wirkung der Möhren bei tragenden Stuten (Aborte) ist nur bei nitratreichen, verschmutzten, verfaulten oder ausgekeimten Möhren (grüne Köpfe) zu erwarten.

In der Regel wird man Möhren schon aus Kostengründen nicht in übergroßen Mengen verwenden. Bei Stuten sichern 2–5 kg, bei Fohlen etwa 2–3 kg/Tag die Carotinversorgung weitgehend. Sind Möhren preisgünstig, lassen sich auch größere Mengen verwerten, bei Arbeitspferden bis zu 20 kg/Tag.

3.4.4 Maniokmehl

Maniokmehle – aus den Knollen des Cassavastrauches – haben je nach Rohfasergehalt unterschiedliche Futterwerte. Für Pferde sind rohfaser-, asche- und blausäurearme Chargen geeignet. Sie werden am besten, da stark pulverisiert (Staub), im Gemisch mit anderen Komponenten verfüttert.

3.4.5 Rückstände der Zuckerrüben

Das nach Entzuckerung der Zuckerrüben verbleibende Rübenmark wird in der Regel getrocknet und kommt als Trockenschnitzel in den Handel. Die Schnitzel enthalten vorwiegend Pektine neben geringen Zuckermengen (5–8 %) und weisen einen ähnlichen Energiewert wie Hafer auf. Die Schnitzel werden gern gefressen und in begrenzten Mengen gut vertragen. Voraussetzung ist jedoch, daß sie vor der Verfütterung gründlich eingeweicht werden (im Verhältnis von 1 : 4 mit Wasser), da die Pektine stark quellen und bei Trockenfütterung die Gefahr von Schlundverstopfungen oder Magenrupturen besteht.

An schwere Zugpferde können bis zu 6 kg, an Reit- und Sportpferde bis zu 2 kg Trockenschnitzel/Tag verfüttert werden.

In neuerer Zeit werden Trockenschnitzel, mit Melasse vermischt, in pelletierter Form angeboten mit Zuckergehalten von 9–16 % (= zuckerarm), 16–23 % und über 23 % (= zuckerreich); ihr Futterwert erhöht sich entsprechend. Auch melassierte Trockenschnitzel sind vor der Verfütterung einzuweichen – jedoch nicht zu früh, da sie an warmen Tagen infolge des hohen Zuckergehaltes schnell vergären.

Bei der *Melasse* handelt es sich um eine sirupartige, bräunliche Flüssigkeit, die 50 % Zucker enthält. Das Rohprotein (rd. 9 %) setzt sich vorwiegend aus nichteiweißartigen, stickstoffhaltigen Verbindungen (Amiden) zusammen. Beachtenswert ist auch der hohe Gehalt an Kalium (40 g/kg) und Natrium (rd. 7 g/kg). Melasse wird vom Pferd gern gefressen. Sie wirkt in begrenzten Mengen günstig auf die Verdauungsvorgänge. Die klebrige, sirupartige Konsistenz macht ihre Handhabung jedoch schwierig. Aus diesem Grund wird die Melasse am zweckmäßigsten anderen Futtermitteln zugemischt: z. B. Trockenschnitzeln, Maniokmehl oder Mühlennachprodukten. Bei starker Arbeit vertragen schwere Zugpferde bis zu 3 kg Melasse ohne Nachteil, für Reitpferde ist sie auf 1–1,5 kg zu begrenzen. Höhere Mengen führen infolge der hohen Alkaliaufnahme leicht zu verstärkter Wasseraufnahme oder weicher Kotkonsistenz.

Futterzucker (Saccharose) ist ein hochverdauliches, rasch energielieferndes Futtermittel, das jedoch in jeder Weise (Eiweiß, Mineralien, Vitamine, Strukturstoffe) der Ergänzung bedarf. Je nach Größe der Pferde und ihrer Arbeitsleistung können 1–3 kg verwendet werden. Die Verdaulichkeit der übrigen Futtermittel wird durch Zucker nicht beeinträchtigt. Überhöhte Mengen pro Mahlzeit können im Magen zu verstärkter Milchsäurebildung führen.

3.5   Obst und Obstrückstände

Obst und Obstrückstände zählen nicht zu den natürlichen Futtermitteln des Pferdes. Für die Verfütterung von Äpfeln besteht bei sachgemäß zusammengesetzten Rationen keine Notwendigkeit. Äpfel enthalten rd. 85 % Wasser; die Trockensubstanz besteht vorwiegend aus Zuckern und Pektinen. Der Mineralstoffgehalt ist gering, der Gehalt an wasserlöslichen Vitaminen nicht höher als in Wurzeln und Knollen. Unreife, angefaulte oder wurmstichige Früchte sind für Pferde ungeeignet.

Die Rückstände der Obstverarbeitung (Äpfel, Birnen), die sogenannten *Trester,* sind eiweißarm und rohfaserreich (20–30 %). Frische Trester, die allerdings rasch in Vergärung übergehen, können in Mengen von 5–10 kg verfüttert werden. Günstiger ist die Verwendung getrockneter Trester als eiweißarme Strukturträger in Alleinfuttern oder als Weidebeifutter.

3.6   Getreidekörner

Die beim Pferd gebräuchlichen Getreidekörner (Hafer, Gerste, Mais) zeichnen sich durch einen hohen Gehalt an Kohlenhydraten (Stärke), mittlere Eiweißmengen (rd. 10 %) und mäßige Fettgehalte (Hafer 5 %, Gerste 2 %) aus. Der Rohfaseranteil ist bei Hafer (10 %) noch relativ hoch, bei Gerste und Mais dagegen niedrig (5 bzw. 2 %). Alle Getreidekörner sind arm an Calcium. Das Verhältnis Calcium : Phosphor liegt stets deutlich unter 1 : 1. Auch Natrium und Kalium sind nur in geringen Mengen vertreten, während Phosphor und Magnesium mittlere Werte erreichen. Von den fettlöslichen Vitaminen kommt nur das Vitamin E in größeren Mengen (in der Keimanlage) vor. Getreidekörner sind dagegen reich an B-Vitaminen (außer B_{12}), die besonders in den äußeren Schichten und daher auch in höheren Mengen in den Nachprodukten der Müllerei (Kleie und Nachmehle) vorkommen.

Die Haltbarkeit der Körner ist in unzerkleinertem Zustand gut, sofern der Wassergehalt unter 14 % liegt. Bei der Lagerung frisch geernteter Getreidekörner, besonders beim Hafer, in dessen Spelzfalten leicht Restfeuchtigkeit zurückbleibt, kommt es zunächst noch zu einer erhöhten mikrobiellen Aktivität. Aus diesem Grunde darf nicht-nachgetrocknetes Getreide frühestens 8–10 Wochen nach der Ernte, nach schlechten Erntebedingungen erst später verfüttert werden.

Geschrotetes oder gequetschtes Getreide ist weniger lange lagerfähig, da es dichter lagert und die für die Tätigkeit der Mikroorganismen notwendigen Nährstoffe aus dem Inneren des Kornes frei zugänglich sind. Geschroteter Hafer kann daher, insbesondere bei ungünstigen Bedingungen (feuchte Wände oder Bodenflächen, hohe Feuchtigkeit der Stalluft), rasch muffig werden. Er sollte nicht länger als 1–2 Wochen bevorratet werden. Neben der Gefahr der Schimmelbildung besteht das Risiko der Fettzersetzung, da die im Hafer vorkommenden Fettsäuren oxidationsempfindlich sind.

3.6.1 Hafer

Von den Getreidearten kommt dem Hafer in der Pferdefütterung in Westeuropa die größte Bedeutung zu – nicht zu Unrecht, denn er bietet manche Vorteile gegenüber anderen Getreidekörnern. Infolge seines hohen Spelzenanteiles und seiner Größe wird er in der Regel gut gekaut und bedarf keiner besonderen Zubereitung (Ausnahmen s. unten). Hafer enthält auch relativ hohe Mengen an ungesättigten Fettsäuren und Schleimstoffe, die sich günstig auf den Organismus auswirken.

Andererseits ist Hafer in der Pferdefütterung jedoch nicht unentbehrlich, er kann durch andere Getreidearten oder sonstige Futtermittel voll ersetzt werden. Besondere Inhaltsstoffe, die auf Temperament oder Leistungsfähigkeit positiv wirken sollen, wurden bisher nicht nachgewiesen.

Nährstoffgehalt und Qualität des Hafers können stark variieren. Je größer und runder die Körner, um so höher der Energie- und geringer der Eiweißgehalt. Schmale, lange Körner weisen höhere Spelzanteile auf und sind weniger verdaulich. Die verschiedenen Formen des Hafers zeigen Unterschiede in den wichtigsten Inhaltsstoffen (pro kg):

	Liter-gewicht g	Roh-faser %	Roh-protein %	Roh-fett %	N-freie Extraktstoffe %	verd. Energie MJ
flachkörnig	< 500	15,0	12,7	5,6	49,9	10,2
mittel	500–600	10,3	10,3	4,8	58,2	10,9
vollkörnig	> 600	8,1	8,2	4,2	63,2	11,3

Als Kriterium für Größe und Nährstoffgehalte des Haferkorns kann das Litergewicht herangezogen werden, das bei großen, vollrunden Sorten 550–650 g beträgt, bei schmalen und kleinen Körnern unter 500 g/l liegt. Allerdings vermag diese Bestimmung eine Futteranalyse nicht zu ersetzen, da Litergewicht und Energiegehalt nicht immer parallel gehen.

In der Bundesrepublik Deutschland werden neben einheimischem Hafer besonders Sorten aus Schweden, Finnland und Schottland verwendet, die sich durch große, vollrunde Körner auszeichnen. Die Farbe der Spelzen (gelb, weiß, schwarz) ist für den Nährwert ohne Bedeutung. Die ursprüngliche Spelzenfarbe kann jedoch sekundär durch Pilzbefall verändert werden (Tab. 46).

Die Nährstoffzusammensetzung des Hafers ist nicht ausgeglichen. Besonders zu beachten ist das enge Ca/P-Verhältnis sowie der Mangel an fettlöslichen Vitaminen (außer Vitamin E). Bei Absatzfohlen reicht auch der Lysingehalt nicht aus (Abb. 16).

Der Hafer kann unzerkleinert verfüttert werden, sofern die Backenzähne der Tiere intakt sind. Bei Fohlen mit noch nicht voll entwickeltem Gebiß (bis rd. 3½ Jahre) ebenso wie bei älteren Pferden mit Zahnschäden wirken sich Quetschen oder Schroten vorteilhaft aus (Erhöhung der Verdaulichkeit). Eine zu starke Zerkleinerung ist wegen Staubentwicklung und möglicher Pastenbildung im Magen nicht empfehlenswert.

Die Haferration richtet sich nach Arbeitsleistung, Größe des Tieres und Begleitfutter (nähere Angaben s. F »Praktische Fütterung«). Einseitige Haferfütterung ist in jedem Fall nachteilig, da sie zu schweren Störungen im Stoffwechsel – besonders im Mineralstoff- und Säuren-Basen-Haushalt – führt.

Tab. 46. Beurteilung von Haferkörnern

Korngröße und -form	
große, vollrunde Körner	höchste Nährstoffgehalte
kleine, schmale Körner	weniger wertvoll
viele kleine Körner	Hinweis auf ungenügende Siebung
Indirekte Korngrößenbestimmung, Litergewicht (g)	
schwere Sorten	550–650
mittlere Sorten	500–550
weniger wertvolle Sorten	unter 500

Das Litergewicht von gequetschtem Hafer liegt jeweils rd. 30 % tiefer.

Farbe
Haferspelzen sind je nach Sorte gelb, schwarz oder weiß. Graue Beläge oder graue bzw. grau-braune Farbveränderungen besonders in den Falzen von helleren Sorten weisen auf ungünstige Ernte- und Lagerbedingungen hin (Schimmelrasen). Grüne Körner sind nicht voll ausgereift (eventuell überhöhte Nitratgehalte).

Geruch
Abweichungen – wie saurer, ranziger, muffiger oder sonstiger Fremdgeruch – sprechen für Qualitätsmängel.

Geschmack
Beim Kauen des Mehlkörpers wird zunächst ein mehlig-nußartiger, später süßer Geschmack registriert. Bitterer Geschmack deutet auf Pilzbefall oder frühe Ernte.

Querschnitt des Kornes
sollte stets hellweiß sein. Abweichungen können durch Pilzbefall verursacht werden.

Verunreinigungen
Der Fremdbesatz sollte 2 % nicht übersteigen. Höhere Anteile an Erde, Grannen, Staub, Steinchen, Glas, Milben, Mäusekot deuten auf ungenügende Reinigung, zu lange Lagerung oder sonstige Qualitätsmängel. Höhere Anteile an Unkrautsamen, besonders an Taumellolch (Schwindelhafer) oder Mutterhorn können schädlich bis toxisch sein.

3.6.2   Sonstige Getreidekörner

Neben Hafer eignet sich auch *Gerste* als Pferdefutter (5 % Rohfaser). Sie ist z. B. im Vorderen Orient das typische Körnerfutter für Pferde.

Eiweißarme Sorten (Brauereigerste) sind in der Pferdefütterung zu bevorzugen. In der Fütterungspraxis ist der höhere Energiegehalt zu beachten: 1 kg Hafer entspricht rd. 0,9 kg Gerste. Wegen ihrer Härte sollten Gerstenkörner vor allem in der Gewöhnungszeit gequetscht oder grob geschrotet werden. Übermäßige Gerstenmengen scheinen die Entstehung der Hufrehe zu begünstigen.

Mais wird besonders in der Neuen Welt in größeren Mengen, allerdings mit ausreichendem Rauhfutter in der Pferdefütterung verwendet. Er ist eiweiß- und rohfaserärmer und wegen der höheren Verdaulichkeit energiereicher als Hafer. 1 kg Hafer entspricht rd. 0,8 kg Mais. Der Mais ist besonders geeignet zur Herstellung gut

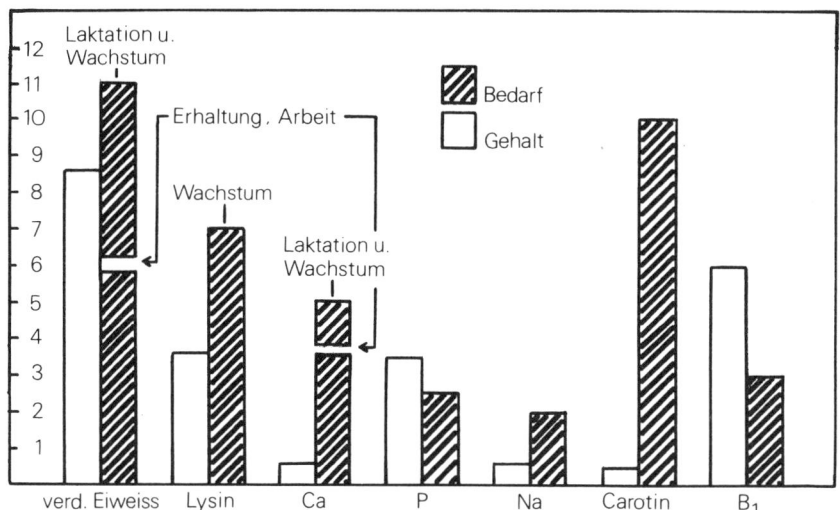

Abb. 16. Nährstoffgehalt im Hafer im Vergleich zum notwendigen Gehalt in der Gesamtration (Erhaltungsstoffwechsel sofern nicht anders vermerkt); Angaben in % (Eiweiß); Gramm (Lysin, Calcium, Phosphor, Natrium) oder Milligramm (Carotin, Vitamin B_1) pro kg

verdaulicher, energiereicher Mischfutter für Hochleistungspferde. Die Körner können unzerkleinert (nach Gewöhnung) oder grob gequetscht verfüttert werden. Eine zu starke Zerkleinerung ist nachteilig (Staubbildung). Bei einwandfreier Qualität sind auch Mischungen aus Maiskörnern, Spindel- bzw. Lieschblattanteilen (CCM) für Pferde geeignet (0,5–1 kg/100 kg LM/Tag).

Weizen und *Roggen* kommen nur in beschränktem Maße für Pferde in Frage. Aufgrund des geringen Rohfasergehaltes und der im Mehlkörper vorkommenden Klebereiweiße besteht bei einseitiger Fütterung Gefahr für Verkleisterung im Magen mit nachfolgenden schweren Störungen (Magenentzündungen, Magenruptur, Hufrehe).

3.7   Getreidenachprodukte

3.7.1   Rückstände der Müllerei

Die bei der Mehlherstellung aus Weizen und Roggen anfallenden Nachmehle weisen einen geringen Rohfaser-, aber hohen Stärkegehalt auf, so daß sie sich nicht wesentlich von den Ausgangsmaterialien unterscheiden und daher, insbesondere aufgrund der feineren Partikelgröße, ähnlich vorsichtig zu verfüttern sind wie die Körner selbst. Größere Bedeutung besitzen die Kleien, insbesondere die *Weizenkleie*. Sie enthalten vorwiegend die äußeren Schichten des Getreidekornes und geringere Anteile des Mehlkörpers, so daß der Rohfasergehalt um 10–15 % liegt. Kleien nehmen wegen der stark vergrößerten Oberfläche der plättchenförmigen Einzelpartikel leicht Feuchtigkeit auf und können rasch in Verderbnis (muffiger Geruch) übergehen.

Weizenkleie wird von Pferden gern gefressen. Sie wirkt – unabhängig, ob trocken oder feucht gefüttert – leicht abführend und besonders in Kombination mit stopfenden Futtermitteln diätetisch günstig. Bei einwandfreier Beschaffenheit kann bis zu 1 kg Weizenkleie gefüttert werden, an kranke Pferde vorübergehend auch mehr.

Roggenkleien werden wegen des herben, etwas bitteren Geschmackes weniger gut gefressen. Durch langsame Gewöhnung oder Zusatz von Melasse kann die Aufnahme verbessert werden.

Bei größeren Kleiemengen in der Ration ist auf einen Ca-Ausgleich zu achten, da das Ca/P-Verhältnis in den Kleien extrem eng ist (Abb. 16). Bei einseitiger Verwendung sind Störungen im Mineralstoffwechsel zu erwarten; unter Umständen können sich auch infolge des hohen Mg- und P-Angebotes Darmsteine bilden (Müller- oder Bäckerpferdekrankheit).

Kleien werden am besten im Gemisch mit anderen Futtermitteln oder angefeuchtet verfüttert, um eine übermäßige Quellung im Magen zu vermeiden.

3.7.2 Rückstände der Brauerei

Bei der Bierherstellung anfallende *Malzkeime* sind relativ eiweiß- und fettreich. Sie weisen eine starke Hygroskopizität auf und sind daher nur beschränkt lagerfähig und für Fettverderbnis, Schimmel- und Pilztoxinbildung besonders anfällig. Malzkeime enthalten wechselnde Mengen an Hordenin (bis 1 mg/kg), das in Zusammenhang mit Doping-Kontrollen Bedeutung erlangen kann (s. Seite 141). Eine Verfütterung an tragende Stuten und Fohlen ist wegen möglicher Risiken nicht ratsam.

Die *Treber* bestehen vorwiegend aus den Schalenanteilen des Gerstenkornes sowie den Eiweißen des Mehlkörpers. Es sind somit eiweiß-, rohfaser- und Vitamin-B-reiche, aber Ca-arme Produkte. Frische Biertreber sollten nur unmittelbar nach der Herstellung verfüttert werden, da sie leicht verderben. Risikoloser ist die Verwendung getrockneter Biertreber. Im Gemisch mit anderen Futtermitteln können bis zu 20 % im Kraftfutter enthalten sein.

Die *Bierhefe* zeichnet sich durch hohen Eiweiß- und vor allem B-Vitamingehalt aus. Sie kommt in getrockneter Form in den Handel und wird in Mischfuttern bis zu 5 % eingesetzt. Bei länger bestehenden Verdauungsstörungen, bei Schädigungen der Darmflora, Appetitlosigkeit oder allgemeiner Leistungsschwäche ist die zusätzliche Verfütterung von Trockenhefe angezeigt. Bei Renn- und Turnierpferden mit kraftfutterreichen, strukturarmen Rationen (geringe Syntheseleistung der Mikroflora im Dickdarm) kann Bierhefe (250 g/Tag) die Leistung sichern. Auch bei Absatzfohlen wirkt sich die tägliche Fütterung von 100 g Trockenhefe günstig aus.

3.8 Hülsenfruchtsamen

Hülsenfruchtsamen (Bohnen, Erbsen, Wicken, Lupinen, Sojabohnen) sind eiweißreicher als Getreidekörner (zwischen 20 und 40 %), z. T. auch fettreicher (Lupine, Sojabohne). Generell sind sie also nur für Pferde mit höherem Eiweißbedarf (Fohlen, Zuchttiere) von Bedeutung, allerdings ist die biologische Wertigkeit des Eiweißes, außer bei Sojabohnen, gering. Aufgrund spezieller Inhaltsstoffe wird ihre Verwendung weiter eingeengt. Bezüglich der übrigen Nährstoffe (Mineralstoffe, Vitamine) bestehen ähnliche Verhältnisse wie bei Getreidekörnern. Beachtenswert ist auch hier das enge Ca/P-Verhältnis. Der Rohfaseranteil liegt bei den Leguminosenkörnern zwar deutlich höher als beim Getreide (6–14 %); ihre Verdaulichkeit ist jedoch aufgrund des geringen Ligningehaltes hoch, besonders wenn die äußeren Schalen durch Quetschen oder Schroten aufgebrochen werden.

Die *Acker-* und *Saaterbsen* (*Pisum arvense* bzw. *sativum*) werden vom Pferd gut vertragen, sofern ihre Qualität einwandfrei ist. Je nach Bedarf können 1–2 kg verfüttert werden. Für Pferde ungeeignet sind Platterbsen (*Lathyrus sativus*, vorwiegend auf dem Balkan angebaut), da sie ein starkes Gift (Aminopropionitril) enthalten, das zu schweren nervösen Erscheinungen, bei chronischem Verlauf zu Nervenschädigungen und eventuell Kehlkopfpfeifen führen kann.

Ackerbohnen (Vicia faba), die in ihrer kleinen Variante als Pferdebohnen, in der größeren als Saubohnen bezeichnet werden, enthalten Gerbsäuren, die Verstopfungen begünstigen. Beim Abbau der Schalenbestandteile im Dickdarm kommt es leicht zu Blähungen. Weitere Nebenwirkungen (Gallebildung, Ödeme) nach Bohnenfütterung sind wiederholt beschrieben worden, in ihrer Ursache jedoch nicht aufgeklärt. An Jungtiere und tragende Stuten sollten wegen der blähenden Wirkung nur geringe Mengen verfüttert werden (bis zu 1 kg).

Die *Wickenarten* sind wegen ihres wechselnden Blausäuregehaltes und der unterschiedlichen Qualität für Pferde wenig geeignet.

Von den *Lupinen* kommt für Pferde allein die Süßlupine in Frage, die von bitteren und toxischen Alkaloiden weitgehend frei ist. Lupinensamen neigen infolge der unterschiedlichen Ausreifung der Körner innerhalb der Hülse leicht zu Schimmelbefall. Nach neueren Untersuchungen sind besonders die durch Pilze produzierten Toxine für manche nach Verfütterung von Lupinen aufgetretenen Störungen bei Pferden (Leberschäden und Gelbsucht) verantwortlich. Bei einwandfreier Qualität können bis zu 1 kg Lupinen verfüttert werden.

Sojabohnen werden in der Regel erst nach der Entfettung (Sojaextraktionsschrot) verwendet.

3.9 Ölsamen und Ölsamenrückstände

3.9.1 Leinsamen und Leinsamenrückstände

Leinsamen weisen einen hohen Fett- (über 30 %) und Eiweißgehalt (25 %) auf. Als Besonderheit ist der hohe Anteil an Schleimstoffen zu nennen, die im Wasser leicht aufquellen. Sie können im Darm größere Wassermengen binden (bis zum Verhältnis 1 : 8) sowie die Schleimhaut des Magen-Darm-Traktes mit einem schützenden Film überziehen. Auf diesen Eigenschaften beruht die günstige Wirkung der Leinsamenschleime, besonders bei Jungtieren mit Darmerkrankungen.

Die Eiweißqualität der Leinsamen und ihrer Rückstände ist bei einem Lysingehalt von rd. 1 % weniger günstig als von Sojaextraktionsschrot.

Das Fett des Leinsamens besteht überwiegend aus ungesättigten Fettsäuren (80–90 %). Öl- und Linolsäure sind jeweils zu 20–30 %, Linolensäure zu 40–60 % vertreten. Leinsamen sind in der Regel selenreich, weisen aber auch blausäurehaltige

Glykoside auf. Sie müssen vor der Verfütterung geschrotet und gequetscht (da die
feste Schale eine ausreichende Verdauung verhindert) und trocken verfüttert werden.
Wegen der Oxidationsempfindlichkeit der ungesättigten Fettsäuren ist eine längere
Lagerung von zerkleinerten Leinsamen (sofern keine Antioxidantien zugesetzt werden) von Nachteil (Ranzigwerden, Vitamin-E-Verbrauch).

An Fohlen können 50–80 g geschrotete, ungekochte Leinsaat verfüttert werden, an
ältere Pferde 100–120 g (günstige Wirkungen auf Verdauung, Haar und Haut).
Größere Mengen müssen gekocht werden (5–10 Min.), um ein Enzym (Linase), das
im feuchten Milieu aus dem blausäurehaltigen Linamarin Blausäure abspaltet, zu
inaktivieren. Dadurch wird nicht die Blausäuremenge vermindert, sondern lediglich
deren stoßweise Freisetzung im Darmkanal verhindert.

Rückstände der Leinsamen nach Entfettung (Leinkuchen bzw. Leinsaatextrak-
tionsschrot) wirken ähnlich günstig wie die Leinsamen selbst. Aufgrund des hohen
Eiweißgehaltes (35 %, 12 g Lysin/kg) sind sie in der Fohlenaufzucht am Platze.
Leinsaatrückstände sollten ähnlich wie die Samen selbst in trockener (keine rasche
Freisetzung von Blausäure) Form verfüttert werden. Im Fohlenfutter sind bis zu 15 %
üblich. Ältere, abgemagerte Pferde können bis zu 1kg/Tag erhalten.

3.9.2   Sojaextraktionsschrot

Sojaextraktionsschrot (rd. 40 % Rohprotein) weist besonders hohe Gehalte an essentiellen Aminosäuren wie Lysin (30 g/kg) und Methionin auf, die in anderen pflanzlichen Eiweißfuttermitteln nicht erreicht werden. Es ist daher besonders für wachsende
Fohlen sowie laktierende Stuten geeignet, für Arbeitspferde (aufgrund ihres geringen
Eiweißbedarfs) nicht notwendig. Zu hohe Gehalte in Kraftfuttermischungen können
die Schmackhaftigkeit der Gesamtration beeinflussen und führen zu einem Eiweiß-
überangebot. Einwandfrei getoastetes Sojaextraktionsschrot ist für Pferde gut verträglich.

3.9.3   Sonstige Rückstände

Der Wert von *Sonnenblumenrückständen* richtet sich in erster Linie nach der Höhe
des Schalenanteiles. Je mehr von den nahezu unverdaulichen Schalen zurückbleiben,
um so geringer ist der Futterwert. Im übrigen sind die Sonnenblumenrückstände
jedoch gut verträglich. Sie enthalten ähnlich wie die Leinsamen Schleimstoffe, die
günstig auf Darmschleimhaut und Verdauungsvorgänge wirken. Nach Verfütterung
von Sonnenblumenrückständen werden ähnlich wie nach Leinsamen Haut und Haare
glanzvoller. Aufgrund des hohen Eiweißgehaltes (35 %, 12 g Lysin/kg) können Sonnenblumenrückstände vorwiegend an Fohlen und Stuten gefüttert werden (je nach
Eiweißbedarf 0,5–1,5 kg).

Erdnußrückstände, die von Pferden gern gefressen werden, sind ähnlich hochverdaulich wie das Sojaextraktionsschrot; die biologische Wertigkeit des Eiweißes ist
jedoch geringer. Im Hinblick auf den begrenzten Eiweißbedarf der meisten Pferde
sind die Verwendungsmöglichkeiten beschränkt. Erdnußrückstände können bei
ungünstigen Ernte- und Lagerbedingungen in den Erzeugerländern eventuell hochto-
xische Pilzgifte (Aflatoxine) enthalten.

Die übrigen Rückstände der Ölsamen, insbesondere von Baumwollsamen, Raps, Rübsen, Kokos, Palmkernen, Mohn, Hanf usw., kommen für die Pferdefütterung kaum in Frage, da sie zum Teil wenig schmackhaft und verdaulich sind oder auch unverträgliche Inhaltsstoffe aufweisen.

3.10 Futtermittel tierischer Herkunft

Die von Tieren stammenden Futtermittel (Milch, Fisch- und Fleischmehl) sind durch hohen Eiweißgehalt, hohe biologische Wertigkeit des Eiweißes (Lysingehalt 25–50 g/kg) sowie gute Verdaulichkeit gekennzeichnet. Sie werden bei wachsenden Tieren, eventuell auch bei Zuchttieren verwendet.

Die *Magermilch* enthält, bis auf Fett und fettlösliche Vitamine, noch alle Nährstoffe der Kuhmilch und eignet sich als Beifutter für Fohlen, deren Mütter nicht genügend Milch produzieren, besonders aber für Absatzfohlen, die zunächst noch auf die Zufuhr hochwertiger Eiweiße angewiesen sind. Sie kann bei Fohlen in Mengen von 3–5 kg (frisch oder dicksauer) eingesetzt werden. Ansaure Magermilch führt rasch zu Verdauungsstörungen. Zur einwandfreien und schnellen Dicklegung wird die Magermilch mit Dickmilch vom Vortag, Buttermilch oder Milchsäurebakterien versetzt und bei Temperaturen von 22–25 °C gehalten.

Einfacher ist die Verwendung von Trockenmagermilch (Rohprotein 34 %, 27 g Lysin/kg) im Gemisch mit anderen Futtermitteln, z. B. in Milchaustauschfuttern und Fohlenaufzuchtfuttern.

Fisch-, Fleisch- oder *Blutmehl* wird in geringen Mengen (100–200 g) gelegentlich an Stuten oder Hengste zur Verbesserung der Aminosäurenzufuhr gefüttert. Wegen des besonderen Geruches müssen die Tiere langsam gewöhnt werden (täglich steigende Mengen von 5–10 g).

3.11 Mineralsalze und Harnstoff

Der Mineralstoffgehalt der Futtermittel reicht häufig nicht aus, um den Mineralstoffbedarf des Pferdes zu erfüllen. Zur Ergänzung eignen sich Einzelmineralien oder fertige Mineralfutter (Gemische verschiedener Mineralsalze mit Vitaminzusätzen).

Von den *Einzelmineralien* kommen vor allem die in Tabelle 47 aufgeführten Salze in der Pferdefütterung in Frage. Bei einem einseitigen Ca-Defizit ist der kohlensaure Futterkalk geeignet, der mindestens 37 % Calcium aufweisen soll. Durch Zumischung von 1 % zu Getreideschroten und von 3 % zu Kleien wird ein Ca/P-Verhältnis von

Tab. 47. Mineralstoffgehalt verschiedener Mineralsalze

	Calcium %	Phosphor %	Calcium/Phosphor-Verhältnis	Natrium %
kohlensaurer Futterkalk	37	–	–	–
phosphorsaurer Futterkalk	25	18	1,4 : 1	–
Dicalciumphosphat	26	18	1,4 : 1	–
Knochenfuttermehl	30	15	2 : 1	–
Viehsalz	–	–	–	37

mindestens 1:1 erreicht. Die phosphorhaltigen Ca-Verbindungen sind nur dort am Platze, wo neben Ca-Mangel auch ein P-Defizit besteht (unter praktischen Verhältnissen selten). Der phosphorsaure Futterkalk ist wegen seiner besseren Schmackhaftigkeit den übrigen Verbindungen vorzuziehen. Ca- und P-haltige Mineralien werden von Pferden auch bei einem Defizit in konzentrierter Form nicht spontan aufgenommen, daher ist eine gründliche Vermischung dieser Mineralien mit anderen Futtermitteln notwendig.

Außerordentlich häufig kommt Na-Mangel beim Pferd vor, besonders während des Weideganges und bei überwiegender Verfütterung von Heu und Hafer. Zur Überbrückung des Na-Defizits ist Viehsalz geeignet (mindestens 37 % Natrium), das mit 0,25 % Eisenoxid vergällt wird und daher eine gelblich-braune Farbe aufweist. Das Viehsalz kann lose oder in Form von Lecksteinen eingesetzt werden. Da es von Pferden ihrem stark variierenden Bedarf entsprechend (Schweiß) spontan aufgenommen wird, ist eine ad-libitum-Gabe über Lecksteine oder Leckmassen das Mittel der Wahl. Im Stall werden sie am besten in der Nähe der Krippe angebracht. Eine übermäßige Aufnahme ist kaum zu erwarten, allenfalls bei unerfahrenen Saugfohlen. Bei längerer Lagerung werden die Lecksteine eventuell hart, so daß die Pferde Mühe haben, die äußeren Schichten aufzulösen.

Auch auf der Weide sollten Lecksteine oder Leckmassen zur freien Verfügung stehen. Das gelegentliche Angebot von Viehsalz in loser Form zeigt, ob die Pferde ausreichend mit Salz versorgt sind.

Harnstoff – als Eiweißsubstitut – hat bei Pferden kaum praktische Bedeutung. Bei extrem proteinarmen Rationen können 0,5 g/kg LM/Tag risikolos verfüttert werden. Einmalige Gabe von 3,5 g/kg LM/Tag führte schnell zum Exitus (Ammoniakvergiftung).

4   Mischfutter

Zur Vereinfachung der Fütterung und Verbesserung der Nährstoffzufuhr werden in den letzten Jahren vermehrt industriell hergestellte Mischfutter für Pferde verwendet. Ihre Vorteile liegen in der ausgeglichenen Zusammensetzung, Preiswürdigkeit, leichten Handhabung (Transport, Lagerung, Zuteilung) und geringen Staubentwicklung. Die Qualität im weitesten Sinne ist dagegen nicht leicht zu beurteilen. Hier kommt es darauf an, daß sich die Mischfutterhersteller einen Vertrauensfundus schaffen, den sie unter keinen Umständen in Frage stellen sollten.

Die Mischfutter kommen überwiegend in pelletierter Form (4–12 mm Durchmesser) in den Handel. Neben Erleichterungen bei Transport, Lagerung und Zuteilung wird die Selektion von Futterpartikeln verhindert und vor allem der Keimgehalt reduziert. Für kleinere Pferde sind Pellets mit geringerem Durchmesser geeigneter, bei größeren Pferden können sämtliche Größen verwendet werden. Unterschiede in der Futteraufnahmedauer bzw. dem Risiko für Schlundverstopfungen in Abhängigkeit von der Pelletgröße bestehen nicht.

Nach der Futtermittelverordnung werden die in Tabelle 48 aufgeführten Mischfuttermittel unterschieden. Nur für Normtypen sind die angegebenen Mindest- oder Höchstwerte verbindlich.

Tab. 48. Mischfutter für Pferde, Gehalte pro kg; Mindest- bzw. Höchstgehalte für Normtypen (88 % Trockensubstanz)

Bezeichnung	Roh-protein g min.	Roh-faser g max.	Cal-cium g min.	Phos-phor g max.	Vitamin A IE min.	Vitamin D IE min.	Vitamin E mg min.
Ergänzungsfuttermittel für Pferde	100	–	6	6	5 000	625	25
Ergänzungsfuttermittel für Zuchtpferde	150	100	8	6	16 000	200	75
Ergänzungsfuttermittel für Fohlen	150	100	12	10	20 000	2500	100

Die Mischfutter können nach Aussehen, Geruch, Konsistenz sowie aufgrund der Deklaration beurteilt werden. Die Pellets sollen ausreichend fest sein (wenig Abrieb), andererseits aber keine gebräunten Ränder (Überhitzung bei der Herstellung) aufweisen. Bei der Anlieferung müssen sie ausreichend abgekühlt sein, damit sich kein Kondenswasser in den Silos bildet. Zur mikrobiologischen Beurteilung s. Tabelle 71.

Die Gehalte an verd. Rohprotein und verd. Energie werden bei Mischfuttern nicht deklariert; beides läßt sich anhand der Einzelkomponenten oder über Schätzwerte größenordnungsmäßig berechnen. Eine einfachere Berechnungsart mit Hilfe von Durchschnittswerten (Tab. III, Anhang) kann eventuell für einen relativen Vergleich herangezogen werden, z. B. für zwei Mischfutter, deren Wirtschaftlichkeit beurteilt werden soll. Generell geht der Gehalt an verd. Energie mit steigendem Rohasche- und Rohfasergehalt zurück.

Mischfutter müssen sachgemäß aufbewahrt werden. Lose Ware sollte höchstens 4–6 Wochen in kühlen und trockenen Räumen lagern. Die Säcke müssen durch Isolierschichten (Paletten, Lattenroste) von Boden und Wänden getrennt sein. Sauberkeit (Aufnahme verschütteten Futters) verhindert die Ansammlung von Milben, Insekten oder Nagern. Pelletierte Mischfutter sind länger lagerfähig.

Die Lagersilos sollten vor der neuen Beschickung gründlich gereinigt und auf Verklebungen überprüft werden. Sie müssen so aufgestellt werden, daß starke Temperaturschwankungen durch Sonneneinstrahlung im Inneren vermieden werden.

Falsch gelagertes oder zu altes Mischfutter kann besonders bei hohen Melasseanteilen ähnlich wie andere Futtermittel durch Bakterien, Hefen, Pilze, Insekten und Milben zersetzt werden und zu schweren Gesundheitsstörungen führen.

4.1 Ergänzungsfuttermittel

Ergänzungsfuttermittel sollen Grundfuttermittel wie Heu, Stroh, Silagen ergänzen, d. h. den Nährstoffbedarf des Pferdes vollständig abdecken. Sie werden entsprechend der Zusammensetzung der Grundfuttermittel mit wechselnden Nährstoffgehalten hergestellt und sind daher den Getreidekörnern überlegen. Ihr Gehalt an verd. Energie (vorwiegend zwischen 11–12 MJ/kg) liegt in ähnlicher Größenordnung wie beim Hafer. Über die Einteilung der Ergänzungsfuttermittel orientieren Tabellen 48 und 49.

Tab. 49. Empfehlungen für die Zusammensetzung von Ergänzungsfuttermitteln für Reitpferde
(pro kg ursprüngl. Substanz)

		zu Heu/Hafer[1])	zum Haferersatz[2])
Rohprotein	g	60–80	75 (100)[3])
Calcium	g	15–20	6–8
Phosphor	g	3–5	3–4
Spurenelemente	mg	3–5fache Menge der für die Gesamtfutter-TS empfohlenen Gehalte[4])	2fache Menge der für die Gesamtfutter-TS empfohlenen Gehalte[4])
Vit. A	IE	50 000	15 000
Vit. D	IE	5 000	1 500
Vit. E	mg	150	50
Linolsäure	g	10	5–10

[1]) bei 10,5–11,5 MJ vE/kg und Fütterung von 1 kg/Tier (500 kg LM)/Tag
[2]) bei 10,5–11,5 MJ vE/kg und Fütterung von 3 kg Heu oder 4 kg Stroh bzw. Maissilage pro Tier
(500 kg LM)/Tag
[3]) zu Stroh bzw. Maissilage
[4]) s. Tabelle 30

4.1.1   Ergänzungsfuttermittel für Pferde

Das Ergänzungsfuttermittel für Pferde – im wesentlichen bei Reitpferden eingesetzt –
wird entsprechend den zu ergänzenden Teilrationen vor allem in zwei Varianten
gehandelt: zu Heu/Hafer oder zum Haferersatz.

a) Ergänzungsfuttermittel zu Heu/Hafer
Dieses Ergänzungsfuttermittel soll die möglichen Nährstofflücken (Calcium, Carotin,
Spurenelemente) bei Heu/Hafer ausgleichen und wird im allgemeinen in Mengen von
1–1,5 kg pro Tier und Tag im Austausch gegen Hafer verwendet. Empfehlungen zur
optimalen Zusammensetzung enthält Tabelle 49.

b) Ergänzungsfuttermittel zum Haferersatz
Mit diesen Ergänzungsfuttermitteln kann der Hafer vollständig aus der Ration
verdrängt werden. Sie sind so zusammengesetzt, daß sie die üblichen Grundfutter wie
Heu, Stroh oder Maissilage optimal ergänzen (Tab. 49). Bei Kombination mit Stroh
sollte der Rohproteingehalt 100 g pro kg erreichen, während der Rohfasergehalt auf
100 g/kg begrenzt werden kann.

c) Energiereiches Ergänzungsfuttermittel für Hochleistungspferde
Für Hochleistungspferde kommt ein Futtertyp in Frage, der niedrige Rohfaser- und
Rohaschegehalte und dank aufgeschlossener Getreideflocken bzw. erhöhter Fettgehalte eine hohe Energiedichte aufweist bei gleichzeitig niedrigen Eiweißgehalten
(60–80 g verd. Rohprotein/kg).

4.1.2 Ergänzungsfuttermittel für Zuchtpferde

Um den höheren Protein-, Mineralstoff- und Vitaminbedarf von hochtragenden und laktierenden Stuten abdecken zu können, wurde das genannte Futtermittel entwickelt. Die im Handel befindlichen Mischungen weisen im allgemeinen höhere Gehalte auf (Tab. 48) als für den Normtyp gefordert.

4.1.3 Ergänzungsfuttermittel für Fohlen

Die für Saug- und Absatzfohlen konzipierten Ergänzungsfuttermittel zeichnen sich durch Schmackhaftigkeit und einen hohen Anteil an biologisch hochwertigem Eiweiß sowie Mineralien und Vitaminen aus. Bei gleichzeitig geringem Rohfasergehalt vermögen sie die besonderen Ansprüche wachsender Fohlen, insbesondere ihren Bedarf an essentiellen Aminosäuren zu decken.

4.1.4 Mineralfutter und Vitaminpräparate

Bei den *Mineralfuttern* handelt es sich um Gemische, die in der Regel neben Mengen- und Spurenelementen auch Vitamine enthalten und deren Akzeptanz durch Zusatz von Gewürzstoffen oder Granulieren erhöht wird. Ein passendes Mineralfutter für *alle* Futterrationen kann es nicht geben. Im Einzelfall ist jenes Mineralfutter am besten, das die Grundration am besten ergänzt. In der Regel werden Mineralfutter mit hohem Ca- und niedrigem P-Gehalt die günstigste Ergänzungswirkung besitzen, da in den Grundfutterrationen häufig ein Ca-, seltener jedoch ein P-Mangel besteht. Die Zusammensetzung einiger handelsüblicher Mineralfutter ist in Tabelle VII, Anhang, aufgeführt.

Über die täglich notwendige Mineralfuttermenge orientiert die Kalkulation des Mineralstoffgehaltes im Grundfutter im Vergleich zum Bedarf (Tab. V, Anhang). Bei Arbeitspferden reichen in der Regel 50–75 g/Tier und Tag, bei Fohlen und Stuten kann der Ergänzungsbedarf höher liegen. Die Mineralfutter werden am besten mit Krippenfutter gemischt. Die ad-libitum-Fütterung gibt keine Gewähr, daß die Pferde ihrem Bedarf entsprechend ausreichende Mengen aufnehmen.

Bei Verwendung von industriell hergestelltem Mischfutter kann eine Mineralstoffbeifütterung entfallen. Wegen des variierenden Bedarfs an Natrium ist Viehsalz unabhängig von der Mineralfutterversorgung stets zusätzlich bereitzustellen.

Neben den Mineralfuttern sind auch Vitaminpräparate mit z. T. hohen Konzentrationen an Vitamin A und D_3 im Handel. Sie kommen temporär bei kranken oder stark unterversorgten Tieren in Frage, bei ausgeglichenen Rationen sind sie entbehrlich. Leistungssteigerungen können durch zusätzliche überhöhte Gaben nicht erreicht werden.

4.2 Alleinfutter

Alleinfutter im strengen Sinn, d. h. Futtermischungen, die bei alleiniger Zuteilung alle Bedürfnisse des Pferdes erfüllen, sind bisher nur in geringem Umfang im Handel.

Ein solches Fütterungssystem wird vielfach gewünscht und kann viele Vorteile vereinigen: kein Aufwand bei der Rationsberechnung und -gestaltung; Vermeidung von Futterverlusten und Futterselektion; einfache Handhabung bei Transport, Lagerung Zuteilung; geringe Staubbildung; geringer Lagerraum; gleichmäßige Qualität.

Pelletierte Mischfutter können langfristig als Alleinfutter, d. h. ohne Ergänzung mit Rauhfutter nicht verwendet werden, da sie durch die starke Zerkleinerung der enthaltenen Rauhfutterkomponenten zu rasch aufgenommen und die Pferde nicht ausreichend kauend beschäftigt werden. Daneben treten weitere Nachteile auf, wie sie im Zusammenhang mit einem Ballastmangel beobachtet werden (s. Seite 73).

Als echte Alleinfutter kommen Mischungen auf den Markt, die neben langgehäckselten Rauhfutteranteilen konzentrierte Komponenten wie Hafer, Getreiderückstände oder Melasse enthalten und in Stangenpressen zu Scheiben mit Durchmessern von 5–7 cm bei einer Dicke von 1–2 cm geformt werden. Diese Futter bieten aus ernährungsphysiologischer Sicht günstige Voraussetzungen (langsame Aufnahme, lockere Lagerung im Magen) und sind ohne jede Rauhfutterzulage einsetzbar, Herstellung und Transport jedoch aufwendiger als bei pelletierten Mischfuttern.

Weiterhin wird versucht, in luftdichten Folien verpackte Vorwelksilagen (aus Gras mit Zusätzen) als Alleinfutter zu konzipieren. Diese bisher nur im Ausland vertriebenen Futter enthalten bis zu 11 MJ verd. Energie pro kg Trockensubstanz und sind daher vielseitig einsetzbar.

5   Ökonomische Bewertung der Futtermittel

Bei einem Preisvergleich von Futtermitteln sind viele Kriterien (Nährstoffgehalte, Qualität, Akzeptanz, Arbeitsaufwand bei der Fütterung etc.) zu berücksichtigen. Dadurch wird der Vergleich außerordentlich erschwert.

Eine grobe Orientierung über die Wirtschaftlichkeit eines Futtermittels liefert jedoch der Energiegehalt. Dazu müssen die Kosten für 1 MJ verd. Energie berechnet werden, indem der Preis pro kg Futter durch den Gehalt an Energie dividiert wird. Stehen z. B. drei Futtermittel zur Auswahl, so ist die folgende Berechnung möglich:

	Preis DM/kg	Gehalt verd. Energie MJ/kg	Preis pro 1 MJ verd. Energie Pf
Hafer	0,50	11,6	4,3
Mais	0,55	13,7	4,0
Mischfutter	0,52	11,0	4,7

Bei dieser Gegenüberstellung ist Mais preislich günstiger als Hafer. Bei Vergleich mit einem Mischfutter müssen die zusätzlich entstehenden Kosten für Mineralstoffe und Vitamine bei Einsatz von Getreidekörnern mit berücksichtigt werden.

Auch die Preise für Rauhfuttermittel lassen sich auf diese Weise vergleichen. Allerdings ist bei ihnen die Qualität wichtiger als der Gehalt an verd. Energie, da sie im allgemeinen nur rd. ⅓ der in der Ration vorliegenden Energie beisteuern.

6 Wasser

Das Tränkwasser für Pferde soll stets frisch, ohne Beigeschmack und von mittlerer Temperatur (9–12 °C) sein. Sofern das Wasser aus zentralen Versorgungsleitungen stammt, ist mit einer ausreichenden Qualität zu rechnen. Allerdings reagieren manche Pferde empfindlich auf gechlortes Wasser.

Bei Eigenversorgung ist die Wasserqualität (Geschmack und Verträglichkeit) zu berücksichtigen. Organische Verunreinigungen (Ammoniak, Schwefelwasserstoff) deuten auf Kontamination mit Jauche oder Fäkalien hin. Dann ist auch eine bakterielle Verunreinigung (Colikeime, Salmonellen) möglich. Geringe Schwefelwasserstoffmengen geben dem Wasser einen fauligen Geschmack. Hohe Magnesium-, Kalium-, Eisen- und Sulfatgehalte (bitter) ebenso wie hohe Salzgehalte setzen den Geschmackswert des Wassers erheblich herab. Gefährlich sind überhöhte Gehalte an Nitrat bzw. Nitrit (Nitritvergiftungen).

Auf der Weide ist es oft besonders schwierig, den Pferden Tränkwasser von ausreichender Qualität zu bieten. Viele Gewässer (Gräben und Flüsse) sind heute so verunreinigt, daß sie als Tränkwasserquelle nicht mehr in Frage kommen. Sollen Pferde aus natürlichen Gewässern ihren Wasserbedarf decken, so ist eine vorherige Wasseranalyse nach den in Tabelle 50 angegebenen Kriterien angezeigt. Aber auch die Wasseraufnahme aus Teichen, Gräben oder Tümpeln, die nicht durch Abwässer verunreinigt sind, ist nicht ungefährlich, da mit diesem Wasser z. B. Zwischenwirte der Leberegel aufgenommen werden können.

Tab. 50. Beurteilung des Tränkwassers

Beurteilungskriterium	geeignet	ungeeignet	bei Abweichungen Hinweis auf:
pH-Wert	6–7,5	< 2 und > 11	industrielle Verunreinigungen
Schwefelwasserstoff	wenn negativ	wenn positiv	bakterielle Tätigkeit, Abbau organischer Substanz
Ammonium	unter 2 mg/l	über 3 mg/l	bakterielle Tätigkeit, Abbau organischer Substanz
Salz (NaCl)	unter 2 g/l	über 8 g/l	Verunreinigung von Oberflächenwasser
Calcium		> 500 mg/l	
Magnesium		> 125 mg/l	
Kalium		> 1400 mg/l	
Nitrat		200 mg/l	Verunreinigung durch organisches Material
Nitrit		über 0,5 mg/l	
Eisen	unter 0,2 mg/l	über 3 mg/l	
Sulfate		über 250 mg/l	
fäkale Colikeime oder Streptokokken Salmonellen	nur wenn negativ		Verunreinigung durch Fäkalien

nach „Leitfaden der Niederländischen Kommission zur Untersuchung der Mineralstofffütterung" 1973 und Lewis 1982

E   Pferdestall

Der Pferdestall soll primär den Bedürfnissen des Pferdes gerecht werden, das bedeutet: Schutz vor Nässe, Wind und extremen Temperaturen bei größtmöglichem Spielraum für Bewegung und sozialen Kontakt. Über Anlage, Aufteilung und Ausführung von Pferdeställen s. PIRKELMANN u. a. (1976). Im folgenden können nur die für die Fütterung relevanten Aspekte berücksichtigt werden.

1   Stallklima

Das Pferd toleriert bei Gewöhnung relativ große Temperaturbereiche. Die optimalen Werte liegen bei adaptierten Pferden zwischen 0 und 10 °C. Stalltemperaturen brauchen im Winter oder während der Nacht nicht konstant gehalten zu werden; Schwankungen parallel zur Außentemperatur sind eher vorteilhaft. Dadurch werden die Wärmeregulationsmechanismen der Pferde trainiert, an die bei dem häufigen Wechsel von drinnen nach draußen hohe Anforderungen gestellt werden. Außerdem ist die Gefahr der Zugluftbildung ($> 0,2$, im Sommer $> 0,5$ m/Sek.) um so geringer, je kleiner die Differenz zwischen Stall- und Außentemperatur ist. Stalltemperaturen unter dem Gefrierpunkt sollten vermieden werden, da extrem niedrige Temperaturen zu technischen Problemen führen (Einfrieren der Tränke), eventuell auch zu erhöhtem Futteraufwand.

Bei den tolerierten Temperaturschwankungen wird die relative Luftfeuchte im Pferdestall weitgehend mit den Veränderungen in der Außenluft konform gehen; allerdings reichert sich die Luft bei ungenügender Umwälzung mit Wasser an, da mittelgroße Pferde pro Tag rd. 5–7 l Wasser über Haut und Atemwege abgeben. Ohne ausreichende Lüftung wird daher der Optimalwert von 60–65 % bald überschritten. Hohe Luftfeuchtigkeit ($> 80 \%$) ist bei hohen oder tiefen Temperaturen ungünstig: In Kombination mit hohen Temperaturen wird die Wärmeregulation (Verdunstung) erschwert, bei tiefen Temperaturen die Kondensation der Luftfeuchtigkeit an den Wandflächen begünstigt.

Neben Temperatur und Luftfeuchte sind die Gaskonzentrationen zu beachten. Der CO_2-Gehalt der Stalluft sollte 0,35 %, der Ammoniakgehalt 0,03 ‰ nicht übersteigen.

Zur Regulierung von Temperatur, Feuchte und Gaskonzentration reichen in kleinen Ställen einfache Mittel (Fensteröffnungen, Außentüren mit aufklappbarem Oberteil oder Gitterstangen) aus. In größeren Ställen sind Lüftungsschächte, eventuell auch Ventilatoren notwendig. Der Ammoniakgehalt in der Luft kann auch durch gut saugfähige Einstreu (s. unten) und eine bedarfsgerechte Eiweißfütterung günstig beeinflußt werden.

2 Art und Größe

Art, Ausstattung und Größe des Pferdestalles richten sich nach Klimabedingungen, Pferderassen und Nutzungsart. Im maritim-milden Klima Westeuropas werden extensiv genutzte Pferderassen (Ponys) auch im Winter teilweise nur in 3seitig geschlossenen Weideschuppen (Öffnung windabgewandt) gehalten, die vor Regen und Wind schützen, jedoch nicht vor Temperaturschwankungen. Bei intensiv genutzten Pferden ist dagegen, insbesondere in ungünstigen Klimalagen, die Stallhaltung üblich: entweder ganzjährig, über Nacht oder im Winter. Diese Ställe sollen vor Wind, Niederschlägen und in begrenztem Ausmaß auch vor Temperaturschwankungen schützen.

Nach der Aufstallungsform können Lauf-, Boxen- und Anbindeställe unterschieden werden.

Laufställe sind für Extensivrassen, vor allem aber in der Fohlenaufzucht vorteilhaft. Sie erlauben die Gruppenhaltung und ermöglichen eine stärkere Bewegungsaktivität der Tiere. Pro Pferd sollten mindestens 10 m² – besser mehr – vorgesehen werden. Der Laufstall wird in eine eingestreute Liegefläche und eine feste, einstreulose Fläche vor den Freßplätzen (möglichst an den Längswänden) unterteilt. Eine ähnliche Aufteilung ist für Weidehütten bei ganzjähriger Weidehaltung zu empfehlen.

Die individuelle Futterzuteilung bereitet bei Gruppenhaltung Schwierigkeiten. Sofern Fohlen einen unterschiedlichen Entwicklungsgrad oder Einzeltiere stark abweichende Freßgewohnheiten zeigen, sind sie während des Fressens anzubinden, an abtrennbaren Einzelplätzen zu füttern oder mit Hilfe von Eimern, die ähnlich wie Freßbeutel umgehängt werden. Dabei ist dem ranghöchsten Tier der Eimer stets zuerst umzuhängen und zuletzt abzunehmen.

Der *Boxenstall* ist für Zucht- und Reitpferde, der Anbindestall für Zug-, z. T. auch für Reitpferde gebräuchlich. Der Boxenstall bietet eine bescheidene Bewegungsmöglichkeit und besitzt für Pferde, die nicht regelmäßig oder ausreichend lange bewegt werden, deutliche Vorteile gegenüber dem Anbindestall. Bei dieser Aufstallungsart kommt es weniger leicht zu Verletzungen und Ödembildungen (Schwellungen) an den Gliedmaßen. Der Boxenstall sollte so groß sein, daß sich die Pferde bequem drehen, hinlegen und wälzen können. Die Ausmaße richten sich nach Größe und Nutzungsart der Pferde. Als Faustzahl für Reitpferde gilt: Mindestboxenfläche (in m²) = [Widerristhöhe (m) × 2]². Bei einem Stockmaß von 1,60 m wird eine Bodenfläche von 10,2 m² notwendig. Die üblichen Ausmaße für Boxenställe betragen etwa 3,2 × 3,5 m (11,2 m²), für Zuchtpferde auch 4 × 4 m (16 m²). Die Boxenschmalseite sollte mindestens das 1,5fache der Widerristhöhe ausmachen, bei lichten Türmaßen von mindestens 1,20 m. Außenboxenställe werden von einem überdachten, außenliegenden Gang bedient. Über aufklappbare Türoberteile haben die Pferde unmittelbar Kontakt mit der Außenwelt. Solche Ställe eignen sich in besonderem Maße für Pferde mit chronischen Erkrankungen der Atmungswege.

Der *Anbindestall* benötigt weniger Raum. Bei einer Tiefe von 3,00–3,50 m reichen Breitenmaße von etwa 1,75 m. Aus einem Boxenstall können eventuell 2 Anbindeställe hergerichtet werden. Diese Aufstallungsform ist heute nur noch bei Pferden zu rechtfertigen, die täglich mehrere Stunden bewegt werden (Reitställe).

Die Abtrennung der Boxenställe erfolgt in der Regel durch Holzwände, deren Höhe das 1,35- bis 1,5fache der Widerristhöhe des Pferdes erreicht. Die Trennwände sollten im oberen Teil mit Stabgittern durchbrochen sein, so daß die Pferde die

Vorgänge in ihrer Umgebung beobachten können. In Anbindeställen werden die Einzelstände durch Flankierbäume abgetrennt, die bei mittelgroßen Pferden in Höhe von etwa 0,90 m anzubringen sind.

Für den *Stallboden* wird auf einer isolierenden Schicht von grober Schlacke bei Boxenställen gestampfter Lehm, bei Anbindeställen Holz- oder Steinpflasterung verwendet. Die Außen- und Deckenwände sollten im Pferdestall so beschaffen sein, daß sie begrenzte Mengen an Feuchtigkeit aufnehmen bzw. abgeben können. Dadurch wird eine Kondenswasserbildung an den Wänden abgeschwächt oder verhindert, die u. a. die Wanderung von Parasitenlarven begünstigt. Die früher üblichen Lehm-Stroh-Wände kamen der obigen Forderung am nächsten, während Fliesenwände, die zwar leicht zu reinigen sind, sie kaum erfüllen können.

Über den *Lichtbedarf* des Pferdes und die optimalen Fenstergrößen im Pferdestall liegen noch keine ausreichenden Angaben vor. Der Pferdestall sollte jedoch gut belichtet sein. Dies gilt besonders bei Zuchtstuten, deren Sexualzyklus durch Veränderungen der Tageslichtmenge beeinflußt wird. Die Fenster müssen geöffnet werden können, so daß, außer an extrem kalten Tagen, ein ungestörter Austausch zwischen Innen- und Außenluft möglich ist.

3 Einstreu

Die Einstreu soll die Ausscheidungen des Pferdes möglichst aufsaugen oder binden, eine zusätzliche Wärmeisolierung schaffen sowie vor Verletzungen schützen. Da das Wohlbefinden des Pferdes in hohem Maße von einer trockenen, weichen und sauberen Unterlage abhängt, ist eine einstreulose Haltung nur unter bestimmten Bedingungen (Gummimatten) erfolgversprechend.

Als Einstreumaterial kommen Stroh, Torf, Sägemehl oder Hobelspäne in Frage. Langgehäckseltes (5–10 cm), frisches, gut geerntetes *Stroh* (Roggen- oder Weizenstroh) kann die obengenannten Bedingungen am besten erfüllen. Nachteile sind allenfalls die hohen Strohmengen, die für die Erhaltung optimaler Bedingungen (Trockenheit) notwendig sind, sowie eine unkontrollierte Strohaufnahme, die zu Re-Infektionen mit Parasiten und, bei schlechter Strohqualität, auch zu Verdauungsstörungen führen kann. Strohmengen von 5–6 kg/Tier und Tag reichen nur aus, wenn die Pferde sich mehrere Stunden pro Tag außerhalb des Stalles bewegen, andernfalls sind bis 10 kg notwendig. *Torf* (Weißtorf) ist ebenfalls als Einstreu geeignet, insbesondere wegen seiner hohen Saugfähigkeit und Bindungskraft für Gase (Ammoniak). Stark mit Harn durchfeuchteter Torf kann eventuell das Hufhorn ungünstig beeinflussen. Eine Kombination von Stroh und Torf reduziert die Nachteile beider Einstreuarten.

Sägespäne und *Holzwolle* besitzen – sofern nicht besonders präpariert – keine so günstige Saugwirkung wie Torf. Spezialprodukte liefern jedoch eine nahezu staubfreie Einstreu. Einer stärkeren Verwendung steht die geringe Düngewirkung entgegen, da sägespänhaltige Düngeabfälle erst nach längerer Kompostierung für den Acker geeignet sind.

4   Stalleinrichtungen

Die Pferde nehmen ihr Futter (außer Rauhfutter) aus Krippen auf. Die Krippen sollten ausreichend groß sein, damit das Futter in dünner Schicht verteilt werden kann und das Pferd an einer zu hastigen Futteraufnahme gehindert wird. Krippen mit einer Länge von 70 cm und einer Breite von 35 cm haben sich bewährt. Sie sollten etwa 15–20 cm tief und am oberen Rand gewulstet sein, damit das Futter nicht aus der Krippe geschoben oder geblasen werden kann. Der zum Pferd liegende Krippenrand muß so geformt sein, daß beim Fressen kein spitzer Winkel zwischen Hals und Kopf (Erschwerung des Schluckvorgangs) entsteht (Abb. 17). Durch etwa 3–4 cm hohe Querwülste am Boden der Krippen läßt sich die Futteraufnahme zusätzlich verlangsamen. Die Krippen können aus Ton, Stein, Metall oder Kunststoff hergestellt werden. Entscheidend sind: geringe Verletzungsgefahr, gute Reinigungsmöglichkeit, Haltbarkeit und fehlender Eigengeruch. Diese Forderungen werden am besten durch Steinzeug- oder Steinkrippen erfüllt. Holzkrippen sind weniger geeignet, weil sie leicht benagt werden. Außerdem können sich in Ritzen Futterreste ansammeln, die in Vergärung übergehen und durch Geruchsveränderungen eventuell die Futteraufnahme beeinträchtigen.

Zur einfachen Beschickung der Krippen sind verschiedene Lösungen entwickelt worden: schwenkbare Tröge, die von außen gefüllt werden können, oder Luken, über die das Futter vom Futtergang zugeteilt wird. Die Höhe der Lukenöffnung sollte 20 cm nicht überschreiten, damit sich das Pferd nicht den Kopf einklemmen kann.

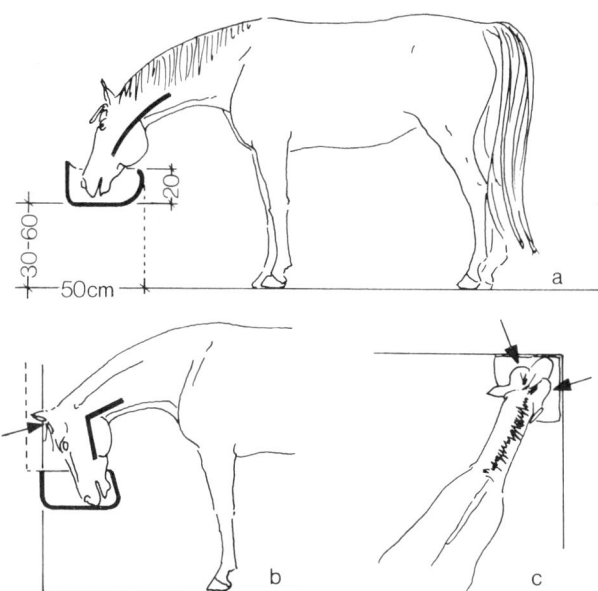

Abb. 17. Verschiedene Krippenformen: a) Höhe und Form sowie Abstand von der Wand optimal, b) Krippe zu dicht an der Wand, c) dreieckige Krippenform (nach SCHNITZER 1970)

Bei·Festlegung der Krippenhöhe sind zwei gegensätzliche Forderungen in Einklang zu bringen: Einmal soll die Futteraufnahme unter möglichst physiologischen Bedingungen erfolgen, andererseits die Verunreinigungsmöglichkeit gering sein.

Unter natürlichen Verhältnissen (Weide) nehmen die Pferde das Futter vom Boden auf, bei entspannter Haltung im Kopf- und Halsbereich. Die Anbringung der Krippen in Bodenhöhe ist jedoch nicht empfehlenswert, da die Pferde bei der Nahrungsaufnahme nach vorn drängen und mit den Vorderhufen in die Krippen treten würden. Außerdem besteht die Gefahr der Verunreinigung mit Einstreu oder Fäkalien. Hoch angebrachte Krippen können solche Verunreinigungen verhindern, führen aber zu einer unphysiologischen Haltung während der Futteraufnahme, unter Umständen zur Ausbildung von Senkrücken. Als Kompromiß bieten sich Krippenhöhen von etwa 50–60 cm an. Dabei besteht allerdings immer noch die Gefahr, daß die Pferde mit den Vorderhufen in die Krippen treten, besonders in Boxen, deren Seitenwände geschlossen sind und den Pferden keine Möglichkeit zur Beobachtung der Umgebung bieten.

Die Krippen können im Boxenstall entlang der Stallgasse oder an der gegenüberliegenden Wandseite angebracht werden. Da die Pferde gewöhnlich mit dem Kopf zur Stallgasse gewendet stehen, kommt es im ersten Falle zu einem geringeren Verunreinigungsrisiko. Außerdem können die Tiere unmittelbar von der Stallgasse aus durch aufklappbare Gitter gefüttert werden. Die Verlegung der Krippen an die Wandseite zwingt andererseits dazu, bei jeder Fütterung den Stall zu betreten, und sichert damit eine stärkere Kontaktaufnahme mit dem Pferd.

In Anbindeställen werden die Krippen in der Regel unmittelbar an der Wand angebracht, jedoch mit einem ausreichend weiten Abstand, damit sich die Pferde nicht verletzten (Abb. 17). Ein solches Risiko besteht eventuell auch bei dreieckigen Krippen, die andererseits jedoch Platz sparen.

Selbsttränken müssen im Anbindestall unmittelbar neben der Krippe montiert werden, im Boxenstall wird man dagegen die Tränke – um häufige Wasseraufnahme während des Fressens zu erschweren und Verunreinigungen durch Futterreste, die am Maul des Pferdes hängenbleiben, gering zu halten – möglichst der Krippe gegenüber, seitlich versetzt (geringeres Risiko der Verunreinigung mit Kot) anbringen (rd. 60 cm Höhe). Die Tränke kann durch bogenförmige Rundeisen vor Schlag, Druck oder Verunreinigungen geschützt werden. Selbsttränken ohne Deckel haben sich im Pferdestall am besten bewährt. Im Kaltlaufstall sind beheizbare Tränken angezeigt.

Das *Rauhfutter* kann in Raufen, Netzen oder unmittelbar vom Boden aus gefüttert werden. Die früher übliche Anbringung der Raufen über den Krippen in größerer Höhe ist wenig empfehlenswert. Neben der Gefahr einer Senkrückenbildung kommt es zu unnötiger Staubentwicklung – beim Füttern ebenso wie bei der Futterentnahme. Staub- oder Futterpartikel können eventuell zur Reizung der Augenbindehaut oder des Atmungstraktes führen. Sofern Raufen noch eingebaut werden, sollten sie möglichst tief, seitlich neben der Krippe ihren Platz finden. Selbst bei einem Stababstand von 6–8 cm besteht bei dieser Lage jedoch die Gefahr, daß Pferde mit kleinen Hufen zwischen den Stäben hängenbleiben. Risikoloser ist daher die unmittelbare Bodenfütterung. Aus hygienischen Gründen erfolgt sie am besten vom Stallgang aus, zu dem die Pferde durch entsprechend weitgestellte, senkrechte Stabgitter Zugang haben. Bei der Rauhfutteraufnahme vom Stallboden aus besteht eine größere Gefahr der Verschmutzung und Futterverschwendung.

Die Verfütterung von Heu aus Netzen hat sich in der Pferdehaltung nicht durchgesetzt, da der Arbeitsaufwand hoch ist und die Pferde die Netze leicht benagen.

5   Lagerflächen für Futter

Rauhfutter und Streustroh sind in der Erntezeit am preisgünstigsten, so daß bei
ausreichender Lagerfläche auf Vorrat eingekauft werden sollte. Für die Lagerung von
Heu oder Stroh für ein halbes Jahr sind pro Pferd die in Tabelle 51 aufgeführten
Flächen (einschl. 25–30 % Leerraum) vorzusehen. Erdlastige Lagerung ist bei den
heutigen Transportmitteln günstiger als deckenlastige.

Tab. 51. Lagerflächen für Heu (rd. 12 dt) und Stroh (rd. 15 dt) pro Pferd (500 kg LM) und
Halbjahr einschließlich 25 % Leerraum

Lagerungsform	Heu m³	Raumgewicht dt/m³	Stroh m³	Raumgewicht dt/m³
lose, lang	20	0,75	38	0,5
Hochdruckballen, gestapelt	8	1,8	19	1,0

Krippenfuttermittel werden in Kleinstbetrieben am zweckmäßigsten in kleinen
Portionen (für rd. 4 Wochen) in Säcken eingekauft und in dichtschließenden Kisten
gelagert, die außerhalb des Stalles stehen. Bei festem Verschluß wird die Aufnahme
von Feuchtigkeit verhindert, aber auch eine unkontrollierte Aufnahme durch Pferde,
die sich eventuell während der Nacht verselbständigt haben.
   In größeren Beständen werden Krippenfutter in Silos gelagert, die möglichst innen
– vor starken Temperaturschwankungen geschützt – aufgestellt werden (s. Seite 169).
Das Raumgewicht für Hafer liegt zwischen 5–6 dt/m³, für pelletierte Mischfutter
zwischen 6–6,5 dt/m³.

6   Ausläufe

Falls die Pferde nicht auf Weiden gehalten werden und auch sonst wenig Bewegung
haben, sind Ausläufe wünschenswert, mindestens 3 × 4 m, besser 10 × 30 m groß.
   Auf wenig durchlässigen Böden ist zunächst eine Drainage (Abstand 5–7 m, 30 cm
tief) anzulegen. Darüber wird eine *Trag*schicht aus Schotter/Splitt (15–20 cm) und
nach Verlegung eines Plastiknetzes, das Wasser, aber wenig Sand durchläßt, eine
15 cm starke *Tret*schicht aus grobem Sand (0,2–3 mm Körnung), eventuell mit Säge-
spänen vermischt, aufgebracht. Wenn die Pferde im Stall ständig auf einer festen
Unterlage stehen, ist eine lockere Sandschicht günstiger als ein gepflasterter Auslauf.
Die Paddocks sollten freigehalten werden von grünen Pflanzen, da mit ausgerissenen
Gräsern (Quecken, einjähriges Weidelgras) eventuell erhebliche Sandmengen aufgenommen werden.

F Fütterungspraxis

1 Allgemeines

1.1 Prinzipien der Rationsgestaltung

In der Pferdefütterung sind in der Vergangenheit – traditionsbedingt und eher schematisch – überwiegend Futterrationen aus wenigen Futtermitteln (Heu, Hafer, Stroh) verwendet worden. Das Pferd ist jedoch nicht auf bestimmte Futtermittel, sondern primär auf Energie, Nähr- und Strukturstoffe angewiesen. Zur Erfüllung des Bedarfes ist eine Vielzahl von Futtermitteln unter Berücksichtigung ernährungsphysiologischer sowie ökonomischer Bedingungen geeignet. Nachfolgend werden daher zunächst allgemein die wichtigsten Prinzipien der Rationsgestaltung zusammengestellt.

1.1.1 Ermittlung des Nährstoffbedarfes

Grundlage jeder Rationsgestaltung ist die Ermittlung des Energie- und Nährstoffbedarfes für das zu versorgende Pferd. Dazu sind in den Tabellen 16–35 Richtzahlen angegeben, die aber der jeweiligen speziellen Situation (Temperament, Rasse, Trainingszustand, klimatische Verhältnisse, Haltungsbedingungen etc.) angepaßt und nicht rein schematisch angewendet werden sollten (s. auch Tab. IV, Anhang).

1.1.2 Auswahl der Futtermittel

Unter den zahlreichen für Pferde geeigneten Futtermitteln, die teils im landwirtschaftlichen Betrieb anfallen, teils zugekauft werden müssen, ist nach Notwendigkeit, Eignung, Nährstoffkonzentration und Preis auszuwählen.

Notwendigkeit
Einige Futtermittel sind in der Pferdefutterration unentbehrlich. Dazu zählen die Rauhfutter oder andere rohfaserhaltige Futtermittel aufgrund ihrer Bedeutung für die Funktion des Verdauungskanales (s. Seite 72).

Bei Pferden mit hohem Eiweißbedarf (Stuten, Fohlen) kann auch die Verwendung eiweißreicher Futtermittel zwingend sein. Bei den übrigen Pferden wird dagegen der Eiweißbedarf durch die in den üblichen Futtermitteln enthaltene Eiweißmenge in der Regel abgedeckt.

Nach Festlegung der absolut notwendigen Futtermittel und ihrer Menge können die übrigen Futtermittel frei gewählt werden. Allerdings sind die nachfolgenden Eigenschaften zu beachten:

Eignung
Die Eignung der Futtermittel ergibt sich aus ihrer Verträglichkeit und Schmackhaftigkeit (s. Kapitel D »Futtermittel«). Einige Futtermittel sind aufgrund besonderer Inhaltsstoffe oder einseitiger Zusammensetzung nur begrenzt verwendbar (Tab. 52).

Tab. 52. Höchstmengen verschiedener Futtermittel für Pferde (500–600 kg LM)[1])

	kg
Weidegras Jährlinge	20–40
Zweijährige	40
ausgewachsene Pferde	50–70
Klee- und Luzernegrünfutter	15
Zuckerrübenblatt	15–20
Grassilage	10
Maissilage	15
Rübenblattsilage	10–12
Wiesenheu	15
Klee-, Luzerneheu	3
Futterstroh, gut	6
Futterrüben	25
Futtermöhren	10
Zuckerrüben	15
Kartoffeln, gedämpft und geschnitzelt	15
Trockenschnitzel	2
Futterzucker	1–2
Haferkörner	8–10
Maiskörner	6
Weizenkleie	0,5–1
Melasse	1–1,5

[1]) Bei Zugpferden mit starker Arbeitsbelastung können evtl. höhere Mengen verwendet werden. Bei Leistungspferden liegen die Maximalwerte z. T. tiefer.

nach HELFERICH u. GÜTTE 1972, WOLTER 1971 u. a.

Energiekonzentration
Bei Pferden mit besonders hohem Energiebedarf (laktierende Stuten, Hochleistungspferde) ist auch die Energiekonzentration (verd. Energie/kg Futtertrockensubstanz) zu beachten. Wird z. B. die Trockensubstanzaufnahmekapazität von laktierenden Stuten (500 kg LM) mit rd. 2,5 kg/100 kg LM angesetzt, so muß die Energiedichte in der Gesamtration bei einem täglichen Bedarf von 125 MJ verd. Energie rd. 10 MJ/kg Futtertrockensubstanz betragen. Solche Stuten sind somit nicht mehr allein mit Rauhfutter adäquat zu versorgen. Bei Hochleistungspferden, die einen Bedarf von über 150 MJ verd. Energie erreichen können (Tab. 18), muß zur Vermeidung einer übermäßigen Füllung des Verdauungskanales die Trockensubstanzaufnahme auf 2–2,5 kg/100 kg LM begrenzt werden. Auch in solchen Situationen können Futtermittel mit geringer Energiedichte (Stroh, Kleie etc.) nicht oder nur in begrenzten Mengen vorgesehen werden.

Preis

Neben Verträglichkeit und Akzeptanz ist auch der Preis der Futtermittel zu beachten. Für Reitpferde sind in erster Linie die Energiekosten zu berücksichtigen, die bei vergleichbaren Futtermitteln mit Hilfe der Divisionsmethode (s. Seite 114) ermittelt werden können. Bei Zukauf von Mischfuttern sollten Angaben über den Mindestgehalt an verd. Energie verlangt werden, so daß ein Preisvergleich möglich wird. Bei Mischfuttern, die einen erhöhten Proteingehalt aufweisen müssen (z. B. für Fohlen), sind zusätzlich auch Proteingehalte und -qualität zu bewerten.

1.1.3 Feststellung des Nährstoffgehaltes der Futtermittel

Vor Kombination der Futtermittel zur Ration sind die Nährstoffgehalte der ausgewählten Futtermittel zu ermitteln. Dafür muß man sich primär auf Tabellenwerte stützen, da nicht in jedem Fall Analysen ausgeführt werden können. Nährstoffgehalte für die gängigsten Futtermittel sind der Tabelle VI (Anhang) zu entnehmen.

1.1.4 Kombination der Futtermittel zur Ration

Die verschiedenen Futtermittel sind in ihren Mengen unter Berücksichtigung der oben genannten Gesichtspunkte so zu kombinieren, daß primär Energie- und Eiweißbedarf gedeckt werden. Nachdem diese Forderung erfüllt ist, werden auch die übrigen Nährstoffe (Mineralstoffe, Vitamine, eventuell auch Spurenelemente) berechnet und mit dem Bedarf verglichen. Bestehen noch Lücken, so sind Ergänzungsfutter (Einzelmineralien, Mineralfutter, Vitaminmischungen) zuzusetzen. Durch korrekte Berechnung der Futterrationen (s. Tab. V, Anhang) ist eine hohe Sicherheit für eine ausreichende Versorgung der Pferde mit allen Nährstoffen zu erreichen. Man kann dann auf alle weiteren Ergänzungsstoffe verzichten, die oft nur gefühlsmäßig zugesetzt werden und unter Umständen sogar Schäden anrichten (Überversorgung mit Vitaminen und Spurenelementen).

1.2 Fütterungstechnik

Von Natur aus ist das Pferd auf kontinuierliche Aufnahme kleiner Futtermengen eingestellt (Weidetiere). Während der Stallhaltung können diese Bedingungen, die in physischer und psychischer Hinsicht ein Optimum darstellen, nicht eingehalten werden, doch sollte man sich bei der Fütterungstechnik stets an den ursprünglichen Verhältnissen orientieren.

1.2.1 Häufigkeit der Fütterung

Die Forderung, möglichst oft in kleinen Mengen zu füttern, läßt sich aus arbeitswirtschaftlichen Gründen nur im begrenzten Ausmaß realisieren. Die notwendige Frequenz der täglichen Mahlzeiten hängt vom Nährstoffbedarf des Pferdes, seinem individuellen Verhalten, der Art der Futtermittel und auch der Einstreu ab. In der

Regel werden Pferde nur 2mal täglich gefüttert mit 10stündigem Abstand während des Tages und einer 14stündigen Nachtpause.

Die stoßweise Aufnahme hoher Mengen konzentrierter Futtermittel, gefolgt von langen Futterpausen, wirkt sich in doppelter Hinsicht nachteilig aus: Der Magen-Darm-Kanal wird überlastet (eventuell kommt es sogar infolge Magenüberladung oder Tympanien zu Koliken), und den Mikroorganismen im Dickdarm fehlt eine kontinuierliche Nährstoffzufuhr. Bei längeren Fütterungsintervallen (12 Std. und mehr) nehmen Zahl und Aktivität der Darmbakterien bereits deutlich ab, so daß die nachfolgenden Verdauungsvorgänge beeinträchtigt werden. Bestand eine längere Nahrungskarenz, so ist zunächst Heu zu füttern, damit sich die Magen-Darm-Flora wieder normalisiert.

Pferde mit hohem Energiebedarf (säugende Stuten, Fohlen, Rennpferde), die konzentrierte Futtermittel notwendig haben, müssen häufiger pro Tag gefüttert werden. Generell können folgende Empfehlungen für die Häufigkeit der Kraftfuttergabe/Tag bei mittelgroßen Pferden gegeben werden:

bis 4 kg	mind. 2mal
4–6 kg	mind. 3mal
über 6 kg	mind. 4mal

Häufige kleine Mahlzeiten vermögen den Appetit schlecht fressender Pferde oft zu bessern. Wird ausschließlich oder überwiegend Rauhfutter verwendet, reicht 2malige Fütterung pro Tag.

Das Pferd gewöhnt sich rasch an einen bestimmten Futterrhythmus, so daß die festgelegten Futterzeiten pünktlich eingehalten werden sollten. Unregelmäßige Fütterung kann zu vermehrter Unruhe im Stall, aber auch zu Verdauungsstörungen führen.

1.2.2 Zuteilung der Futtermittel

Die Verteilung von Krippen- und Rauhfutter auf 3 Mahlzeiten erfolgt am zweckmäßigsten in folgender Weise:

	Krippenfutter	Rauhfutter
morgens	⅓	¼ (⅓)
mittags	⅓	¼
abends	⅓	½ (⅔)

Durch die geringe Rauhfuttermenge am Tag wird die Futterdauer verkürzt, die höhere Zuteilung am Abend hilft, das längere Fütterungsintervall bis zum nächsten Morgen zu überbrücken.

In der Praxis ist es üblich, zunächst Krippen- und dann Rauhfutter zu geben. Für die Verdauungsvorgänge (Speichelbildung, Schichtung des Futters im Magen, Passagegeschwindigkeit etc.) ist es günstiger, mit dem Rauhfutter zu beginnen und nach 10–15 Min. Krippenfutter zuzuteilen. Vor der Fütterung sind die Krippen sorgfältig zu reinigen. Das Krippenfutter (lose, pelletiert, gequetscht usw.) sollte, da nicht ständig gewogen werden kann, nach Volumen (ausgewogene Meßgefäße) zugeteilt werden (Litergewichte von Hafer s. Tab. 46). Pelletierte Mischfutter weisen je nach Pelletgröße und -dichte sowie Komponenten unterschiedliche Litergewichte auf, die jeweils neu zu bestimmen sind (∅ 600–650 g/l).

Krippenfutter in mehlig-staubiger Form wird mit wenig Wasser angefeuchtet, damit die Tiere nicht zuviel Staub inhalieren. Andererseits ist eine zu suppige Konsistenz zu vermeiden, da das Futter dann Magen und Dünndarm rasch durchläuft und eventuell Fehlgärungen im Dickdarm verursacht. Wird das Futter zu hastig gefressen, kann man mit Stroh- oder Heuhäcksel verdünnen. Größere Krippen können die Futteraufnahme ebenfalls verzögern.

Das Krippenfutter sollte nach rd. 30 Min. verzehrt sein. Bei längerer Futteraufnahmedauer sind Lippen, Zunge und Zähne zu überprüfen. Schlechten Fressern kürzt man die Futtermenge zunächst so weit, daß sie spätestens in 30 Min. ausgefressen haben.

Für Mischfutter und Körnerfutter stehen auch Futterautomaten zur Verfügung (für Einzeltiere oder für ganze Ställe). Diese Anlagen ermöglichen die aus ernährungsphysiologischer Sicht erwünschte Futterzuteilung in kleineren Portionen und sind ein echter Fortschritt in der Fütterungstechnik. In größeren Beständen wird durch die gleichzeitige Zuteilung des Krippenfutters an alle Tiere die oft lästige Unruhe der spätgefütterten Tiere vermieden.

Eine exakte quantitative Zuteilung des *Rauhfutters* ist schwierig. Bei Ballenheu können stichprobenartige Wägungen zu einer besseren und rationelleren Zuteilung beitragen. Die in der Landwirtschaft mit den üblichen Pressen hergestellten Heuballen wiegen zwischen 8–12 kg. Beim Öffnen sind Geruch und Aussehen zu beachten, da im Kern gelegentlich Schimmelnester vorkommen. Aufschütteln des Heus auf der Stallgasse erhöht den Staubgehalt in der Luft und belästigt Mensch und Tier in unnötiger Weise.

Ein Anfeuchten des Heus ist nur in seltenen Fällen notwendig. Dämpfige Pferde dürfen kein Heu oder Stroh fressen, das Schimmelstaub (Pilzsporen) enthält.

Bei Arbeitspferden ist die tägliche Futtermenge der Arbeitsbelastung anzupassen. Überhöhte Energieaufnahme an Ruhetagen kann nach Wiederbeginn der Arbeit zu Verschlag (Feiertagskrankheit) oder Hufrehe führen.

Nach Beendigung der Futteraufnahme sollen die Pferde nicht unmittelbar zu anstrengenden Tätigkeiten herangezogen werden. Ruhepausen von 30–60 Min. sichern eine ungestörte Tätigkeit der Verdauungsorgane. Stärkere Anstrengungen unmittelbar nach der Futteraufnahme hemmen die Verdauungsvorgänge (Sekretion der Verdauungssäfte) und können unter Umständen Erkrankungen verursachen. Außerdem ist die Leistungsfähigkeit der Pferde durch den gefüllten Magen (beengte Atmung) beeinträchtigt.

1.2.3   Futterwechsel

Jeder Futterwechsel ist mit Risiken verbunden, selbst der Wechsel von einer Heu- oder Kraftfuttersorte auf eine andere. Durch Verschneiden der Futterchargen bzw. -mittel kann ein allmählicher Übergang in 3–5 Tagen erreicht werden. Besondere Gefahren bestehen beim Übergang von Stall- auf Weidefütterung. Über die Möglichkeiten zur Risikominderung s. Seite 90.

Unmittelbar vor dem morgendlichen Austrieb auf die Weide sollten die Pferde kein Kraftfutter bekommen, das infolge des hohen Keimgehaltes im Gras leicht in Vergärung (Tympanie) übergehen kann. Heuaufnahme vor dem Austrieb kann die Risiken mindern.

1.2.4 Beurteilung der Fütterung

Zur Futterzeit sind Gesundheit der Pferde sowie Verträglichkeit und Wirkungsweise der Fütterungsmaßnahmen zu beachten. Der allgemeine Futterzustand gibt Hinweise über die richtige Höhe der Energiezufuhr. Sofern möglich, können monatliche Wägungen diese Beurteilung objektivieren. Dies gelingt auch durch Bestimmung des Brustumfanges (hinter dem Ellenbogengelenk), da bereits kleine Veränderungen in der Stärke des Unterhautfettgewebes deutliche Effekte im Umfang hervorrufen. Weiterhin sind Glanz und Aussehen des Haarkleides, Kautätigkeit, Kotkonsistenz sowie das allgemeine Verhalten (Benagen der Holzwände, Aufnahme von Streustroh) wichtige Kriterien für die richtige Fütterung. Vor allem ist aber der Kot auf Konsistenz und enthaltene Futterkomponenten zu überprüfen.

Kleine Kotballen, die den Kotabsatz erschweren, bilden sich besonders nach einseitiger Körnerfütterung (Hafer). Der Kot erreicht dann Trockensubstanzgehalte von über 40 %. Durch Rauhfutter ist diese Abweichung leicht zu beheben.

Gelegentlich separiert sich das Wasser von den Kotballen, so daß am Ende der Defäkation Wasser abspritzt. Das führt nicht allein zu Verschmutzung der Nachhand, sondern bei Stuten eventuell zu Scheidenkatarrh. Ursächlich kann eine ungenügende Wasserbindungsfähigkeit des unverdauten Futters vorliegen (stark lignifiziertes oder verkieseltes Stroh) oder ein wasserreicher Chymus (Grasfütterung), der durch verstärkte Peristaltik im Enddarm ausgepreßt wird.

Wird dagegen im Enddarm insgesamt das Wasser nicht ausreichend absorbiert, eventuell begünstigt durch rasche Passage, erhöhte Osmolarität oder Wasserbindungsfähigkeit des Chymus, kann der Trockensubstanzgehalt unter 20 % abfallen, ohne daß schon eine Diarrhoe besteht (der Kot ist nicht geballt, sondern von kuhfladenartiger Konsistenz).

Sofern keine Krankheit vorliegt (Infektion, Insuffizienz des Verdauungskanals, s. Kapitel G »Ernährungsbedingte Krankheiten und Störungen«), sind Wasseraufnahme und Fütterung zu überprüfen. Gelegentlich wird diese Störung durch übermäßige Wasseraufnahme verursacht, z. B. wenn Pferde mit den Tränken spielen. Eimertränken bringt dann häufig schon Besserung. Auch die Wasserqualität (Sulfatgehalte) kann beteiligt sein.

Kritische Futtermittel, die Kotkonsistenzveränderungen begünstigen, sind eiweißreiche Grünfutter (Gras, Klee) sowie Melasse (mehr als 3 g pro kg LM/Tag), eventuell auch rohe Kartoffeln, übermäßige Rüben-, Apfel- oder Brotmengen. Auch nach hohen Krippenfuttermengen pro Mahlzeit werden solche Konsistenzveränderungen beobachtet, ebenso wie nach verdorbenen oder kontaminierten Futtermitteln (Kupfer, Quecksilber) oder nach oraler Zufuhr enteral wirkender Antibiotika (Dysbakterien).

Zeigen nur einzelne Tiere eines Bestandes Kotkonsistenzveränderungen, so ist an eine Insuffizienz der Verdauungsorgane (Pankreas, Schäden der Schleimhaut) zu denken.

Kommen größere Mengen an unverdauten Haferkörnern im Kot vor (zuvor prüfen, ob es sich tatsächlich um heile Körner oder um die entleerten Schalen handelt), ist das Gebiß zu kontrollieren. Der Hafer wird nicht voll genutzt, wenn mehr als 150 *heile* Haferkörner in 1 kg Frischkot enthalten sind (1 kg Hafer = rd. 25 000–30 000 Körner!).

1.3   Tränktechnik

Die Wasserversorgung des Pferdes kann über Selbsttränken oder manuell erfolgen. Beim *Eimertränken* wird das Wasser vor sowie 2–3 Std. nach dem Füttern gegeben, in der Regel also 4mal am Tag. An heißen Tagen oder nach großen Anstrengungen ist Wasser häufiger anzubieten. Stark erhitzte Pferde sollten nicht unmittelbar nach der Arbeit zu hohe Mengen kalten Wassers aufnehmen, die eventuell zu einer Reizung der Magenschleimhaut führen (Wasserkolik).

Bei extensiv gehaltenen Tieren können zur Minderung des Arbeitsaufwandes auch Wassereimer im Stall aufgehängt werden, die jedoch täglich zu reinigen und kontrollieren sind.

Über *Selbsttränken* können die Pferde ihren Wasserbedarf entsprechend den physiologischen Bedürfnissen zeitgerecht und regelmäßig selbst decken (Abb. 14). Schwierigkeiten treten eventuell auf, wenn Pferde an den Tränken spielen oder während der Mahlzeiten zu oft oder zu große Wassermengen aufnehmen (Gefahr der ungenügenden Zerkleinerung).

Selbsttränken sind nicht völlig wartungsfrei. Im Becken können sich Futterreste ansammeln, die rasch in Zersetzung übergehen (Keimvermehrung). Die Tränken müssen daher täglich gereinigt werden.

2   Pferde im Erhaltungsstoffwechsel

Von manchen Liebhaberpferden, aber auch älteren Tieren werden keine besonderen Leistungen gefordert, so daß nur ihr Erhaltungsbedarf zu decken ist. Sie bekommen zweckmäßigerweise rauhfutterreiche Rationen, damit sie mit der Futteraufnahme lange beschäftigt sind und eine Verfettung vermieden wird. Zum Rauhfutter wird ein vitam. Mineralfutter oder ein Ergänzungsfutter zugeteilt (zur Sicherung der Mineralstoff- und Vitaminversorgung):

LM des Pferdes[1]) kg	Heumenge kg	Ergänzungsfutter[2]) kg
100	2,0	0,35
200	3,5	0,50
300	4,7	0,75
400	6,0	0,75
500	7,0	1,00
600	8,2	1,00

[1]) Vergl. Tab. I, Anhang.
[2]) Z. B. zur Heu/Hafer-Ergänzung.

Andererseits kann auch ausschließlich Heu gefüttert werden, kombiniert mit einem zweckmäßigen Mineralfutter (Tab. VII, Anhang).

Bei Offenstallhaltung im Winter ist die Ration entsprechend der Körperverfassung der Tiere zu erhöhen, allerdings benötigt ein Pferd, das langsam an tiefe Temperaturen gewöhnt wird (Entwicklung eines langen, dichten Haarkleides, subcutane Fettpolster) und vor Wind und Nässe geschützt ist, erst bei − 10 °C zusätzlich Energie. Unter diesen Bedingungen ist Heufütterung vorteilhaft, da die im Dickdarm infolge mikrobieller Umsetzungen freiwerdende Wärme zusätzlich zur Verfügung steht, d. h. die verd. Energie aus dem Heu wird besser genutzt. Auch im Winter ist auf ausreichende Wasserzufuhr zu achten. Beheizbare Selbsttränken sichern ständigen Wasserfluß. Wassermangel reduziert die Futteraufnahme besonders bei Rauhfutterrationen. Liegt auf der Weide Schnee, so erübrigt sich die Wasserzuteilung.

3　Arbeitspferde (Zug-, Reit- und Hochleistungspferde)

Zug-, Reit-, Renn- und Springpferde leisten Muskelarbeit. Dazu benötigen sie in erster Linie zusätzlich Energie, bei Schweißverlusten auch Wasser und Elektrolyte. Intensität und Dauer der geleisteten Muskelarbeit ist bei den verschiedenen Pferdegruppen unterschiedlich. Während Renn- und Springpferde innerhalb kürzester Zeit Höchstleistungen ausführen, wird von den meisten Reit- und Zugpferden eine mittlere bis geringe Beanspruchung gefordert, die kurz-, mittel-, aber auch langfristig sein kann. Diese Leistungsanforderungen bedingen gewisse Modifikationen in der Rationsgestaltung.

3.1　Zugpferde

Die Fütterung der in der Land- und Forstwirtschaft gehaltenen Zugpferde richtet sich nach den jeweils verfügbaren Grundfuttermitteln. Neben der Heu/Hafer/Stroh-Fütte-

Tab. 53. Rationen für Zugpferde (600 kg LM), kg/Tag

| | | | | | Arbeit | | | | | | |
| | | | mittel | | | | | schwer | | | |
	I	II	III	IV	V	VI	VII	VIII	IX	X	XI	XII
Heu, mittel	5	4	4	3	3	6	5	4	4	3	3	6
Stroh, nativ	4	2	3	–	–	–	3	2	3	–	–	–
Stroh, NH₃-aufgeschl.	–	–	–	–	4	–	–	–	–	–	4	–
Maissilage	–	–	–	25	–	–	–	–	–	25	–	–
Preßschnitzelsilage	–	20	–	–	–	–	–	20	–	–	–	–
Futterrüben	–	–	20	–	–	–	–	–	20	–	–	–
Trockenschnitzel	–	–	–	–	4	–	–	–	–	–	4	–
Haferkörner	5	2	3	–	–	–	8	4	5	–	–	–
Maiskörner	–	–	–	–	–	3,5	–	–	–	–	–	5
Mischfutter zum Haferersatz	–	–	–	2	2	2,5	–	–	–	4	4	2,5
vitam. Mineralfutter	0,1	0,1	0,1	–	–	–	0,1	0,1	0,1	–	–	–
Gehalte:												
verd. Energie MJ	117	121	121	121	120	125	140	145	144	144	143	145
verd. Rohprotein g	760	740	680	710	650	810	965	915	855	880	825	915

rung werden Rationen mit hohen Anteilen an Maissilage oder Trockenschnitzeln verwendet (Tab. 53). Auch Zuckerrüben, Futterzuckerrüben, Trockenschnitzel sowie Preßschnitzelsilage sind geeignete Grundfuttermittel für stark arbeitende Zugpferde. Diese Futtermittel dienen in erster Linie der Energielieferung und müssen besonders bei knapper Heugabe durch Kraftfutter mit ausreichenden Gehalten an Mineralien und Vitaminen ergänzt werden. Bei den Zugpferden ist die Energiezuteilung der jeweiligen Beanspruchung sorgfältig anzupassen. Nach überhöhter Energieaufnahme an Ruhetagen steigt das Risiko für Verschlag.

3.2   Reitpferde

Für Reitpferde, deren Arbeit in leicht, mittel und schwer klassifiziert werden kann (Tab. 18), wird die traditionelle Heu/Hafer-Ration zunehmend modifiziert (und verbessert), so daß heute recht unterschiedliche Rationstypen zu finden sind. Die nachfolgend aufgeführten Rationen decken den Energie- und Nährstoffbedarf, bis auf Natrium, das wegen des variierenden Bedarfs über einen Leckstein zur beliebigen Aufnahme bereitgestellt werden muß.

3.2.1   Heu/Hafer-Rationen

Für die Heu/Hafer-Ration werden etwa folgende Futtermengen (in kg/100 kg LM/ Tag) bei verschiedener Arbeit benötigt:

Arbeitsintensität	Krippenfutter, kg (Getreide oder Mischfutter)	Heu, kg (gute Qualität)
leicht	0,50–0,75	1,5–1
mittel	1	1
schwer	> 1,25	0,8–1

Je nach verfügbarer Heumenge können diese Werte modifiziert werden (Tab. 54).

Energie- und Eiweißbedarf werden bei den angegebenen Mengen gut erfüllt. Die Versorgung mit Calcium hängt vom Ca-Gehalt im Heu ab. Bei geringen Gehalten (4 g und weniger pro kg) liegt die absolute Zufuhr an der unteren Grenze des Bedarfes und das Ca/P-Verhältnis unter 1 : 1. Mit steigender Haferzulage (bei Pferden mit schwerer Arbeit) wird das Verhältnis immer ungünstiger (enger). Außerdem besteht ein Na- und bei älterem Heu auch ein Carotindefizit. Die (Gras) Heu/Hafer-Rationen müssen daher stets mit einem vitaminierten Mineralfutter (möglichst 15 % Ca; Ca : P > 3 : 1) ergänzt werden (Tab. VII, Anhang).

3.2.2   Heu/Hafer/Mischfutter-Rationen

Die regelmäßige Beifütterung geringer Mineralfuttermengen ist arbeitsaufwendig. Bei manchen Pferden bestehen auch Akzeptanzschwierigkeiten. Daher ist es einfacher, die Heu/Hafer-Ration mit einem Ergänzungsfutter zu Heu/Hafer zu komplettieren. Im allgemeinen reicht 1 kg aus (im Austausch gegen 1 kg Hafer), um eine vollständige Ergänzung der genannten Grundfuttermittel zu erreichen (Tab. 54). Das pelletierte Ergänzungsfutter kann je nach Arbeitsleistung der Tiere mit dem Hafer im Verhältnis 1 : 3 bis 1 : 5 vorher vermischt werden.

3.2.3   Heu/Mischfutter-Rationen

Während bei dem unter 3.2.2 genannten System 2 verschiedene Krippenfutter verwendet werden müssen, kann durch vollständigen Austausch des Hafers gegen Mischfutter die Fütterung weiter vereinfacht werden. Mit diesem Fütterungssystem wird auch bei Verwendung von Heu mit geringem Nährstoffgehalt eine ausgeglichene Nährstoffversorgung der Pferde gesichert. Die notwendigen Futtermengen ergeben sich aus dem Gehalt an verd. Energie im Mischfutter. Bei Gehalten von rd. 11,5 MJ/kg Futter können sie im Verhältnis 1 : 1 gegen Hafer ausgetauscht (Tab. 54), bei höheren Energiegehalten muß ihre Menge entsprechend reduziert werden.

Tab. 54. Heu/Hafer-, Heu/Hafer/Mischfutter-, Heu/Mischfutter-Rationen für Reitpferde (500–600 kg LM; tägl. rd. 1-2stündige Reitnutzung), kg/Tag

	heuarm			heureich		
	I	II	III	IV	V	VI
Heu, mittel	3	3	3	6	6	6
Haferkörner	6	5	–	4	3	–
Mischfutter zum Haferersatz	–	–	6	–	–	4
Mischfutter zu Heu/Hafer	–	1	–	–	1	–
vitam. Mineralfutter	0,1	–	–	0,1	–	–

Gehalte: rd. 94 MJ verd. Energie und 700 g verd. Rohprotein.

3.2.4   Stroh/Mischfutter-Rationen

Auch die überwiegende Verwendung von Mischfutter unter geringer Ergänzung von Stroh als Ballastfutter ist möglich. Dann ergibt sich die notwendige Futtermenge aus dem Bedarf an verd. Energie, dividiert durch den Gehalt an verd. Energie/kg Mischfutter. Zuvor ist der Energiebedarf der Pferde je nach Höhe der Arbeit um 10–20 % zu reduzieren, da dieser Anteil der Energie über Stroh aufgenommen werden soll. Liegt z. B. der Energiebedarf eines Reitpferdes um 100 MJ und beträgt der Energiegehalt des Mischfutters 11 MJ/kg, so müssen davon täglich rd. 8 kg neben 2,5–3 kg Stroh verfüttert werden (Tab. 55). Die Rationsgestaltung bei Verwendung dieser Mischfuttertypen ist somit denkbar einfach. Es sind jedoch die schon früher genannten Vorsichtsmaßnahmen zu beachten: allmählicher Übergang auf diese Fütterung, mindestens 3malige tägliche Futterzuteilung, Verwendung von einwandfreiem Stroh, dosierte Strohzuteilung, sorgfältige Beobachtung der Tiere. Erhöhte

Wasser-, zu rasche Futteraufnahme, Benagen der Stallwände, übermäßige Strohaufnahme deuten auf unzweckmäßige Bedingungen hin.

Werden größere Strohmengen vorgesehen, ist aufgeschlossenes Material (s. Seite 98) zu empfehlen, das in Kombination mit Mischfutter (Tab. 55) oder mit Haferkörnern (plus Ergänzungsfutter oder Mineralfutter) verfüttert werden kann.

Tab. 55. Rationen für Reitpferde (500–600 kg LM; tägl. rd. 1–2stündige Reitnutzung) mit nativem und aufgeschlossenem Stroh, kg/Tag

	I	II	III	IV
Stroh, nativ	–	2,5	–	–
Stroh, aufgeschlossen	4	–	4	4
Haferkörner	–	–	4	6
Mischfutter zum Haferersatz	6	7	–	–
Mischfutter zu Heu/Hafer	–	–	2	–
vitam. Mineralfutter	–	–	–	0,1
Gehalte:				
verd. Energie MJ	93	93	94	94
verd. Rohprotein g	630	590	630	630

3.2.5 Maissilage-Rationen

Wo günstige Bedingungen für Lagerung und Entnahme der Maissilage bestehen (s. Seite 97), kann auch dieses eiweißarme, energiereiche, schmackhafte sowie preisgünstige Futter bei Reitpferden verwendet werden unter gleichzeitiger Rücknahme des Heuanteiles (Tab. 56). Aus Gründen der Wirtschaftlichkeit sollten täglich mindestens 2 kg Silage/100 kg LM vorgesehen werden.

Tab. 56. Rationen für Reitpferde (500–600 kg LM; tägl. rd. 1–2stündige Reitnutzung) mit Maissilage; kg/Tag

	I	II	III
Maissilage, 25–30 % TS	15	15	10
Heu	2	2	2
Hafer	3	2	–
Mischfutter zum Haferersatz	–	–	4,5
Mischfutter zu Heu/Hafer	–	1	–
vitam. Mineralfutter	0,1	–	–
Gehalte:			
verd. Energie MJ	95	95	97
verd. Rohprotein g	590	595	650

3.2.6   Grünfutter

Reitpferde können auch, sofern keine hohen Leistungsanforderungen bestehen, auf der Weide gehalten werden. Größere Bewegungsmöglichkeiten der Tiere sowie allgemein geringe Futter- und Wartungskosten sind als Vorteile zu nennen. Bei mittlerer Qualität des Weidefutters und ganztägiger Weidehaltung (Tag und Nacht) ist mit einer Trockensubstanzaufnahme von rd. 2 % der Lebendmasse zu rechnen, d. h. bei einem Energiegehalt der Trockensubstanz von 8,3–10,5 MJ reicht die Energieaufnahme für geringe bis mittlere Arbeit aus. Im Hochsommer (überständiges Gras, Temperaturbelastung, Insektenplage) und Spätherbst (tiefe Temperaturen) wird dagegen allenfalls für geringe Arbeit ausreichend Energie aufgenommen. Der Eiweißbedarf wird auf der Weide sicher gedeckt (außer bei überständigem Gras). Das Überangebot im Frühjahr oder Herbst ist durch Beifütterung einweißarmer, strukturierter Stoffe (Stroh, Heu, Maissilage, Apfeltrester) abzuschwächen.
    Bezüglich der Mineralstoffversorgungs s. Kapitel »Grünfutter«. Die Leistungsfähigkeit der Reitpferde wird durch die Aufnahme des relativ voluminösen und wasserreichen Futters besonders für kurzfristige hohe Beanspruchung eingeschränkt. Der stark gefüllte Magen-Darm-Trakt engt den Atmungsraum ein; die relativ hohe Wasseraufnahme mit jungem Futter, eventuell verbunden mit hohen Mineralstoffmengen (Kalium), führt zu verstärktem Wasserumsatz. Falls die Pferde nur stundenweise auf der Weide gehalten werden können, ist entsprechend der Höhe der Grasaufnahme beizufüttern. Über die Risiken des Futterwechsels s. Seite 90.

3.2.7   Sonstige Rationen

Je nach regionalem Angebot und Preis lassen sich weitere Rationstypen konzipieren. Dafür sind die folgenden Austauschwerte gegenüber 1 kg Heu oder Hafer hilfreich:

	Austauschmenge (kg) gegenüber 1 kg	
	Heu	Hafer
Grassilage (35 % TS)	2,5	–
Rübenblattsilage (16 % TS)	4,0	–
Preßschnitzelsilage (20 % TS)	–	5
Biertrebersilage (26 % TS)	2,5	–
Möhren	–	6,5
Kartoffeln	–	4
Zuckerrüben	–	3,5
Gerste	–	0,9
Mais	–	0,8
Weizenkleie	–	1,25

Bei einem Austausch der genannten Futtermittel gegenüber Heu oder Hafer sind jedoch die in Tabelle 52 genannten Höchstmengen zu berücksichtigen.

3.3   Hochleistungspferde

Aus einem schlecht veranlagten oder trainierten Pferd sind durch noch so hohe
Mengen an Energie, Nährstoffen oder sonstigen Wirkstoffen keine Höchstleistungen
herauszuholen. Andererseits kann aber durch Fehler in der Fütterung die Leistungsfähigkeit des Pferdes nachhaltig beeinträchtigt werden. Damit sind die Grenzen, aber
auch die Möglichkeiten, über die Fütterung Leistungen zu beeinflussen, aufgezeigt.

Die Anforderungen an den Stoffwechsel sind bei Leistungspferden unterschiedlich.
Während von Renn- und Springpferden kurzfristige maximale Leistungen verlangt
werden, stehen bei Military-Prüfungen oder Distanzritten länger dauernde submaxi-
male Leistungsansprüche im Vordergrund.

3.3.1   Renn- und Springpferde

Die von Renn- (Galopper, Traber) und Springpferden erzielbaren kurzfristigen
Leistungen werden vor allem von der Leistungsfähigkeit ihres Atmungs- und Kreis-
laufapparates, der Blutausrüstung sowie der Integrität von Muskel- und Skelettsy-
stem bestimmt. Durch Training muß die Leistungsfähigkeit der einzelnen Organsy-
steme (Förderung der Durchblutung und der Enzymaktivität, rascher Auf- und
Abbau der Glykogenspeicher in Muskulatur und Leber, eventuell Aufbau neuer
Muskelmasse) erhalten oder verstärkt werden. Die Fütterung schafft für diese
Vorgänge die notwendigen Voraussetzungen.

Rennpferde benötigen zusätzlich zum Erhaltungsbedarf vor allem Energie, während der Mehrbedarf an Wasser und Elektrolyten (durch Schweißverluste) auf kurzen
Strecken eher von marginaler Bedeutung ist.

Bei Rennen über 1500–3000 m werden zusätzlich etwa 30–60 MJ verd. Energie
benötigt. Davon wird bei gut trainierten Pferden ein großer Teil durch Abbau von
Glycogen in Muskulatur und Leber zur Verfügung gestellt, so daß eine ungenügende
Energieversorgung selten Ursache enttäuschender Leistungen sein wird. Erniedrigte
Blutglucosespiegel, die für ein temporäres Energiedefizit sprechen, werden nach
Rennen kaum beobachtet. Leistungsentscheidend ist jedoch, daß die für den Ener-
gieumsatz im Muskel notwendigen Enzyme durch Training und Fütterung eingespielt
sind, so daß Energie ausreichend und kontinuierlich zur Verfügung steht. Die im
Muskel umgesetzte Energie sollte vorwiegend aus Glucose stammen, da die Muskula-
tur bei Höchstgeschwindigkeiten auf die anaerobe Energiegewinnung angewiesen ist
(Abbau der Glucose bis zur Milchsäure).

Aus diesem Grunde ist dem Rennpferd die zusätzlich benötigte Energie vorwiegend in Form von Stärke anzubieten (Förderung der Glycogenspeicherung). Eine
über den Bedarf hinausgehende Eiweißzufuhr ist unnötig und eher belastend, sowohl
für Leber und Niere als auch für Wasser- und Wärmehaushalt. Neuere Untersuchungen in den USA haben gezeigt, daß bei Überschreiten des Eiweißbedarfes um mehr
als das Dreifache die Leistungen zurückgehen.

Allenfalls zu Beginn des Trainings, vor allem bei den 2jährigen, ist eine erhöhte
Eiweißgabe gerechtfertigt (Aufbau neuer Muskelmasse, Enzymvermehrung, Blutbildung). Bei durchtrainierten Pferden reichen die für schwer arbeitende Tiere genannten Eiweißbedarfszahlen (rd. 500 g verd. Rohprotein) vollkommen aus.

Neben der zusätzlichen Energie ist bei Renn- und Springpferden auch auf ausreichende Zufuhr von Nährstoffen zu achten, die für die Funktion wichtiger leistungsbestimmender Organ- und Gewebesysteme entscheidend sind:

▷ *Blutbildung:* Eisen, Kupfer, Folsäure, Vitamin B_{12}, B_6.
▷ *Herz- und Kreislauffunktion:* Vitamin E, Natrium, Chlor, eventuell Selen.
▷ *Skelett:* Calcium, Phosphor, Vitamin D.
▷ *Integrität der Muskelfaser:* Vitamin E, Selen.
▷ *Energieumsatz im Muskel:* Vitamin B_1, B_2, Pantothensäure, Nikotinsäure, Magnesium.

Die in der Praxis üblichen Rationen für Rennpferde beruhen meistens auf Empirie, weniger auf wissenschaftlichen Kenntnissen. Der Rauhfutteranteil variiert in amerikanischen Trainingsställen z. B. zwischen 20 und 60 % bei Heuaufnahmen bis 10 kg/ Tag. Die Energiezufuhr übersteigt z. T. 150 MJ, die Eiweißaufnahme 1500 g/Tier und Tag. Durch ballastarme Fütterung kann das sogenannte »tote Gewicht« im Magen-Darm-Kanal zweifellos um 5–10 kg reduziert werden. Bei längerdauernder strukturarmer Fütterung leidet jedoch die Tätigkeit der Darmflora und die Synthese der für den Energieumsatz z. T. wichtigen B-Vitamine. Ein ungenügendes Rauhfutterangebot kann darüber hinaus zu vermehrter Unruhe (infolge fehlender mechanischer Sättigung) führen, eventuell auch zum sogenannten »Sauerwerden« – ein Zustand, bei dem Pferde ein wählerisches, von Tag zu Tag wechselndes Futteraufnahmeverhalten zeigen (vermutlich infolge einer Übersäuerung im Caecum). Verstärkte Heufütterung unter Abzug von Hafer hilft, diesen Zustand zu überwinden.

Tab. 57. Futterrationen für Rennpferde (Galopper und Traber) im Training (kg/Tag)

	I	II	III
Wiesenheu, mittel	5	6	4
Haferkörner	2	–	8
Maiskörner	4	2	–
Mischfutter[1])	1	5	–
Weizenkleie	–	–	0,5
vitam. Mineralfutter	0,05[2])	–	0,1[2])
Gehalte:			
verd. Energie MJ	127	132	128
verd. Rohprotein g	810	845	980

[1]) 12 MJ verd. Energie, 70 g verd. Rohprotein pro kg
[2]) weites Ca/P-Verhältnis, s. Tabelle VII, Nr. 1

Grundlage für die Ration des Rennpferdes sollte einwandfreies, nicht zu eiweißreiches Heu (kein Luzerne- oder Kleeheu!) sein. Als Krippenfutter bieten sich eiweißarme Mischfutter (5–6 kg) oder Getreidekörner (Mais, Hafer) in Kombination mit einem Mineralfutter an (Tab. 57). Bei Verwendung von Maiskörnern, eiweißarmen Mischfuttern oder Öl (s. auch Tab. 59) ist eine eiweißarme Ration einfacher herzustellen, als mit Heu und Hafer. Im Nährstoffangebot ausgeglichene Rationen bedürfen keiner zusätzlichen Hilfs- und Wundermittel (Aminosäuren, Spurenelemente, Vitaminpräparate).

1–2 Tage vor dem Rennen kann die Heumenge etwas zurückgenommen werden (auf 4 kg pro Tag) unter Zulage von Krippenfutter. Am Tag des Rennens wird die morgendliche Krippenfuttermenge auf mehrere kleine Portionen im Abstand von 1–1½ Stunden verteilt und mit wenig (am besten gehäckseltem) Heu ergänzt. Bei aufgeregten Pferden kann Heufressen in den letzten Stunden vor dem Rennen (1 kg) zur Ablenkung und Beruhigung beitragen. Ein etwas höheres »totes Gewicht« ist in diesem Zusammenhang eher zu tolerieren als ein infolge der Aufregung verstärkter Abbau von Glycogen in der Muskulatur. Durch Heu werden darüber hinaus mögliche Fehlgärungen und Blähungen im Magen-Dünndarm-Bereich vermieden, die über Druck auf das Zwerchfell die Atmungskapazität einschränken. Traubenzucker und Zucker, unmittelbar vor dem Rennen gegeben, wirken eher nachteilig, da die ausgelöste Insulinreaktion die während des Rennens notwendige Glycogenmobilisierung hemmt.

Bei stark strapazierten, wählerischen Pferden ist ein *Mash* hilfreich, da er schmackhaft und gut verdaulich ist. Im Prinzip wird dabei vor allem die Stärke in bestimmten Futtermitteln durch Heißwasserbehandlung aufgeschlossen und das Futter durch Zusatz von Kochsalz besonders akzeptabel gemacht. In der Regel werden zur Mashherstellung 0,5–1 kg Weizenkleie (oder ein Gemisch aus Haferschrot, Leinsamen und Weizenkleie) in einem geeigneten Gefäß mit 50 g grobem Viehsalz versetzt, mit 3–4 l kochendheißem Wasser übergossen, umgerührt und zugedeckt. Die Mischung bleibt für einige Zeit an einem nicht zu kühlen Platz stehen, wird nochmals umgerührt und nach Prüfung der Temperatur (nicht über 40 °C) in die Krippe gegeben. Größere Mengen an Leinsamen oder Leinsaatrückständen (> 150 g) sind vorher 5–10 Min. zu kochen. Wird der Mash nicht vollständig gefressen, müssen die Reste entfernt werden, da sie rasch in Gärung übergehen.

3.3.2   Vielseitigkeitspferde

Bei Pferden mit längerdauernden hohen Belastungen (bei Military-Prüfungen und Distanzritten, zum Teil auch Turnierpferden) stellen sich andere Probleme in der Rationsgestaltung. Hier ist nicht allein die zusätzliche Energieversorgung zu beachten, sondern auch die Art der energieliefernden Futtermittel, die Einflüsse der Futtermittel auf den Wasser-, Wärme- und Säuren/Basenhaushalt sowie die Substitution der mit dem Schweiß verlorengehenden Substanzen.

Hochleistungspferde der genannten Kategorie haben einen täglichen Gesamtbedarf von 150 MJ verd. Energie und mehr. Soll die Trockensubstanzaufnahme 2,5 kg pro 100 kg LM nicht überschreiten (zur Begrenzung des Darmvolumens), sind in der Gesamtration 10 MJ verd. Energie pro kg TS notwendig. Da im Hinblick auf den Wasser- und Elektrolythaushalt (s. unten) auf Rauhfutter nicht verzichtet werden kann, muß das Krippenfutter besonders energiereich sein.

Während längerdauernder Belastung verbrennt die Muskulatur vorwiegend Fettsäuren (erhöhte Gehalte an freien Fettsäuren im Blut; Tab. 58). Zur *Energieversorgung* kommen eiweißarme, *kohlenhydratreiche Futtermittel* (z. B. Mais), im begrenzten Ausmaß auch *Fette* in Frage. Die über Kohlenhydrate zugeführte Energie wird zu einem geringen Teil in Glycogen, überwiegend jedoch in Fett umgewandelt, gespeichert und später mobilisiert. Dieser Umweg wird bei Fettfütterung vermieden. Durch Fett, das eine hohe Energiedichte aufweist (1 kg Öl liefert etwa 35 MJ verd. Energie), können außerdem das Futtervolumen reduziert und die Enzyme des Fettstoffwechsels »trainiert« werden. Bei Pferden, die bis zu 1 kg Fett nach langsamer Gewöhnung

Tab. 58. Zusammensetzung von Blutplasma und Schweiß sowie Schweißmengen beim Pferd

		Blutplasma		Schweiß
			pro kg	
Wasser	g	850		985
Protein	g	60		0,2
Harnstoff	g	0,2–0,3		0,8
Gesamtfette	g	3,0–4,5		
freie Fettsäuren, Ruhe,	g	1		
Bewegung	g	3,6		
Natrium	g	3,3		3–3,6
Chlor	g	3,5		5,5
Kalium	g	0,15		1,5
Calcium	mg	120		200
Phosphor, anorg.	mg	35		150
Magnesium	mg	20		120
Eisen	mg	1–2		20
Kupfer	mg	1		4
Zink	mg	0,8		10
Folsäure	µg	3–10		30–100
Schweißmengen (ml/kg LM/Tag):				Ø
leichte Arbeit			bis 10	5
mittlere Arbeit			10–30	20
schwere Arbeit			30–70	50

nach Gesellschaft für Ernährungsphysiologie der Haustiere 1982, GÜRER 1984, ALLEN 1978 u. a.

erhielten, wurde nach Belastung ein geringerer Rückgang des Blutglukosespiegels beobachtet.

Vor mehrtägigen schweren Ritten muß jedes Pferd genügend Energie in Form von Fett angelegt haben, um ein temporäres Energiedefizit ausgleichen zu können, das bei ungenügendem Appetit während der Belastungszeit (durch Erschöpfung) häufig eintritt.

Der Eiweißgehalt sollte in Rationen für Hochleistungspferde möglichst niedrig gehalten werden. Die Relation verd. Rohprotein (g) zu verd. Energie (MJ) von 5 : 1 (ähnlich wie für Pferde im Erhaltungsstoffwechsel) ermöglicht noch eine Eiweißspeicherung (so daß bei einer eventuell notwendigen Glucosebildung aus Aminosäuren Reserven zur Verfügung stehen). Überhöhte Eiweißgaben verbessern die Leistungsfähigkeit nicht, sondern schaden eher.

Neben energiereichem Krippenfutter erhalten Hochleistungspferde *ausreichend Rauhfutter* (gutes Heu; mindestens 1 % der LM). Damit wird einerseits das Risiko für Fehlgärungen im Magen und Dickdarm vermindert (ebenso wie eine unkontrollierte Strohaufnahme aus der Einstreu), andererseits durch Ausweitung des *Dickdarmvolumens* ein internes *Reservoir* für *Wasser, Natrium* und *Chlor* geschaffen. Die in der Regel hohen K-Gehalte im Rauhfutter (20–25 g/kg) verbessern gleichzeitig die K-Versorgung. Weiterhin ist zu berücksichtigen, daß bei der mikrobiellen Zerlegung von Rauhfutter im Dickdarm noch 4–8 Stunden nach der Futteraufnahme energieliefernde Stoffe (Fettsäuren) absorbiert werden, u. a. Propionsäure, die auch zu Glucose umgebildet werden kann (Abb. 7).

Bei schwerer Arbeit und hohen Umgebungstemperaturen verliert das Pferd erhebliche Mengen an *Wasser* und *Elektrolyten* über den *Schweiß* (Tab. 58), der für die

Regulation des Wärmehaushaltes entscheidend ist. Beim Energieumsatz im Muskel werden 70–75 % der Energie in Wärme transformiert, d. h. bei einem Hochleistungspferd mit einem zusätzlichen Bedarf an umsetzbarer Energie von 60 MJ rd. 45 MJ. Wird unterstellt, daß für die Abgabe von 2,5 MJ etwa 1 kg Schweiß verdampft werden muß, so wären – theoretisch – fast 20 l Schweiß zu verdunsten, um den Wärmehaushalt im Gleichgewicht zu halten. Zusätzlich gibt das Pferd jedoch auch über Konvektion und Strahlung Wärme an die Umgebung ab. Auf der anderen Seite ist die Schweißverdunstung nicht immer vollständig, da Pferde auch »unökonomisch« schwitzen und größere Mengen von der Oberfläche abtropfen (besonders bei kurzhaarigen oder kurzgeschorenen Pferden). Praktische Beobachtungen bestätigen, daß Pferde unter hohen Belastungen 15–20 kg Schweiß in wenigen Stunden verlieren; dennoch steigen die Körpertemperaturen, z. B. bei Military-Prüfungen, teilweise bis zu 42 °C an.

Ein Schweißverlust von 15 kg bedeutet für ein 500 kg schweres Pferd eine Reduktion des Gesamtwasserbestandes um 5 % (wenn sonstige Wasserabgaben über Kot, Harn, Haut und Respirationstrakt unberücksichtigt bleiben). Zur internen Kompensation des Wasserhaushaltes scheint vorrangig Wasser aus dem Verdauungskanal herangezogen zu werden. Je geringer das intestinale Wasserreservoir (kleines Dickdarmvolumen infolge Fütterung geringer Rauhfuttermengen), um so rascher wird der extrazelluläre und intravasale Flüssigkeitsraum schrumpfen mit entsprechenden Konsequenzen für die Leistungsfähigkeit (Bluteindickung, Kreislaufbelastung, abnehmende Schweißbildung). Sinkt die Wärmeabgabe infolge geringerer Schweißverdampfung, muß die Haut stärker durchblutet werden, damit Wärme über Strahlung und Konvektion in die Außenwelt abfließt. Dadurch wird die Durchblutung der Muskulatur beeinträchtigt und der Leistungsabfall verstärkt.

Außer Wasser gehen erhebliche Mengen an Natrium, Chlor und Kalium mit dem Schweiß verloren (bis zu 50 g Natrium, 75 g Chlor und 25 g Kalium; Tab. 58). Zur Überbrückung temporärer Verluste werden zunächst Natrium und Chlor aus der Dickdarmflüssigkeit herangezogen, für Kalium steht kein größeres Reservoir zur Verfügung (Tab. 29). Bei stärkeren Belastungen fließt Kalium aus dem intrazellulären (intramuskulären) Raum in die Blutbahn (bei hohen Verlusten Störungen der Herz- und Skelettmuskelfunktion, Muskelschwäche).

Unter Berücksichtigung dieser Stoffwechselvorgänge sind die *Rationen für Hochleistungspferde* zusammenzustellen bzw. in den Pausen zwischen den Belastungen Supplementierungen zu regeln.

Zur Rationsgestaltung wird auf Tabelle 59 verwiesen. Durch Einsatz eiweißarmer Heusorten, von Maiskörnern, energiereichen, eiweißarmen Mischfuttern, Fetten, melassierten Trockenschnitzeln (Verdauung im Dickdarm → länger fließende Energiequelle) läßt sich die Eiweißzufuhr in Grenzen halten. Das Kraftfutter ist mindestens 4mal am Tag zuzuteilen. Etwa 4 Std. vor dem Start wird letztmalig Krippenfutter und Heu gegeben (je 2 kg); unruhige Pferde lassen sich durch kleine Heuportionen ablenken. Vor dem Start reicht man nochmals Wasser (Auffüllung der Wasserreserven; s. Abb. 14).

In den *Pausen* müssen *Wasser* und *Elektrolyte,* die durch Schweiß verlorengegangen sind, substituiert werden. Stark erhitzte Pferde führt man zunächst, so daß sie etwas abkühlen. Innerhalb von 10 Min. sollte die Körpertemperatur wieder auf 39 °C abgefallen sein. Dann stellt man Wasser in kleinen Portionen zur Verfügung – falls vom Pferd akzeptiert – unter Zusatz von 5–7 g Natriumchlorid pro Liter. Wird

Tab. 59. Rationen für Vielseitigkeitspferde (600 kg LM) kg/Tag

	I	II	III
Heu, mittel	8	7	8
Maiskörner	–	–	2
Haferkörner	9	–	1
Mischfutter[1])	–	8,5	–
melass. Trockenschnitzel	–	–	3
vitam. Mineralfutter	0,05[2])	–	0,1[3])
Sonnenblumenöl	–	–	0,9[4])
Leckstein			
Gehalte:			
verd. Energie MJ	164	163	163
verd. Rohprotein g	1255	930	880

[1]) 13 MJ verd. Energie, 70 g verd. Rohprotein pro kg
[2]) weites Ca/P-Verhältnis, s. Tabelle VII, Nr. 1, 6 oder 11
[3]) vorwiegend zur Vitaminversorgung, s. Tabelle VII, Nr. 13 oder 14
[4]) je nach Belastung zusätzlich geben, langsame Gewöhnung, auf mehrere Mahlzeiten verteilen

salzhaltiges Wasser abgelehnt, ist nur Tränkwasser und separat Kochsalz (Leckstein) anzubieten. Andererseits nehmen manche Pferde auch reines Tränkwasser nicht spontan auf. Dann kann versucht werden, durch etwas Heu oder Zugang zu Lecksteinen die Trinkbereitschaft zu fördern. Unkontrollierte, übermäßige Tränkwasseraufnahme muß verhindert werden (Risiko einer Hypoosmolalität mit eventueller Schädigung der roten Blutkörperchen).

Die Substitution der K-Verluste ist nicht einfach, da K-haltiges Wasser von Pferden strikt abgelehnt wird. Bei defizitären Situationen (Abb. 13) sind geringe Mengen Heu oder Melasse bereitzustellen (mit 0,5 kg werden 10–20 g Kalium aufgenommen).

Sind Pferde für Dauerbelastungen ungenügend vorbereitet oder werden sie überfordert, können Störungen auftreten, die Gesundheit von Pferd und Reiter gefährden. Dazu zählen insbesondere *Dehydration* (Wasserverlust), *Hypoglycaemien* (Abfall des Blutzuckerspiegels), *Hyperthermien* (Überhitzung), *Muskelkrämpfe* oder auch das *synchrone Zwerchfellflattern*.

Diese Störungen, die häufig gemeinsam vorkommen unter dem Bild einer allgemeinen Erschöpfung, beruhen im wesentlichen auf Überforderung des Wasser-, Wärme-, Elektrolyt- und Energiehaushalts.

Die Wasserverluste können im Extrem 10–15 % der Körpermasse erreichen und lassen sich durch die entstandenen Gewichtsverluste abschätzen. Anhand von Blutuntersuchungen sind sie wie folgt zu charakterisieren:

Dehydrierung	Wasserverlust % LM	Haematokrit %	Gesamtprotein g/dl Plasma
leicht	4–6	43–47	7–8
mittel	6–8	47–55	8–9,5
schwer	>10	>55	>9,5

Der Anstieg des Plasmaeiweißgehaltes signalisiert, daß die internen Kompensationsmöglichkeiten (Bereitstellung von Wasser aus dem Verdauungskanal bzw. dem interstitiellen Raum) nicht mehr ausreichten, um eine Eindickung des Blutes zu verhindern. Da unter diesen Bedingungen die renale Wasserabgabe stark gedrosselt wird, steigt der Plasmaharnstoffspiegel an. Infolge des dann verstärkten intestinalen N-Kreislaufes (Abb. 8) und einer eventuell gleichzeitig begrenzten Glucosebereitstellung (s. unten) sind dadurch erhöhte Ammoniakgehalte im peripheren Blut mit nachteiligen Wirkungen auf das Zentralnervensystem möglich.

Bei hohem Energieumsatz und ungenügender Glucoseneubildung kann der Blutzuckerspiegel deutlich unter die Norm (Tab. 58) fallen. Da allein Glucose als Energiequelle für das Zentralnervensystem dient, entstehen Ausfallserscheinungen (geringe Reaktionsfähigkeit, Unsicherheiten im Gang sowie bei Abschätzung von Hindernissen), die Ursache schwerer Unfälle sein können.

Kritische Hyperthermien liegen vor, wenn die Körpertemperatur 10 Min. nach Beendigung der Prüfung bzw. des Rennens noch deutlich über der Norm (37,8 °C) liegt. Jede Hyperthermie erhöht den Energieumsatz und damit den Sauerstoffbedarf der Zelle (beim Menschen um rd. 10 % pro 1 °C Körpertemperaturanstieg). Bei Temperaturen oberhalb 41 °C übersteigt der Sauerstoffverbrauch den Sauerstoffzufluß, so daß bei gleichzeitigem Glucosemangel hypoxaemische Störungen besonders in empfindlichen Geweben und Organen (Gehirn, Leber, Niere) auftreten.

Muskelkrämpfe (auch Spasmen) sind z. T. mit einer Hypocalcaemie (Streßtetanie) verbunden, während synchrones Zwerchfellflattern meistens von einem Abfall des Na-, K- und Ca-Spiegels im Blut begleitet ist. Bei dieser Störung wird der Nervus phrenicus, der das Zwerchfell innerviert und über der Herzbasis verläuft, durch Impulse der Herzmuskulatur erregt, so daß sich das Zwerchfell im Rhythmus des Herzmuskels kontrahiert.

Erschöpfte Pferde sind umgehend aus dem Rennen bzw. der Prüfung zu nehmen und zu behandeln. Neben Wasser müssen vor allem Elektrolyte substituiert werden.

Dehydrierte Pferde erhalten Wasser (möglichst mit 5–7 g NaCl/l) in kleinen Portionen angeboten. Wird die Flüssigkeit nicht spontan aufgenommen (bei einer Hypoosmolalität im Plasma), ist per Nasenschlundsonde zu applizieren. Dabei kann auch Kaliumchlorid (etwa 4 g/l) gegeben werden. Bleibt der Plasma-K-Spiegel nach der Belastung länger auf einem niedrigen Niveau (< 2,5 mmol = 100 mg/l), liegt ein K-Defizit vor, das bis zu 0,12 g pro kg LM erreichen kann.

Bestehen Schwierigkeiten bei der oralen Flüssigkeitsapplikation (Krampfzustände s. unten), sind rektale Infusionen möglich, da Wasser und Elektrolyte auch von der Colonschleimhaut absorbiert werden (Abb. 6). Bei einer Hypoglycaemie sind 5–10 %ige Glucosetränken angezeigt. Ein Zusatz von Kochsalz muß unterbleiben, da Salz/Zuckerlösungen nicht spontan aufgenommen werden.

Hypertherme Pferde werden zusätzlich bis zu den Vorderfußwurzelgelenken in Wasser gestellt oder ihre Gliedmaßen mit kaltem Wasser berieselt. Nasse Tücher in der Nackengegend (nicht auf der Kruppenmuskulatur) unterstützen die Wärmeabgabe.

Bei einer Hypocalcaemie ist in akuten Fällen vorsichtig Calcium intravenös zu geben. Zusätzlich erhalten die Pferde oral Calcium, etwa 30 mg Ca/kg LM als Calciumcitrat (20 % Ca) oder Calciumcarbonat (40 % Ca).

Erschöpfte Tiere werden ruhiggestellt und erhalten frühestens nach 3 Std. kleine Portionen einer gut verdaulichen Ration (Tab. 75).

3.4   Fütterung und Doping

Von der Zufuhr essentieller Nährstoffe – auch in höheren Mengen – geht im allgemeinen keine Dopingwirkung aus. *Hohe Vitamin-B$_1$-Gaben* (1 g/Tier/Tag) sollen sedierend wirken, doch tritt dieser Effekt möglicherweise nur bei marginal versorgten Pferden auf und ist daher nicht sicher. Die Zufuhr *hoher Vitamin-K-Gaben* zur Verhütung des Nasenblutens ist nicht als Doping zu deuten, da damit allein das unangenehme Bild der Blutexspiration verhindert oder gemindert, jedoch keine Leistungsverbesserung erzielt wird.

Mit den meisten üblichen Futtermitteln werden auch keine sonstigen Substanzen aufgenommen, die im Sinne eines Doping wirken könnten. Eine Ausnahme machen *Kakaoschalen,* nach deren Verfütterung (schon bei Mengen über 100 g) merkliche Ausscheidungen an Xanthinderivaten (Coffein, Theobromin) zu erwarten sind. Nach luzernereichen Rationen wurden (im Mittelmeerraum, nicht in Mitteleuropa) höhere Mengen an Salicylsäure (> 0,75 mg/ml Harn) gefunden, die auch aus Aspirin stammen könnten.

Umstritten ist noch, ob das in Malzkeimen vorkommende *Hordenin,* eine Substanz, die mit dem Catecholaminen verwandt ist, als Dopingmittel wirken kann und ob und unter welchen Bedingungen es in größeren Mengen in Futtermitteln vorkommt bzw. absorbiert wird. *Arsen* oder *Benzoesäure,* die zu den Dopingmitteln zählen, werden mit üblichen Futtermitteln nicht aufgenommen.

4   Stuten

Zuchtstuten sollen möglichst jährlich ein lebendes Fohlen zur Welt bringen. Eine vielseitige, artspezifische Fütterung hilft, dieses Ziel zu erreichen.

4.1   Güste und niedertragende Stuten

Die nichtlaktierende Stute muß bereits vor dem Belegen auf die kommende Rosse und Gravidität in der Fütterung vorbereitet werden. Sofern sie keine zusätzliche Arbeit verrichtet, ist Energie entsprechend dem Erhaltungsbedarf zuzuführen (Tab. 16). Überfütterung und Verfettung sind für Rosse und Konzeption eher ungünstig.

Kommen güste Stuten im Herbst verfettet von der Weide, so ist nach der Aufstallung die Energiezufuhr nachhaltig zu drosseln, um die Tiere in Zuchtkondition zu bringen. 6–8 Wochen vor der Belegung dürfen sie jedoch nicht mehr an Gewicht verlieren, eher ist leicht über den Erhaltungsbedarf zu füttern. Damit werden die günstigsten Voraussetzungen für das Einsetzen der Rosse geschaffen. Die Eiweißmenge ist gegenüber dem Erhaltungsbedarf allenfalls um 20 % zu erhöhen. Praxisübliche Rationen erfüllen diese Bedingung ohne zusätzliche Eiweißfuttermittel fast regelmäßig. Neben einer ausgeglichenen Mineralstoff- und Spurenelementversorgung (ausgewogenes Ca/P-Verhältnis) werden vor der Belegung ausreichend Vitamin A und E zugeführt, vor allem am Winterausgang, wenn die Futtermittel nur noch geringe Gehalte aufweisen. Ein Mangel mindert die Befruchtungsaussichten. Durch

Zulage von Vitamin A und E vor dem Belegen (oral, täglich 90 000 IE Vitamin A und/oder 90 mg Vitamin E, Januar bis April) konnte in Problembetrieben die Abfohlrate gesteigert werden. Neuere Untersuchungen deuten an, daß Stuten neben Vitamin A auch Carotin für das Einsetzen der Rosse benötigen. Deshalb ist bei Rationen, die überwiegend carotinarme oder -freie Futtermittel enthalten (wie Hafer, älteres Heu, Stroh, Trockenschnitzel, Rüben), zusätzlich β-Carotin zu empfehlen, durch Beifütterung von Grassilagen (5 kg), Möhren (4–6 kg), Luzernegrünmehr (1 kg) oder von synthetischen Produkten, die z. T. in Mineralfuttern oder Ergänzungsfuttern enthalten sind. Nach bisherigen Erfahrungen erscheinen 200–400 mg Carotin pro Tier und Tag (4 Wochen lang vor der erwarteten Rosse gegeben) ausreichend. Im späten Frühjahr wirken sich auch Weidegang oder Grünfütterung günstig auf die Geschlechtsfunktionen aus.

Grundlage für die *Ration güster Stuten* ist während der Stallfütterungsperiode gutes, vielseitig zusammengesetztes Heu, das in Mengen bis zu 8 kg verfüttert werden kann, daneben Futterzuckerrüben, Möhren, Mais- bzw. Grassilage und Trockengrün. Die Kraftfutterzulage, die nur in geringem Umfang notwendig wird (1–2 kg), dient vor allem der Abdeckung des Eiweiß-, Vitamin- und Mineralstoffbedarfes. Ein Mischfutter mit entsprechenden Zusätzen ist, wie praktische Erfahrungen bestätigen, reiner Haferfütterung überlegen.

2–3 Wochen vor dem Decktermin wird zur Auslösung der Rosse die Energiezufuhr leicht (um 10 bis 20 %) angehoben. Diese Maßnahme ist besonders wirkungsvoll bei Stuten in schlechtem Futterzustand. Stuten, die während der Decksaison Gewicht verloren, roßten nicht oder die Brunst verlief ohne Ovulation.

Futterumstellung bei Transport und Aufenthalt auf der Deckstation ebenso wie Futterausfall in den Tagen der Belegung sind zu vermeiden. In den ersten Wochen nach der Belegung ist der Embryo noch nicht mit dem Uterus verbunden und empfindlich gegenüber Umwelteinflüssen – auch gegenüber Schwankungen in der Nahrungszufuhr der Stute. Aus diesem Grunde muß 6–8 Wochen nach der Belegung die Fütterung unverändert bleiben. Eine krasse *Energieunterversorgung* zu Beginn der Gravidität kann embryonalen Fruchttod bedeuten. Energiezufütterung verbessert unter solchen Bedingungen die Überlebenschance des Embryos.

Bei nichtlaktierenden Stuten besteht in der Anfangsphase der Gravidität häufig aber auch die Gefahr einer *Energieüberversorgung*. Nach Beobachtungen in der Vollblutzucht wird dadurch bei Doppelovulationen und *Mehrlingsträchtigkeiten,* die anfangs natürlicherweise bei rd. 30 % aller Stuten bestehen, die erwünschte Abstoßung einer Frucht verhindert. Eine fortbestehende Zwillingsträchtigkeit endet in der Regel mit dem Abort beider Früchte in späteren Entwicklungsphasen. Wird eine Zwillingsträchtigkeit früh festgestellt, so kann versucht werden, die Energiezufuhr 4–5 Wochen lang zu drosseln (nur Heu, bei Weidegang nachts aufstallen). Bei rd. ⅔ der behandelten Stuten waren diese Maßnahmen erfolgreich, einige resorbierten, andere behielten beide Früchte.

Im Frühstadium der Gravidität werden die Stuten z. T. auf der Weide gehalten. Beim Übergang besteht das Risiko einer Energieunterversorgung, wenn nicht sachgemäß verfahren wird und Verdauungsstörungen entstehen. Auch bei naßkaltem, windigem Frühlingswetter ist die Energiebilanz meistens nicht ausgeglichen, da einerseits der Energiebedarf steigt, andererseits die Futteraufnahme zurückgeht. Nächtliche Aufstallung und Zufütterung insbesondere bei empfindlichen Tieren mindert die Gefahr der Fruchtresorption.

Tab. 60. Rationen für Zuchtstuten (600 kg LM), kg/Tag

	niedertragende			hochtragende		laktierende	
	I	II	III	IV	V	VI
Wiesenheu, mittel	8	6	5	5	6	5
Luzernegrünmehl	–	1	–	1	–	1
Möhren	–	–	–	2	–	–
Haferkörner	1	–	2	–	–	5
Mischfutter für Zuchtstuten	–	1,5	2	3	8	1
Mischfutter zu Heu/Hafer	–	–	–	–	–	3
vitam. Mineralfutter	0,05	–	–	–	–	–
Gehalte:						
verd. Energie MJ	76	75	86	90	146	152
verd. Rohprotein g	570	655	645	790	1300	1250

Die Aufnahme von vielseitig zusammengesetztem, nicht zu eiweißreichem Grünfutter, der Aufenthalt in Licht und Luft sowie ausreichende Bewegungsmöglichkeiten stellen die günstigsten Voraussetzungen für eine ungestörte, normale Entwicklung der Frucht dar. Da während der Frühträchtigkeit das foetale Wachstum noch gering ist (Abb. 10), genügt Erhaltungsfutter (bei guter Weide kein Beifutter, gegebenenfalls Mineralstoffe). Bei Stallhaltung sind heureiche Rationen möglich (Tab. 60).

4.2 Hochtragende Stuten

Ab 8. Graviditätsmonat steigt der zusätzliche Bedarf an Energie- und Nährstoffen merklich an (Abb. 10). In dieser Zeit sind die Stuten gewöhnlich schon aufgestallt. In der Ration ist die Energie- und Nährstoffzufuhr auf die in Tabelle 20 angegebenen Normen anzuheben. Die Stute muß in gutem Futterzustand zur Geburt kommen. Für magere Stuten werden die folgenden Konzeptionsaussichten geringer, aber auch Verfettung ist unerwünscht, da Geburtsschwierigkeiten auftreten können und infolge fortschreitenden Fettabbaues während der Frühlaktation die Wiederkehr der Rosse verzögert wird.

Da der Eiweiß-, Ca- und P-Bedarf stärker als der Energiebedarf steigt, müssen diese Nährstoffe mit höheren Anteilen in der Ration vertreten sein (Tab. 27). Gegen Ende der Gravidität ist die Na-Versorgung zu beachten (da ein Mangel nicht allein die Darmtätigkeit der Stute, sondern eventuell auch beim neugeborenen Fohlen den Abgang des Darmpechs verzögert) ebenso wie die Zufuhr fettlöslicher Vitamine (um das Colostrum anzureichern).

Die *Ration der hochtragenden Stute* (Tab. 60) besteht, wie bei der niedertragenden, aus Rauhfutter und Krippenfutter; letzteres sollte so gewählt werden (12–15 % Rohprotein, Tab. 61), daß es auch während der Laktation gefüttert werden kann (kein Futterwechsel beim Abfohlen).

Je näher der Geburtstermin heranrückt, um so sorgfältiger ist auf eine geregelte Verdauung und einen ungestörten Kotabsatz zu achten. Der Anteil des Krippenfutters wird angehoben unter Reduktion der voluminösen Futtermittel. Dem Kraftfutter können Komponenten, die eine leicht abführende Wirkung besitzen (Weizenkleie, Melasse, Lein- und Sonnenblumenkuchen), zugesetzt werden, insbesondere peripar-

Tab. 61. Empfehlungen für die Zusammensetzung von Ergänzungsmischfuttern für hochtragende und laktierende Stuten sowie Fohlen (pro kg, 88 % Trockensubstanz)

		Stuten		Fohlen
		hochtragend zu Heu, Maissilage, Stroh	laktierend zur Ergänzung von Heu/ Haferrationen[1])	
Rohprotein	g	130–140	220	190
verd. Rohprotein	g	105–120	200	160
Lysin	g			9,5
Rohfaser	g	100–150	100	100
Rohfett	g	50	50	50
Linolsäure	g	10–15	15	15–20
Calcium	g	5	20	15–20
Phosphor	g	3	8	8
Kupfer	mg	15	30	15–20
Vit A	IE	10 000	25 000	20 000
Vit D	IE	1 000	2 500	2 000

[1]) 2 kg pro Tier und Tag bei eiweißreichem Rauhfutter ⎫ Ergänzungsmischfutter zu Heu
3 kg pro Tier und Tag bei eiweißarmem Rauhfutter ⎭ s. Tabelle 48
[2]) Für Fohlen mittelgroßer Rassen während der Säugezeit rd. 1 kg/Tag füttern, nach dem Absetzen 1,5 kg bis zum 9. Lebensmonat, zusätzlichen Energiebedarf durch Haferkörner oder andere Mischfutter decken. Mischfutter z. B. zusammengesetzt aus 55 % Hafer, 10 % Sojaextraktionsschrot, 10% Weizenkeime, 10 % Biertreber, 5 % Bierhefe, 4 % Weizenkleie, 6 % vitam. Mineralfutter (11,1 MJ verd. Energie, 155 g verd. Rohprotein, 9,4 g Lysin, 5,3 g Methionin und Cystin pro kg).

tal, wenn die Darmmotorik gedämpft (vor allem bei älteren Stuten) und die Futterpassage erschwert ist. In dieser Phase der Gravidität muß die Qualität der Futtermittel besonders beachtet werden. Schimmelbefallenes Heu oder Stroh, erhöhte Keimgehalte melassierter Kraftfuttermischungen (zu lange Lagerung), Erdverunreinigungen bei Hackfrüchten usw. können zu Verdauungsstörungen und Aborten führen.

Vor der Geburt wird die Futterzufuhr gedrosselt (Heumenge auf 3–3,5 kg), damit der Verdauungstrakt während der Geburt nicht überladen ist. Nach der Geburt sind Tränken mit geschrotetem Leinsamen, Weizenkleie und Kochsalz zweckmäßig.

4.3   Laktierende Stuten

Nach dem Abfohlen ist noch rd. 3 Tage knapp zu füttern. Unter sorgfältiger Beobachtung der Freßlust sowie der Verdauungstätigkeit bei Stuten und Fohlen wird dann die Ration dem infolge der Milchproduktion steigenden Bedarf an Energie und Eiweiß angepaßt. Dabei wird die Kraftfuttermenge auf mindestens 4 Mahlzeiten pro Tag verteilt. Eine zu rasche Steigerung der Futtermenge kann durch überhöhte Milchproduktion Verdauungsstörungen bei den Fohlen (Diarrhoen), eine zu knappe Ausbleiben der Fohlenrosse begünstigen.

Besteht in den ersten Laktationsmonaten ein Energiedefizit, so sind Abmagerung (ein begrenzter Gewichtsverlust ist auch bei ausreichender Energieaufnahme physiologisch), geringe Milchproduktion und bei Stuten, die bereits in der Fohlenrosse belegt wurden, eventuell Fruchtresorption die Folge (s. oben). Nach vorliegenden Beobachtungen verloren während des 2. Trächtigkeitsmonats 12 % aller in der Fohlenrosse belegten Stuten ihre Frucht, dagegen nur 2 % nichtlaktierender Stuten. Das Risiko einer Energieüberversorgung ist bei fohlenführenden Stuten gering.

Grundlage für die *Ration laktierender Stuten* (Tab. 60) ist während der Wintermonate gutes, aromatisches Heu (je nach Freßlust 5–8 kg; eventuell mehrere Sorten). Der hohe Energie- und Eiweißbedarf muß durch Kraftfutter (6–8 kg) gedeckt werden, die vielseitig zusammengesetzt sein müssen mit ausreichenden Gehalten an essentiellen Aminosäuren, Fettsäuren, Vitaminen und Mineralstoffen. Zu Hafer sind Ergänzungsfuttermittel für Zuchtpferde einzusetzen, in denen höherwertige Eiweißträger (Sojaschrot) enthalten sind (Tab. 62). Ein Eiweißmangel senkt nicht allein die Milchmengenleistung, sondern auch den Milcheiweißgehalt, d. h. die Fohlen entwickeln sich schlecht bzw. benötigen mehr Beifutter.

Sobald es die Vegetation zuläßt, werden die laktierenden Stuten auf die Weide gebracht unter entsprechender Vorsicht während der Überganges. Ausschließliche Weidehaltung ohne Beifütterungsmöglichkeit verlangt vielseitig zusammengesetztes, ausgeglichenes Grünfutter. Dazu sind die früher beschriebenen Nutzungs- und Düngungsmaßnahmen zu beachten (s. Seite 88). Bei ganztägigem Weidegang und unter günstigen Witterungsbedingungen nehmen laktierende Stuten (500–600 kg LM) mindestens 10–12 kg Futtertrockensubstanz auf. Damit stehen bei guter Futterqualität 100–120 MJ verd. Energie und rd. 1500 g verd. Rohprotein zur Verfügung. Der Bedarf an Eiweiß, Carotin und Phosphor wird damit gedeckt, der Energiebedarf nicht immer, ebensowenig wie der Ca- und Mg-Bedarf. Nahezu regelmäßig ist auch die Na-Zufuhr auf der Weide unbefriedigend. Aus diesem Grunde sind bei ausschließlichem Weidegang zusätzlich Lecksteine oder Lecken bereitzustellen, z. B. mit 30 % Melasse, 35 % NaCl, 30 % $CaCO_3$, 5 % MgO und – je nach Bodenverhältnissen – Spurenelementen.

Ist das Gras anfangs jung, eiweißreich und rohfaserarm, so wird, um Durchfälle zu vermeiden, zusätzlich eiweißarmes, strukturiertes Futter (Stroh, älteres Heu, Maissilage) zugefüttert. Bei unverträglichen Stuten muß für jedes Tier ein getrennter Futterplatz hergerichtet werden, z. B. durch Aufeinanderstapeln von 3–4 größeren Autoreifen.

Werden die Stuten nachts aufgestallt, so läßt sich ihre Energie- und Nährstoffversorgung wesentlich besser regulieren. Die Zusammensetzung des zusätzlichen Kraftfutters muß sich an der Qualität des Grünfutters orientieren. Eiweißarme Mischungen (8–10 % Rohprotein mit 10–15 g Ca, 5 g Na, 3 g Mg je kg eventuell auch mit Eisen-, Kupfer-, Zink-, Selen- und Jodzusätzen) sind in vielen Fällen zweckmäßig.

Die Kraftfuttermenge richtet sich nach Dauer der Grasungszeit, dem Grasangebot und indirekt nach dem Wachstum der Fohlen, häufig reichen 1–3 kg pro Tag. Mit fortschreitender Vegetation vor allem in Trockengebieten und Trockenjahren oder auch bei geringer Futteraufnahme infolge Hitze und Fliegenplage wird eine stärkere Beifütterung notwendig (4–6 kg).

5 Deckhengste

Die Fütterung der Hengste ist bisher wissenschaftlich kaum überprüft. Die meisten Empfehlungen beruhen auf Empirie und sind entsprechend divergent.

Außerhalb der Decksaison (Marstallzeit) liegt der Nährstoffbedarf der Hengste je nach Temperament und Bewegungsaktivität in der Größenordnung von Pferden mit geringer Arbeit. Eine übermäßige Fütterung, insbesondere an Energie, die zu verstärktem Fettansatz führt, ist nach Erfahrungen bei anderen Spezies keineswegs vorteilhaft für die spätere Zuchtleistung. Durch fortlaufende Gewichtskontrollen ist zu überprüfen, ob die Energiezufuhr ausreicht. Die Normalgewichte von Hengsten liegen im Mittel rd. 5–10 % (bei Kaltblütern bis 30 %) über den Endgewichten von Stuten und Wallachen (Tab. I, Anhang).

Einige Wochen vor und während der Decksaison muß die Nährstoffzufuhr gesteigert werden. Der *Energiebedarf* variiert nach Temperament, Bewegungsaktivität und Deckeinsatz. Selbst bei starker Beanspruchung (15 Sprünge/Woche) und bei zusätzlicher einstündiger Bewegung liegt der Energiebedarf höchstens um 50 % über dem Erhaltungsbedarf. Auch in dieser Phase ist sowohl für die momentane Fertilitätsleistung als auch für die gesamte Nutzungsdauer eine zur Verfettung führende Fütterung unzweckmäßig. Nach Erfahrungen bei Zuchtbullen leidet die Befruchtungsfähigkeit selbst bei einem vorübergehenden Energiedefizit, d. h. bei Gewichtsverlusten, nicht.

Tab. 62. Rationen für Hengste (600 kg LM) während der Decksaison (1–2stündige Bewegung), kg/Tag

6 kg Wiesenheu	
2 kg Hafer	Gehalte: 106 MJ verd. Energie
3 kg Mischfutter[1])	1060 g verd. Rohprotein

[1]) 52 % Hafer, 10 % Weizenkeime, 10 % Weizenkleie, 10 % Sojaextraktionsschrot, 5 % Bierhefe getrocknet, 5 % Fischmehl, 5 % Luzernegrünmehl, 3 % vitam. Mineralfutter; Gehalte pro kg: 11,6 MJ, verd. Energie, 176 g verd. Rohprotein, 12 g Lysin, 6,8 g Methionin + Cystin

In der Praxis erreicht die Eiweißzufuhr der Hengste während der Decksaison häufig das 3–4fache des Erhaltungsbedarfes. Davon ist jedoch keine Verbesserung von Libido und Spermaqualität zu erwarten, wenn nicht gleichzeitig die Aminosäurenzufuhr beachtet wird. Nach Erfahrungen mit anderen Tierarten sind insbesondere Methionin + Cystin wirkungsvoll (vorläufige Empfehlung 40–50 g Methionin + Cystin, 60–80 g Lysin pro Tag/600 kg LM).

Der Mineralstoff- und Vitaminbedarf, der in ähnlicher Größenordnung wie bei hochtragenden Stuten (Tab. 20 und 28) liegt, ist sorgfältig zu erfüllen (ausreichende absolute Mengen, richtige Relationen).

Da Hengste bei der Futteraufnahme zum Teil wählerisch sind – meistens provoziert durch extravagante Fütterung während der Aufzucht (Verwendung von Milch, Eiern usw.) –, bereitet die Rationsgestaltung eventuell Schwierigkeiten. Grundlage in jeder Hengstration sollte vielseitig zusammengesetztes, aromatisches, schmackhaftes Heu sein. Stehen solche Qualitäten nicht zur Verfügung, sind mehrere Heusorten unter Einschluß geringer Leguminosenheumengen (Luzerne, Esparsette, 1–2 kg) zu verwenden. Für mittelgroße bis große Hengste reichen 6–8 kg Heu/Tag. Im Sommer hat sich die Zufütterung von 5–10 kg frischem Grünfutter (mit nicht zu hohem Weißkleeanteil), im Winter von etwa 1 kg Trockengrünfutter bewährt.

Als Kraftfutter ist Hafer unzureichend wegen des geringen Gehaltes an essentiellen Aminosäuren, aber auch an Vitaminen und Mineralstoffen. Daher sollten besondere

Futtermischungen hergestellt werden (s. Tab. 62). Eine Alternative bietet das Fohlenaufzuchtfutter, das in Mengen bis zu 2 kg pro Tag gegeben werden kann. Zusätzliche Präparate (Vitamine etc.) sind bei ausgeglichener Ration ohne Wirkung und
können eher schaden.

6 Fohlen

6.1 Saugfohlen

6.1.1 Colostrumperiode

Das Saugfohlen ist gleich nach der Geburt schon recht selbständig: Innerhalb von
15 Min.–2 Std. kann es stehen und auch saugen.

Vor dem ersten Saugen wird das Gesäuge der Stuten gewaschen und getrocknet.
Das Colostrum, die erste Nahrung der Fohlen, ist anders als die reife Milch zusammengesetzt: besonders auffallend der hohe Eiweißgehalt (der jedoch innerhalb
weniger Stunden von 15 % auf unter 5 % abfällt) und die hohe Konzentration an
Vitamin A (s. Tab. 22). Das Colostrum besitzt eine Doppelfunktion: es liefert nicht
allein *Nährstoffe,* sondern über die Eiweiße und Vitamine auch *Schutzstoffe,* die das
Fohlen vor Infektionen schützen. Von diesen Komponenten kommt den sogenannten
Antikörpern (Immunkörper, γ-Globuline), die den wesentlichen Teil des Colostrum-
eiweißes ausmachen, die größte Bedeutung zu. Das Fohlen wechselt bei der Geburt
von der keimfreien Umwelt des Uterus in die keimreiche des Stalles. Es ist in den
ersten Lebenswochen noch nicht in der Lage, gegenüber Bakterien und ihren
Toxinen Schutzstoffe (Antikörper) zu bilden. Diese Lücke schließt das Colostrum,
das von der Mutter vorproduzierte Antikörper enthält, die in den beiden ersten
Lebenstagen, ohne abgebaut zu werden, die Darmwand passieren können. Nach der
Colostrumaufnahme steigt der Immunkörpergehalt im Blut des Fohlens rasch an

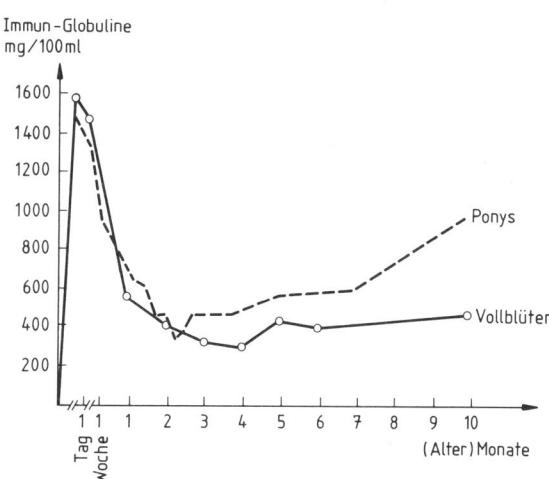

Abb. 18. Gehalt an Antikörpern im Fohlenblut nach der
Colostrumaufnahme und in
den folgenden Lebensmona-
ten (nach ROUSE 1971)

(Abb. 18). Nach dieser passiven Immunisierung (Schluckimpfung) ist das Neugeborene vor den in seiner neuen Umwelt lebenden Keimen weitgehend geschützt.

Für die Überlebenschance des Fohlens ist die Aufnahme hochwertigen Colostrums möglichst bald nach der Geburt also unerläßlich. Erfolgt der erste Saugakt zu spät, so werden geringere Antikörpermengen aufgenommen, da sich einerseits ihre Konzentration in der Milch mit fortschreitender Milchsekretion verdünnt (innerhalb von 4–8 Std. auf 15 % des Ausgangswertes), andererseits sich aber auch die Passagebedingungen durch die Darmwand verschlechtern.

Ältere Stuten weisen im allgemeinen nicht nur eine höhere Colostrumproduktion auf, sondern auch ein breiteres Spektrum verschiedener Antikörper. Um einen ausreichenden Schutz der Fohlen zu erreichen, müssen die Stuten mindestens 4–6 Wochen vor der Geburt in *die* Umgebung gebracht werden, in der auch die Fohlen geboren werden und aufwachsen sollen. Nur dann kann die Stute gegenüber den stallspezifischen Keimen passende Antikörper produzieren. Diese Maßnahme ist besonders bei Maidenstuten zu beachten.

Durch vorzeitiges Anmelken oder unerwünschten Milchfluß vor der Geburt geht ein Teil der wertvollen Antikörper verloren. Fohlen solcher Stuten sind besonders gefährdet und sollten zusätzlich Colostrum erhalten (s. »Mutterlose Aufzucht«).

Neben den Immunkörpern dient auch der hohe Vitamin-A-Gehalt im Colostrum (der von der Vitamin-A- bzw. Carotin-Versorgung der hochtragenden Stute abhängt) dem Infektionsschutz der Neugeborenen, die mit leeren Depots (Leber) und geringen Vitamin-A-Gehalten im Blut geboren werden.

Falls das Fohlen rd. 2 Std. nach der Geburt nicht stehen kann, muß man es beim Saugen stützen (mit Gurten oder Decken, die unter den Bauch gelegt werden), oder das Colostrum wird abgemolken und körperwarm mit der Flasche zugeteilt (stündlich rd. 250 ml).

Setzt das Fohlen innerhalb von 12 Std. nach der Geburt noch keinen Kot ab (das klebrige, zähe Meconium), ist ein Einlauf mit einem milden, oberflächenaktiven Abführmittel angezeigt. Wegen der hohen Empfindlichkeit der Darmschleimhaut des jungen Fohlens sollten Unerfahrene einen Tierarzt konsultieren.

In seltenen Fällen treten nach der ersten Milchaufnahme schwere Unverträglichkeiten (Zittern, Schwäche, Gelbsucht, Blutharnen) auf. Diese Störung *(hämolytischer Ikterus)* beruht auf einer Antigen-Antikörperreaktion. Sie entsteht, wenn Stuten gegenüber Antigenen des Fohlenblutes (die vom Vater geerbt werden, bei der Mutter aber nicht vorkommen) Antikörper gebildet haben und diese Antikörper über das Colostrum in das Körperinnere des Fohlens gelangen. Dann muß das Fohlen sofort von der Mutter abgesetzt und 2–3 Tage mit Ammen- oder Ersatzmilch ernährt werden. Anschließend kann es wieder zur Mutter zurück, da nun die Darmschranke für die Immunkörper geschlossen ist. Zwischenzeitlich muß bei der Stute durch Melken die Milchproduktion aufrechterhalten werden.

Fällt die Stute durch Krankheit oder Tod aus, ist das Fohlen mutterlos (s. 6.2) oder mit Hilfe einer Ammenstute aufzuziehen. Stuten erkennen ihre Fohlen an Geruch, Stimme und Aussehen. Um die Annahme des Fohlens zu erleichtern, wird das eigene Fohlen der Ammenstute einige Stunden abgesetzt (erhöhter Milchdruck), andererseits das zusätzliche Fohlen mit Milch oder Kot der Ammenstute bestrichen und zusätzlich das Geruchsempfinden der Stute kaschiert, z. B. durch Einreiben der Nüstern mit stark riechenden Substanzen (Menthol, kampferhaltige Salben). Bezüglich der Colostrumversorgung der Fohlen s. 6.2.

6.1.2 Milchperiode

In den ersten Lebenswochen bereitet die Fütterung der Saugfohlen wenig Aufwand. Die Stute stellt die Nahrung in richtiger Dosierung und Zusammensetzung. Die Fohlen saugen relativ häufig: im Mittel 50–60mal in 24 Stunden. Die pro Mahlzeit aufgenommene Milchmenge liegt bei mittelgroßen Rassen zwischen 150 und 250 ml. Sofern säugende Stuten schon 2–3 Wochen nach dem Abfohlen wieder arbeiten müssen, ist das häufige Tränkbedürfnis des Fohlens zu berücksichtigen. Bis zur 4. Lebenswoche sollen die Fohlen täglich mindestens 6mal saugen können.

Fohlen nehmen in der 1.–5. Lebenswoche häufig frischen Kot der Stuten auf. Ein solches Verhalten ist physiologisch und dient vermutlich der Versorgung mit B-Vitaminen bzw. der Besiedlung des Darmtraktes mit Protozoen. Eine Infektion mit Parasiten ist bei Aufnahme von *frischem* Kot nicht zu befürchten, da Eier oder Larven im Kot erst nach einigen Tagen ansteckungsfähig werden.

Falls möglich, sollten Stute und Fohlen schon bald nach der Geburt – auch im Winter (außer bei nasser Kälte) – täglich einige Stunden im Auslauf gehalten werden, damit sich die Fohlen ausreichend bewegen können.

Die Muttermilch kann den Nährstoffanspruch des Fohlens nach einigen Wochen weder quantitativ noch qualitativ erfüllen, so daß beigefüttert werden muß (Abb. 19). Der Zeitpunkt der Beifütterung richtet sich nach der Milchproduktion der Stute sowie der gewünschten Entwicklungsgeschwindigkeit des Fohlens. Während der Stallperiode beginnt das Fohlen im 2. Lebensmonat zunächst mehr spielerisch Heu zu fressen. Dabei lernt es durch Nachahmung. Die aufgenommene Menge ist zunächst

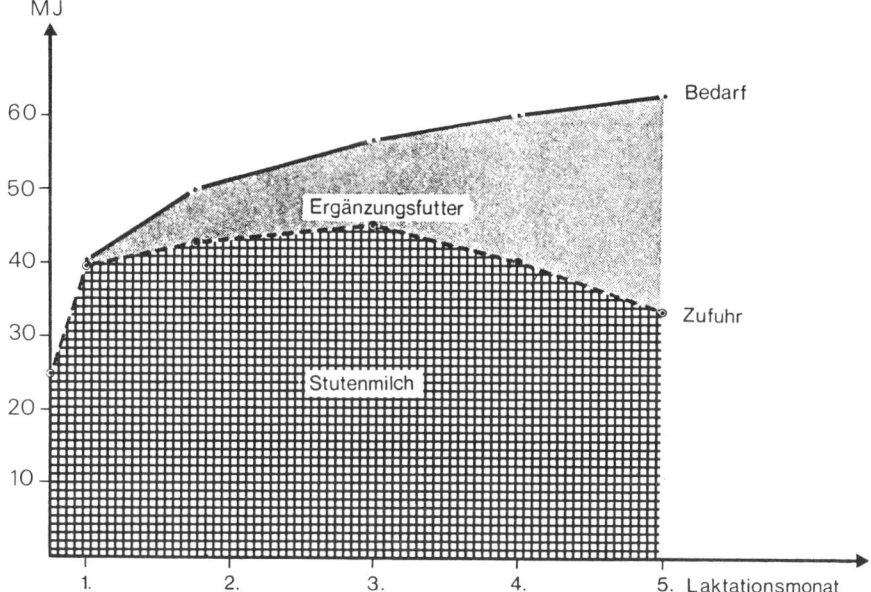

Abb. 19. Energieaufnahme von Saugfohlen (mittelgroße Rassen) aus Muttermilch und Ergänzungsbedarf für Beifutter (Kraftfutter + Heu)

gering: im 2. Lebensmonat täglich etwa 100–150 g. Das den Stuten zugeteilte Heu muß von guter Qualität sein (jung, hochverdaulich, frei von Schimmelpilzen). Fehlt Heu oder ist es nicht erreichbar (hohe Raufen), fressen die Fohlen Streustroh – wegen der oft geringen Qualität und möglicher Kontamination mit Parasitenlarven nicht ohne Risiko.

Auch aus der Krippe der Stute versuchen die Fohlen schon bald Futter aufzunehmen. Dies kann toleriert werden, wenn die Krippe nicht zu hoch angebracht und das Futter von einwandfreier Qualität ist. Salzlecksteine sollten für Fohlen nicht erreichbar sein (übermäßige Aufnahme → Durchfallrisiko). Sobald das Fohlen mehr Beifutter frißt, braucht es Wasser. Ein Abusus ist jedoch zu unterbinden.

Bis zum 3. Lebensmonat haben die Fohlen so viel gelernt, daß sie systematisch gefüttert werden können. Dann wird eine niedrige Krippe bereitgestellt, die für die Stute nicht zugänglich ist. Einseitige Beifütterung von gequetschtem Hafer ist wegen des geringen Ca- und Vitamingehaltes sowie der begrenzten Eiweißqualität nicht ausreichend. Deshalb wird ein Ergänzungsfutter für Fohlen eingesetzt, das neben hochwertigen Eiweißen auch die wichtigsten Mineralstoffe und Vitamine in ausreichender Menge enthält (Tab. 62). Während der Säugezeit wird es bei mittelgroßen Rassen in Mengen bis zu 1 kg/Tag gegeben, der zusätzliche Bedarf mit gequetschtem Hafer abgedeckt. Die Gesamtbeifuttermenge wird der Entwicklung des Fohlens und der Milchproduktion der Stute angepaßt. Im allgemeinen reicht 1 kg/100 kg LM/Tag aus, d. h. bei mittelgroßen Rassen pro Lebensmonat 0,5 kg.

Eine protahierte Kraftfutteraufnahme, die durch Beimischung von Heuhäcksel erreicht werden kann, mindert das Risiko für Enterotoxaemien (s. unten).

Gehen die Fohlen mit der Mutter auf die Weide, nehmen sie schon vom ersten Tag an eher spielerisch Gras auf. Dabei begleiten sie die Stute und lernen auf natürliche Weise. Aus arbeitswirtschaftlichen oder technischen Gründen erhalten Weidefohlen häufig kein Beifutter. Damit nimmt man auf schlechten Weiden eine Verlangsamung der Entwicklung in Kauf. In jedem Fall ist auf eine ausreichende Mineralstoffversorgung zu achten, da der Ca-Gehalt im Gras gering und das Ca/P-Verhältnis sehr eng sein kann. Auch eine Kupferunterversorgung kann vorkommen aufgrund der geringen Kupfergehalte in der Milch (Tab. 22) und eventuell regional niedriger Kupfergehalte im Gras. Bei Kupfermangel wird etwa im 3. und 4. Lebensmonat eine generalisierte *Osteochondrose* gesehen. Eine ausgeglichene Nährstoffversorgung ist möglich, wenn die Fohlen nachts aufgestallt und beigefüttert werden. Menge und Zusammensetzung muß sich nach der Weidequalität richten. Das Kraftfutter ist abends zuzuteilen, damit die Fohlen tagsüber ausreichend Grünfutter aufnehmen. Vor dem Austrieb erhalten Stuten und Fohlen geringe Rauhfuttermengen, besonders wenn das Gras jung, eiweißreich und rohfaserarm ist.

6.2   Mutterlose Aufzucht

Bei Erkrankung oder Tod der Mutterstuten sind die Fohlen mutterlos aufzuziehen. Eine solche Aufzucht ist durchaus erfolgversprechend, wenn der damit verbundene hohe Arbeitsaufwand nicht gescheut wird und die Grundprinzipien der Fütterungstechnik und Hygiene beachtet werden.

Die Nährfunktion der Muttermilch läßt sich heute durch *Milchaustauschfutter* voll ersetzen, nicht dagegen die Schutzfunktion des Colostrums (Immunkörper). Das

mutterlose Fohlen muß daher zunächt mit Colostrum versorgt werden. Am einfachsten und sichersten ist diese Forderung über eine Ammenstute oder durch Zufuhr von
konserviertem Stutencolostrum zu erreichen. In Gestüten oder Zuchtgemeinschaften
sind für solche Fälle kleine Portionen (0,25 l) *Colostrum* bereitzuhalten, die am
zweckmäßigsten von älteren Stuten im Mai/Juni (hoher Antikörper- und Vitamin-A-
Gehalt) unmittelbar nach dem Saugen der eigenen Fohlen in den ersten 4 Std. nach
der Geburt gewonnen und bei − 20 °C konserviert werden.

Fohlen mittelgroßer Rassen erhalten mit der Flasche oder bei Schluckbeschwerden
auch mit der Magensonde etwa 6mal in einstündigem Abstand 150–250 ml körperwar-
mes Colostrum, das in einem Wasserbad zunächst aufgewärmt wurde (nicht direkt
erwärmen, um Hitzeschäden zu vermeiden).

Mit Hilfe des Zinksulfattestes kann überprüft werden, ob ausreichende Mengen an
Antikörpern aufgenommen und absorbiert wurden. Dazu werden 1 ml Aqua dest.,
0,1 ml Testserum vom Fohlen und 5 ml Zinksulfatlösung (250 mg Zinksulfat/l) in ein
Reagenzglas gebracht. Zur Kontrolle dient Serum vom Muttertier. Eine schnelle
Trübung spricht für eine ausreichende Absorption der Antikörper.

Falls kein Colostrum zur Verfügung steht, ist eine Plasmaübertragung angezeigt,
ebenso wenn über 18 Std. alte Fohlen keine Gammaglobuline im Blut aufweisen.
Dazu werden 500–1000 ml Blut der Mutterstute oder einer anderen Stute der Herde
unter Na-Zitratzusatz in einer Plastikflasche aufgefangen und nach Sedimentieren
und Dekantieren (im geschlossenen System) auf das Fohlen übertragen (rd. 20 ml/kg
LM; 1–2stündige Infusion).

Zu *früh geborene Fohlen* (vor 320 Tagen) oder unreife Fohlen zur Zeit der Geburt
(subnormale Geburtsgewichte, s. Seite 48) sind ähnlich wie mutterlose Fohlen zu
behandeln. Zusätzlich ist für ausreichend Wärme, gegebenenfalls für Sauerstoff- und
Energiezufuhr (Traubenzucker i. v.) und nach einigen Tagen für eine Eisensubstitu-
tion (geringe Depots in der Leber) zu sorgen.

Nach der Colostrumperiode erhalten die Fohlen Milchaustauscher, die als wasser-
lösliche Trockenpräparate zur Verfügung stehen. Zubereitung und Fütterungstechnik
sind den Gebrauchsanweisungen zu entnehmen. Milchaustauscher können auch aus
Kuhmilch hergestellt werden (Tab. 63). Der Zusatz von etwas Honig verbessert den
Geschmack. Die Milchaustauscher werden in der Regel körperwarm zunächst in
Flaschen, baldmöglichst aber in Eimern mit Zitzen (in Höhe des mütterlichen
Gesäuges aufhängen) angeboten. In der ersten Woche muß 10–20mal/Tag mit nächtli-
chen Pausen von höchstens 4 Std. getränkt werden. Die Milchmenge wird bei
mittelgroßen Rassen pro Mahlzeit langsam von 0,2 l auf 0,5 l gesteigert. In der
2. Woche kann die Zahl der Tränkmahlzeiten auf 6–8 reduziert werden (bei nächtli-

Tab. 63. Muttermilchersatz für Fohlen

Milchaustauscher für Fohlen:	Mischfutter mit rd. 20 % Rohprotein, 14 % Rohfett, 50 % Laktose; in Wasser auflösen und nach Angabe des Herstellers dosieren
Milchaustauschfutter für Kälberaufzucht:	100 g/kg Wasser; 10 g Traubenzucker/kg Tränke zusetzen
Herstellung aus Kuhmilch:	640 ml Kuhmilch, 320 g Wasser, 35 g Milch- oder Traubenzucker, 1500 IE Vitamin A, 300 IE Vitamin D, 25 mg Antibiotika (Tetracycline)

chen Pausen von 4–6 Std. und unter vorsichtiger Erhöhung der Tränkmenge; rd. 15 % der LM pro Tag).

Fohlen vertragen auch Milchaustauschertränken (mit Temperaturen von 15 °C), die ad libitum zur Verfügung gestellt werden. Sie nehmen dann ihrem normalen Tränkbedürfnis entsprechend kontinuierlich kleine Mengen auf. Aus Sicherheitsgründen muß die Tränke, besonders in den warmen Jahreszeiten, 2mal täglich frisch bereitet werden.

Von der 3. Lebenswoche an erhalten mutterlose Fohlen trockenes Beifutter (Fohlenaufzuchtfutter) sowie Heu und einige Male frisch abgesetzten Stutenkot zur Etablierung der Darmflora und -fauna. Nach etwa 2½–3 Monaten kann die Tränkmenge nach und nach reduziert werden. Sobald die Fohlen rd. 1,2 kg Kraftfutter/ 100 kg LM aufnehmen, werden sie von der Milchtränke abgesetzt.

6.3   Kotveränderungen und Durchfälle bei Saugfohlen

Zu den häufigsten Störungen bei Fohlen zählen Durchfälle, die durch Ernährungsfehler, Parasiten, Viren und Bakterien verursacht werden können.

Der gelegentlich in der 2. Lebenswoche auftretende weiche bis wäßrige Kot wird in der Regel nicht durch Milchveränderungen im Zusammenhang mit der Rosse der Stute verursacht, sondern ist häufig (sofern es sich nicht um eine Strongyloidesinfektion handelt) die Reaktion des Darmes auf erste feste Stoffe, die das Fohlen zunächst mehr spielerisch neben der Milch aufnimmt und an die sich der Darm, insbesondere der Dickdarm gewöhnen muß. Diese fieberlose Störung bedarf keiner besonderen Behandlung.

Primär *ernährungsbedingte Durchfälle* treten gelegentlich im Laufe des 1. Lebensmonats auf, wenn die Fohlen noch nicht in der Lage sind, zwischen geeigneten und ungeeigneten Substraten bei der Futteraufnahme zu unterscheiden: Sand, Stroh, Kot, salzhaltige Leckmassen, überhöhte Wassermengen kommen ursächlich für solche Verdauungsstörungen in Frage, aber auch eine übermäßige Milchaufnahme (starke Milchproduktion der Stute, längere Trennung von Fohlen und Muttertier). Lactose-Unverträglichkeiten entwickeln sich eventuell nach einer Infektion mit Rotaviren.

Parasitär bedingte Durchfälle können durch *Strongyloides* (Aufnahme über Muttermilch), vor allem aber durch Strongyliden *(Strongylus vulgaris)* verursacht werden.

Sehr schwere Durchfälle mit profusem wäßrigen Kot und schnellem Körperverfall treten im 1. und 2. Lebensmonat nach *Infektion mit Rotaviren* auf. Diese Viren zerstören insbesondere die Epithelzellen der Darmzotten, so daß die Nährstoffe nicht absorbiert werden können.

Von den *bakteriell verursachten Diarrhoen* hat die *Salmonellose* die weiteste Verbreitung. Meistens werden die Fohlen von latent befallenen anderen Pferden (Ausscheidern), oft vom Muttertier infiziert. Die Erkrankung kann mild oder schwer verlaufen (stark faulig riechender Kot) und ist meistens von Temperaturerhöhung begleitet. Im Gegensatz zu älteren Tieren erkranken Fohlen unabhängig von zusätzlichen Streßbelastungen.

Infektionen mit *Echerichia coli* führen in der Regel zu schweren Septikaemien, nicht primär zu Durchfällen, während *Clostridien (perfringens* oder *welchii)* bei 1–2 Tage alten Fohlen haemorrhagische Diarrhoen verursachen.

Bei Absatzfohlen ist *Clostridium perfringens* Typ D für die *Enterotoxaemie* verantwortlich. Der Keim bildet plötzlich größere Mengen hochwirksamer Toxine im Darmkanal, die innerhalb von Stunden den Tod des Tieres herbeiführen, ohne daß schwere Verdauungsstörungen auftreten. Für die Erkrankung sind besonders schnellwachsende Fohlen disponiert, die große Kraftfuttermengen und wenig Rauhfutter aufnehmen. Aus diesem Grunde ist der Kraftfutterverzehr ständig zu kontrollieren, bei zu hastiger und zu hoher Aufnahme durch Zulage von Heuhäcksel zu verzögern.

6.4   Absatzfohlen

Fohlen werden im Alter von 4–6 Monaten von der Mutter abgesetzt. Der Termin ist vom Entwicklungszustand der Fohlen und der Beifutteraufnahme abhängig zu machen und sollte niemals schematisch festgelegt werden. Zur Vorbereitung wird eine Woche vor dem Absetztermin das Futter der Stute reduziert und das Fohlen eventuell stundenweise von der Stute abgetrennt. Nach der endgültigen Trennung bleibt das Fohlen in seiner gewohnten Umgebung, möglichst in Gemeinschaft mit anderen Pferden. Die Stute bringt man außer Sicht- und Hörweite des Fohlens. Bei übermäßiger Milchproduktion muß sie von der Weide genommen und mit Heu und Stroh gefüttert werden (Euterkontrolle).

Nach dem Absetzen verdient die Fütterung des Fohlens besondere Aufmerksamkeit. Das mit der Muttermilch aufgenommene hochwertige Eiweiß fehlt nun in der Nahrung. Entwicklungsstörungen durch Mangel an essentiellen Aminosäuren (Lysin) oder B-Vitaminen sind möglich (Abb. 20).

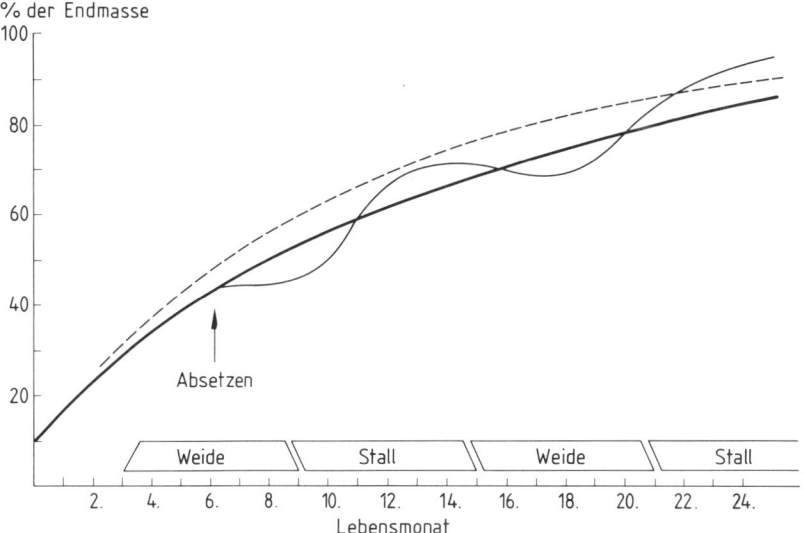

Abb. 20. Verlauf des Wachstums bei Fohlen und mögliche Abweichungen von einer gleichmäßigen Entwicklung:
—— normale, verhaltene Aufzucht - - - - forcierte Aufzucht —— ungleichmäßige Aufzucht

Um diesen Engpaß zu überbrücken, wurde in früheren Jahren nach dem Absetzen vielfach zusätzlich dicksaure Magermilch verfüttert (3–5 kg/Tier und Tag). Diese arbeitsaufwendige Beifütterung ersetzen heute Fohlenaufzuchtfutter mit hochwertigem Eiweiß (Tab. 61). 1,5 kg eines solchen Aufzuchtfutters (mittelgroße Rassen) kann den Aminosäurenbedarf, soweit er bekannt ist, decken. Der zusätzliche Energiebedarf des Fohlens, der auf der Weide besonders im Hochsommer und Herbst oft nicht erfüllt wird, läßt sich mit einem preisgünstigen Mischfutter oder Hafer ausgleichen.

Die notwendige Beifuttermenge für Weidefohlen nach dem Absetzen ergibt sich aus der Qualität der Weide. Bei mittelgroßen Rassen werden bis zu 3 kg/Tag notwendig, da die Grünfutteraufnahme in diesem Alter noch bescheiden ist. Sobald die Nächte kälter werden, sind die Fohlen nachts aufzustallen, da es sonst zu erheblichen Energieverlusten und Entwicklungsstörungen kommt.

6.5   Fütterung der Fohlen im 2. Halbjahr (1. Winterstallperiode)

Während der 1. Winterfütterungsperiode im 2. Halbjahr wächst das Fohlen noch intensiv. Entsprechend hoch ist der Bedarf an Eiweiß, Lysin sowie Mineralstoffen und Vitaminen. Darauf ist die Zusammensetzung der Kraftfuttermittel abzustimmen. Ungenügende Eiweißmengen begünstigen bei hoher Energiezufuhr Verfettung, Mangel an Calcium, Phosphor, Kupfer, Mangan oder Vitamin D stört die Skelettentwicklung, knappe Vitamin-A-Gaben schwächen die Abwehrkraft. Bei der in diesem Alter noch ungenügenden Entwicklung des Dickdarmes verdient auch die Versorgung mit B-Vitaminen Beachtung. Die Energiezufuhr ist Nutzungsrichtung, Umgebungstemperaturen und Bewegungsmöglichkeiten der Fohlen anzupassen.

Die Fohlen werden am besten in Laufställen mit Außenauslauf gehalten. Gemeinsame Aufzucht von mehreren Fohlen (möglichst paarig) wirkt sich günstig auf die Entwicklung aus, da die Tiere sich gegenseitig zur Bewegung stimulieren. Damit wird die Entwicklung von Skelett, Bändern und Sehnen gefördert. Während Schlechtwet-

Tab. 64. Winterfutterrationen für Fohlen (ausgewachsen 500 kg LM), kg/Tag

| Alter (Mon.) | 7–12 | 18–24 | | 30–36 | |
| Ø LM (kg) | 250 | 375 | | 400 | |
	I	II	III	IV	V
Wiesenheu, gut	2	3–4	2	4	2
Maissilage	–	–	6–8	–	10
Möhren	2	–	–	–	–
Futterrüben	–	4	–	8	–
Haferkörner	2	1,5	2	2	1
Mischfutter zu Heu/Hafer	–	–	1	–	1
Mischfutter für Fohlen (15–18 % vRp)	1,5	1	–	–	–
gutes Futterstroh	–	1–2	1–2	2–3	2–3
vitam. Mineralfutter (15–20 % Calcium)	–	–	–	0,1	–
Gehalte:					
verd. Energie MJ	61	70	71	71	69
verd. Rohprotein g	495	520	480	480	435

terperioden und bei geringen Bewegungsmöglichkeiten ist die Kraftfutterzuteilung einzuschränken.

Bei einzelnen, in engen Boxen gehaltenen Fohlen besteht stets das Risiko der Überfütterung und Verfettung. Daher ist bei ihnen die Energiezuteilung eher unter den Bedarfsnormen (Tab. 26) zu halten und ein langsameres Wachstum in Kauf zu nehmen (Erreichen von rd. 55 % des Endgewichtes innerhalb von 12 Monaten). Die verzögerte Entwicklung während der Wintermonate wird später auf der Weide voll ausgeglichen. Entscheidend ist, daß abrupte Depressionen ebenso wie Schübe im Wachstum vermieden werden (Abb. 20).

Für die *Winterfutterrationen* kommen Rauhfutter, geringe Mengen an Rüben oder Möhren sowie Kraftfutter in Frage (Tab. 64). Das Heu (rd. 1 kg/100 kg LM) sollte hochverdaulich und gehaltvoll sein. Ein Gemisch von Wiesen- und Leguminosenheu erhöht die Mineralstoffzufuhr. Die tägliche Krippenfuttermenge ist mit etwa 1,5 kg/ 100 kg LM anzusetzen, davon bei mittelgroßen Rassen mindestens 1–1,5 kg Fohlen-aufzuchtfutter, der Rest Quetschhafer oder Mischfutter. Höhere Kraftfuttermengen senken die Rauhfutteraufnahme und begünstigen Enterotoxaemien (s. Seite 153).

6.6   Jährlinge

Sobald es die Witterung erlaubt, kommen die Jährlinge auf die Weide. Ihre Zahl sollte stets paarig sein, da sich zwischen je zwei Fohlen Bindungen entwickeln, die Futteraufnahme, aber auch Bewegungsspiele stimulieren. Anfangs kommen die Fohlen nur für wenige Stunden auf die Weide; das Stallfutter, besonders Heu, sowie eine reduzierte Kraftfuttermenge werden beibehalten. Dadurch werden allmähliche Futterumstellung und kontinuierliche, ausreichende Nährstoffversorgung gesichert. In der Hauptwachstumsphase des Weidefutters (Mai) ist die Eiweißaufnahme eventuell recht hoch (über 1000 g verd. Rohprotein/Tag), das Rohfaser- (unter 18 %) ebenso wie das Energieangebot jedoch zu gering. Dann wird – auch zur Vermeidung von Durchfällen – zusätzlich Heu (1–2 kg), gutes Futterstroh oder bis zu 5 kg Maissilage beigefüttert. In dieser Phase ist auch die Ca-, Na- und Mg-Ergänzung zu beachten.

Im Verlauf der Vegetation genügt bei Umtriebsweiden das Nährstoffangebot in quantitativer Hinsicht für ein ausreichendes Wachstum. Bei Standweiden, während längerer Trockenperioden im Sommer sowie extensiver Fütterung im vorhergehenden Winter (s. oben) wird Beifutter (Hafer, Kraftfutter) notwendig.

Bei intensiver Aufzucht (Vollblüter) muß während der 2. Weidesaison stärker zugefüttert werden. Je nach Zustand der Weide erhalten die Fohlen 4–6 kg, nach der Aufstallung und in der Vorbereitungsfütterung auf das Training im Rennstall auch 6–7 kg Hafer, besser Kraftfutter mit 8–10 % verd. Rohprotein und Mineralstoff- und Vitaminzusätzen.

Nach der Aufstallung im Herbst, die bei naßkalter Witterung nicht zu spät erfolgen sollte, besteht die Futterration vorwiegend aus Heu, Silage, Futterrüben und einer Kraftfutterergänzung (Tab. 64). Da das Fohlen seine Hauptwachstumsphase hinter sich hat, kann der Aufwand an hochwertigem Kraftfutter zurücktreten.

6.7   Zweijährige

Die zweijährigen Fohlen kommen im Frühjahr unter Beachtung der Übergangs-
schwierigkeiten alsbald auf die Weide und können ihren Nahrungsbedarf ausreichend
decken. Im Mai wird eventuell die Zulage strukturreicher, eiweißarmer Beifutter
(Stroh), im Spätsommer und Herbst eine Energieergänzung (Maissilage) notwendig.
In der folgenden Winterfutterperiode kann die Ration, sofern die Pferde nicht
schon zu leichter Arbeit (nicht unter dem Reiter) herangezogen werden, ähnlich wie
bei den Jährlingen gestaltet werden, da die Bedarfsnormen (Tab. 26) für diese
Altersgruppe mit Ausnahme des geringeren Eiweißbedarfes in ähnlicher Größenordnung wie bei Jährlingen liegen (Tab. 64).

6.8   Störungen in der Gliedmaßenentwicklung bei Fohlen

Bei schnellwachsenden Fohlen kommen Störungen an den Gliedmaßen vor, die z. T.
mit der Fütterung in Zusammenhang stehen:

– die sog. *»Epiphysitis«,*
– das *Wobbler-Syndrom,*
– *Kontrakturen* der oberflächlichen und tiefen *Beugesehnen.*

Die Bezeichnung »Epiphysitis« ist medizinisch nicht korrekt, da es sich um keine
Entzündung handelt, sondern um degenerative Veränderungen an den Wachstumszo-
nen der Gliedmaßenknochen insbesondere oberhalb des Carpalgelenkes (»Knie«)
oder oberhalb der Fesselgelenke sowie an den Gelenkknorpeln. Diese Störungen
werden z. T. durch Ernährungsfehler verursacht oder – in Kombination mit erblichen
Dispositionen und geringen Bewegungsmöglichkeiten – begünstigt.
Die verschiedenen Veränderungen sind im wesentlichen Folgen einer zu raschen
Lebendmassezunahme durch zu intensive Fütterung. Dabei halten die komplizierten
Reifungs- und Wachstumsvorgänge im Skelett mit der allgemeinen Massenzunahme
nicht Schritt. Die Knochen wachsen zwar proportional in der Länge, nicht jedoch im
Umfang. Vor allem scheint die Mineralisation des in den Wachstumsfugen neu
gebildeten Knorpels mit der allgemeinen Lebendmasseentwicklung nicht synchron zu
verlaufen. Aufgrund der hohen Zunahmen wird das unausgereifte Gewebe in den
Wachstumszonen überlastet, verstärkt durch erhöhten Druck pro Flächeneinheit
infolge ungenügenden Breitenwachstums. Für die Überlastung spricht auch, daß die
Veränderungen in der Regel an der Vorhand auftreten, die etwa 60–65 % der
Gesamtmasse trägt.
Unter den genannten Bedingungen reagieren die Wachstumsknorpel mit degenerativen Veränderungen, ungenügender oder unregelmäßiger Mineralisation, an der
Peripherie auch mit vermehrtem Wachstum (Umfangsvermehrung). Die z. T. resul-
tierenden Stellungsanomalien fördern einseitige Belastungen, so daß sich der Prozeß
verstärkt und vielfach auch die Gelenkknorpel in Mitleidenschaft gezogen werden.
Klinisch manifestieren sich die Schäden häufig erst, wenn die Fohlen sich stärker
bewegen, z. B. nach dem Austrieb.
Die geschilderten Veränderungen scheinen durch hormonelle Imbalanzen begünstigt zu werden. Nach hohen Energie- und Eiweißmengen nimmt die Bildung von

Cortisol und Insulin zu, die wiederum den Stoffwechsel des für die Mineralisation der Knorpel wichtigen Thyroxins beeinträchtigen.

Skelettveränderungen werden eventuell auch durch eine ungenügende Zufuhr an Aminosäuren, Calcium, Phosphor, Mangan, Kupfer, Vitamin A und D und ein zu enges Ca/P-Verhältnis verursacht, heute allerdings selten. Die Überlastungsschäden am Skelett können andererseits nicht durch Überdosierung dieser Stoffe verhütet werden. Überhöhte Mengen sind nicht allein zwecklos, sondern schaden eventuell sogar (insbesondere Protein, Calcium, Vitamin A und D).

Veränderungen an den Halswirbeln (Osteochondrosis dissecans = sog. *Wobbler-Syndrom*) werden ursächlich ebenfalls mit einer übertriebenen Aufzucht, kombiniert mit erblicher Disposition, in Verbindung gebracht.

Erworbene *Kontrakturen der* oberflächlichen und tiefen *Beugesehnen* finden sich besonders bei 6–12 Monate alten Fohlen nach übertriebener Fütterung – die langen Röhrenknochen scheinen schneller als die Sehnen zu wachsen –, aber auch nach ungleichmäßigem Wachstum, z. B. nach restriktiver Fütterung oder geringer Futteraufnahme infolge Erkrankung und anschließender ad-libitum-Fütterung mit extrem raschem Wachstum. Um die genannten Störungen zu vermeiden, muß die Energie- und Eiweißzufuhr Typ, Rasse und Bewegungsmöglichkeiten angepaßt werden (Richtwerte für Wachstumsraten s. Tab. 25).

Die in der Vollblut- und Traberzucht angestrebte frühe Nutzung und die daraus notwendig resultierende intensive Aufzucht sollte überdacht werden. Die hohen Ausfälle im ersten Trainingsjahr durch Skelett- und Sehnenschäden könnten vermutlich durch eine moderate Aufzucht vermindert werden.

Damit sich Skelett- und Sehnenapparat ungestört entwickeln, ist auch ein gleichmäßiges Wachstum während der gesamten Aufzuchtzeit anzustreben (Abb. 20). Abrupte Wachstumsdepressionen (z. B. nach dem Absetzen oder bei schlechter Weide im Sommer) ebenso wie plötzliche Wachstumsschübe (nach Aufstallung im Winter oder beim Übergang auf die Weide nach temporär proteinarmer Winterfütterung) sind zu vermeiden. Dies schließt nicht aus, daß die Zuwachsraten in der Zeit mit geringen Bewegungsmöglichkeiten knapper (im Winter), bei größerem Bewegungsspielraum (im Sommer) höher sein können. Sind Fohlen in der Entwicklung zurückgeblieben, dann müssen anschließend exzessive Wachstumsschübe durch restriktive Fütterung verhindert werden.

7 Ponys und Kleinpferde

Ponys unterscheiden sich in verdauungsphysiologischer Hinsicht nicht von Großpferden. Vergleichende Untersuchungen haben gezeigt, daß die Futterverdaulichkeit in gleicher Größenordnung wie bei Großpferden liegt.

Die Ponyrassen weisen jedoch entsprechend Herkunft oder züchterischer Entwicklung erhebliche Unterschiede hinsichtlich Temperament, Futteranspruch und Futterdankbarkeit auf. Einige Pony- und Kleinpferderassen (Shetland-, Exmoor-, Islandpony, Fjordpferd) haben sich in jahrhundertelanger Entwicklung an die Futterverhältnisse extensiver Standorte adaptiert. Ihr Verhalten (ruhiges Temperament) sowie die starke Hautisolation (dichtes Haarkleid, Unterhautfettgewebe) bedingen offenbar einen geringeren Energieaufwand im Erhaltungsstoffwechsel als bei anderen Rassen. Die in Tabelle 16 angegebenen Energiebedarfsnormen können für diese

Rassen daher um rd. 10 % reduziert werden. Dies gilt dagegen nicht für Pony- und Kleinpferderassen, die aus wärmeren Klimazonen stammen oder mit Arabern bzw. Vollblütern aufgekreuzt wurden (New Forest, Welsh Mountain, Haflinger, Bosnische Gebirgspferde).

Die kleineren Ponys der Extensivrassen werden in der Regel nicht zur Arbeit genutzt, so daß, außer bei Zuchttieren, im wesentlichen der Erhaltungsbedarf zu erfüllen ist (s. Tab. 65). Bei ihnen besteht unter den günstigeren Klima- und Futterverhältnissen Mitteleuropas eher die Gefahr der Über- als Unterversorgung mit Energie (Verfettung).

Tab. 65. Futterrationen für Ponys; Erhaltungsbedarf[1]), kg/Tag

| | Lebendmasse, kg | | |
| | 150 | 200 | 300 |
	I	II	III
a) Wiesenheu (7,5 MJ/kg)	3–3,5	3,5–4	5,5
b) Wiesenheu (6,5 MJ/kg) + Mineralfutter[2])	3,5–4	4,5	6,5
c) Weizenstroh, aufgeschlossen (6,5 MJ/kg)	3	4	5,5
Mischfutter zu Heu/Hafer	0,5	0,6	0,7
d) Maissilage (3,5 MJ/kg) oder Zuckerrüben	5	8	10
Haferkörner	0,5	0,5	0,5
Mineralfutter[2])			

[1]) bei Extensivrassen liegt der Energiebedarf um rd. 10 % unter den Werten von Tabelle 16 (s. Text).
[2]) 30 g pro Tag, 15–20 % Ca

Im Frühjahr, Sommer und Herbst werden Ponys der Extensivrassen am einfachsten auf der Weide gehalten. Zur Deckung des Erhaltungsbedarfs reichen bei mittlerer Weidequalität pro Tier 0,15 ha (100 kg) bis 0,25 ha (200 kg) aus. Auf Standweiden mit schlechteren Futterqualitäten oder bei Arbeitsleistungen sind größere Flächen vorzusehen. Junges, eiweißreiches Gras kann bei Ponys zu überhöhter Futteraufnahme, Hufrehe, Durchfällen oder Aufblähen führen. Ponyweiden sind daher nur knapp zu düngen. Falls das Gras zu rasch wächst, werden Stroh, älteres Heu oder Maissilage beigefüttert. In größeren Herden hat sich auch die tägliche Zuteilung mittels Elektrozaun bewährt. Während Trockenperioden im Hochsommer ebenso wie im Spätherbst oder am Winterausgang wird die Futterversorgung der Weideponys eventuell knapp. Ausgewachsene Tiere ohne besondere Beanspruchung können eine zeitliche und nicht zu ausgeprägte Energieunterversorgung zwar ohne Nachteile überstehen, sie nehmen jedoch ebenso wie andere Pferde unter diesen Bedingungen eventuell vermehrt Wurzeln und Erde auf, die zu Verdauungsstörungen führen können. Daher ist bei knappen Weideverhältnissen zur mechanischen Sättigung Stroh zuzufüttern.

Wachsende Fohlen, hochtragende Stuten und Arbeitsponys müssen in der futterarmen Zeit nährstoffreicheres Beifutter (Heu, Kraftfutter) erhalten. Bei hochtragenden Stuten kommt es bei einem länger dauernden Energiedefizit eventuell zu einer verstärkten Fettmobilisation und einer enormen Steigerung des Blutfettgehaltes (Hyperlipidämie, s. Seite 180).

Die Beifütterung hochtragender Ponystuten, die am Winterausgang bereits wieder auf der Weide gehalten werden, erfolgt je nach Größe (1–3 kg Heu bzw. 0,5–2 kg Hafer oder Kraftfutter) entsprechend den Bedarfswerten (Tab. 20). Das Kraftfutter wird abends gegeben, nicht morgens vor dem Austrieb (Tympaniegefahr). Laktierende Stuten sind auf besseren Weiden zu halten. Andernfalls wird – bei den hohen Milchmengenleistungen der Ponys (Tab. 21) – eine stärkere Beifütterung notwendig (Maissilage, gutes Heu, Hafer; Tab. 66).

Tab. 66. Winterfutterrationen für Ponyfohlen und -stuten (ausgewachsen 225 kg LM) kg/Tag

	Fohlen			Stuten	
	2.	4.	6.	hochtragend	laktierend
		Halbjahr			
	I	II	III	IV	V
Heu, mittel	2	2,5	3	3	5
Futterrüben	1,5	2	2	2	3
Mischfutter für Fohlen	1	–	–	–	–
Mischfutter zum Haferersatz	–	1	1	–	–
Mischfutter für Stuten	–	–	–	1	2,2
Gehalte:					
verd. Energie MJ	32	35	39	41	65
verd. Rohprotein g	253	251	281	314	523

Grünfutter kann auch im Stall verfüttert werden. Die notwendigen Mengen richten sich nach der Qualität. Bei mittlerem Nährstoffgehalt ist etwa das 3–4fache der in Tabelle 65 unter a) angeführten Heumenge vorzusehen. Kurzgeschnittenes Rasenmähergras führt leicht zu Hüftdarmanschoppungen (da es ungenügend gekaut wird) und sollte besser nicht oder nur im Gemisch mit Stroh oder Heu verfüttert werden.

Während des Winters können die Ponys, sofern keine besonderen Leistungen gefordert werden, ausschließlich mit Heu oder gutem Futterstroh ernährt werden (Tab. 65). Nehmen sie bei den angegebenen Heumengen noch Streustroh auf, ist die Heuzuteilung zu erhöhen. Auch mit Maissilage oder Zuckerrüben können die Ponys – bei geringen Kraftfutterergänzungen – während der Wintermonate preisgünstig durchgefüttert werden (Tab. 65/d).

Bei Fohlen und Stuten sind neben Rauh- und Saftfutter stets Kraftfutterzulagen (Hafer, Mischfutter) notwendig (Tab. 66). Für Arbeitsponys bis zum Gewicht von 200–250 kg können Rationen wie für hochtragende Stuten (Tab. 66) eingesetzt werden. Bei größeren Ponys sind die in Abschnitt »Arbeitspferde« genannten Rationen sinngemäß anzuwenden. Als Anhaltspunkte können gelten:

Rauhfutter: 1 % der Lebendmasse
Krippenfutter: 1 % der Lebendmasse

Ponys erhalten häufig auch Abfälle aus Küche und Garten (Brot, Obst, Gemüsereste). Kleine Portionen werden bei einwandfreier Qualität im allgemeinen vertragen. Bei größeren Mengen bestehen wegen des eventuellen häufigen Futterwechsels Risiken. Kernobstrückstände sind gefährlich (Kerne), desgleichen manche Gartenabfälle (Tab. 68).

G Ernährungsbedingte Krankheiten und Störungen

Eine ausgeglichene Ernährung ist wesentliche Voraussetzung für Gesundheit, Leistungsfähigkeit, Fruchtbarkeit und Langlebigkeit des Pferdes. In früheren Abschnitten wurde bereits auf Fütterungsfehler, die dieses Ziel in Frage stellen, aufmerksam gemacht. Im folgenden sollen die kritischen Punkte – teilweise tabellarisch – zusammengestellt werden, um eine rasche Information zu ermöglichen.

1 Mangel oder Überschuß an Energie und Nährstoffen

Dank Einsatz von Misch-, Ergänzungs- und Mineralfuttern sind Nährstoffmangelzustände heute selten. Bei einseitiger Verwendung von Grundfuttermitteln (Gras, Heu, Stroh) ohne Ergänzungen sowie durch Interaktionen zwischen verschiedenen Nährstoffen können dennoch gelegentlich *Mangelerkrankungen* auftreten. In diesem Zusammenhang verdient die Versorgung mit Calcium, Natrium, Selen sowie Carotin bzw. Vitamin A und E besondere Beachtung (Tab. 67).

Andererseits bestehen auch Probleme der *Überversorgung*. Relativ häufig kommt ein Energieüberschuß vor, besonders während der Aufzucht, aber auch bei Extensivrassen. Ein Eiweißüberhang ist typisch für Hochleistungspferde mit hohem Energiebedarf. Überversorgungen mit Vitaminen (A und D) oder Spurenelementen (Jod, Selen) entstehen beim Mißbrauch hochkonzentrierter Präparate (Tab. VI und VII, Anhang).

2 Aufnahme von Schadstoffen

Mit Futtermitteln können Schadstoffe aufgenommen werden, die entweder primär schon in den Futtermitteln enthalten sind oder sekundär durch Vermischung, Kontamination und Verderb in die Futtermittel gelangen bzw. in ihnen entstehen.

2.1 Futtermittel mit schädlichen Inhaltsstoffen

Schädliche Inhaltsstoffe in praxisüblichen Futtermitteln, die nur bei ungenügender Zubereitung (trocknen, kochen etc.) oder bei überhöhter, längerdauernder Dosierung zu Nachteilen führen, wurden bereits im Kapitel Futtermittelkunde behandelt. Zu diesen Stoffen zählen *Blausäure* (z.B. in Leinsamen), *Alkaloide* (Lupinen), *Senföle* (Brassicapflanzen) oder *Nitrat*.

Tab. 67. Mangel oder Überschuß von Energie und Nährstoffen in Pferdefutterrationen

Energie bzw. Nährstoffe	Mangel	Überschuß
Energie	selten, eventuell bei Exten-sivrassen, besonders hoch-tragenden Tieren (Hyperlipidaemie)	häufig, besonders bei wachsenden Fohlen (Skelett-schäden), Extensivrassen auf jungen Weiden
Eiweiß	selten, nur bei einseitiger Verwendung von Stroh, Rüben oder älterem Heu sowie bei laktierenden Stuten und Fohlen	häufig, besonders bei Pferden mit hoher Futtermengenauf-nahme und geringem Bedarf (Vielseitigkeitspferde)
Calcium	häufig, bei fehlender Mineral-stoffergänzung und Einsatz üblicher Grundfuttermittel	selten, Mißbrauch von Mineralstoffen
Phosphor	selten	bei einseitiger Verwendung von Kleie oder anderen Getreidenachprodukten
Magnesium	auf intensiv gedüngten Weiden	nicht zu erwarten
Natrium	häufig, besonders bei Pferden mit hohen Schweißverlusten ohne Bereitstellung von Lecksteinen	selten, eventuell bei Saug-fohlen (Zugang zu Lecksteinen)
Kalium	nur temporär nach extremen Schweißverlusten	bei Aufnahme von Gras, Heu, Silagen von intensiv gedüngten Weiden
Eisen	gelegentlich, besonders nach Blutverlusten (Parasitenbefall) und extrem starker Schweiß-bildung	selten
Kupfer	selten, allenfalls auf kupfer-armen Weiden, besonders bei Saugfohlen ohne kupfer-haltiges Beifutter	nicht zu erwarten
Zink	selten, eventuell bei über-höhter Ca- und Kleiegabe	nicht zu erwarten
Mangan	eventuell auf hochaufgekalkten Weiden oder Kalkverwitte-rungsböden, bei wachsenden Fohlen	selten, allenfalls auf Böden mit extrem niedrigem pH-Wert
Jod	selten, in Jodmangelgebieten	bei übertriebener Jodsupple-mentation
Selen	auf selenarmen Böden, beson-ders bei neugeborenen Fohlen	auf selenreichen Böden und-überhöhter Se-Supplementa-tion
Vitamin A/Carotin	häufig, typisch für Heu/Hafer-Rationen	Mißbrauch von Vitamin-A-haltigen Präparaten
Vitamin D	selten, bei ständiger Stall-haltung ohne Supplementation	Mißbrauch von Vitamin-D-Präparaten
Vitamin E	s. Vitamin A	ohne Risiko
wasserlösliche Vitamine	selten	nicht zu erwarten
B_1	→ Farnkraut-, Schachtel-halmaufnahme	
Folsäure	kein Grünfutter, hohe Schweißverluste	

Besondere Beachtung verdient der Nitratgehalt sowohl in jungem Grünfutter als auch in Herbstzwischenfrüchten (außer Leguminosen). Die Nitratmenge der Pflanzen hängt von ihrer Art (eine hohe Speicherkapazität weisen insbesondere Gräser, Brassicaceen, aber auch einige Unkräuter wie Melde oder Gänsefußarten auf), den Bodenverhältnissen, der Höhe der Stickstoffdüngung und den Witterungsbedingungen ab. Bei hohen Stickstoffgehalten im Boden, starken Stickstoffumsetzungen (Rieselwiesenflächen) können Nitratgehalte die kritische Schwelle übersteigen. Begünstigend für die Anreicherung wirken plötzliche Kälteeinbrüche während der Hauptwachstumsphase. Höhere Gehalte finden sich auch in gemähtem Gras, wenn es länger lagert. Grün- und Rauhfutter sollten nicht mehr als 10 g Nitrat/kg Trockensubstanz enthalten, wenn sie etwa 50 % der Ration ausmachen. Bei ausschließlicher Verwendung liegt die Grenze bei etwa 5 g/kg TS. Überhöhte Nitrataufnahme kann Koliken, Durchfälle, Atemnot (infolge Methaemoglobinbildung) und Kreislaufversagen verursachen. Bei tragenden Stuten erhöht sich das Abortrisiko.

2.2   Giftpflanzen

Giftpflanzen sind überwiegend wenig schmackhaft. Sie werden nur unter bestimmten Bedingungen (Futtermangel, Nährstoffmangel, geringe Sortiermöglichkeit z. B. in Heu und Stroh, Geschmacksveränderungen nach dem Trocknen) gefressen oder wenn sie im natürlichen Habitat der Pferde nicht vorkommen, so daß von ihnen keine Repellenswirkungen ausgehen (z. B. manche Garten- und Parkpflanzen).

Giftpflanzen können auf der Weide, mit Heu oder bei Ausritten in Garten- und Parkanlagen aufgenommen werden.

Die meisten giftigen Weidepflanzen (*Hahnenfuß, Schachtelhalm, Gundermann* etc.) werden von Pferden gemieden. Unter den spontan gefressenen ist das *Jakobs-Kreuzkraut (Senecio jacobaea)* hierzulande von geringer Bedeutung. Es findet sich nur gelegentlich an Wald- und Wegerändern (vorwiegend trockener Standorte) und kann neben Appetitlosigkeit bei chronischer Aufnahme vor allem schwere Leberschäden verursachen. Auch der *Wasserschierling (Cicuta virosa),* der eventuell mit Grabenaushub auf Weiden gelangt und auch nach Trocknung seine Giftigkeit nicht einbüßt, stellt nur sporadisch ein Risiko dar.

Am Rande von Weiden ist für Pferde gelegentlich das *Johanniskraut (Hypericum perforatum)* erreichbar. Durch Sensibilisierung der Haut führt es an nicht pigmentierten Hautstellen zu Sonnenbrand. Auf moorigen Wiesen, an Ufern von Gräben und Seen wächst gelegentlich noch *Pferdesaat (Oenanthe aquatica* bzw. *fistulosa),* deren Aufnahme Erregung und Krämpfe verursachen kann.

Der *Goldhafer (Trisetum flavescens)* ist bei massenhaftem Vorkommen (15–30 %) auf Weideflächen (z. B. in Mittelgebirgslagen und im Alpenvorland) gefährlich. Die chronische Aufnahme verursacht Hypercalciaemien und schwere Nieren- und Gefäßverkalkungen. Durch Heugewinnung auf kritischen Flächen kann das Risiko gemindert werden, da in älteren Pflanzen die Konzentration des calcinogenen Wirkstoffes abnimmt, der jedoch weder durch Trocknen noch durch Silieren seine Wirksamkeit verliert. Schäden durch übermäßige Aufnahme von *Rohrschwingel (Festuca arundinacea)* sind im Ausland bei tragenden Stuten beschrieben worden (verlängerte Trächtigkeit, Abort, verdickte Placenta, Milchmangel). Die Störungen werden besonders im Herbst und Winter auf reinen Schwingelweiden nach feucht-warmer Witterung beobachtet und vermutlich durch einen toxischen Pilz verursacht.

Tab. 68. Giftpflanzen für Pferde

Pflanzenart	giftige Teile	Wirkungen
A Wälder und Parkanlagen		
Buchsbaum *(Buxus sempervirens)*	Blätter und Rinde, 750 g tödlich	Lähmungen, Kolik
Eibe *(Taxus baccata)*	alle Pflanzenteile, besonders Nadeln, 150 g tödlich	Bewegungs- und Kreislaufstörungen, Tod durch Atemlähmung
Goldregen *(Laburnum anagyroides)*	Blüten, Samen, Wurzeln	Kolik, Krämpfe, Atemlähmung
Heckenkirsche *(Lonicera xylosteum)*	vorwiegend Beeren und Blätter	Pulsbeschleunigung, Krämpfe, Kollaps
Lebensbaum *(Thuja)*	gesamte Pflanze	Reizung der Schleimhäute, Kolik, Durchfall
Rhododendron	besonders Blätter	nervöse Störungen
Robinie *(Robinia pseudoacacia)*	Rinde, Samen und Blätter	Durchfall, Kolik, Lähmungen
Seidelbast *(Daphne mezereum)*	gesamte Pflanze, besonders Rinde und Beeren, 30 g Rinde oder Beeren tödlich	Reizung der Schleimhaut, Kolik, Atemnot
B Wald- und Wegeränder, Lichtungen und Ödland		
Besenginster *(Sarothamnus scoparius)*	Samen und Sproß	Erregung und Lähmungserscheinungen
Bilsenkraut *(Hyoscyamus niger)*	alle Pflanzenteile, besonders Wurzeln	Unruhe, Gleichgewichtsstörungen
Bingelkraut *(Mercuria annua* und *-perennis)*	gesamte Pflanze	Durchfall, Leberschädigung, Lähmungen
Eisenhut *(Aconitum napellus* und *-vulparia)*	gesamte Pflanze, 10–12 mg Aconitin tödlich	Kolik, Atemlähmung
Fingerhut *(Digitalis lanata, -lutea, -purpurea)*	Blätter und Samen	Schleimhautreizung, Herzrhythmusstörungen
Giftlattich *(Latuca virosa)*	gesamte Pflanze	Erregung, Schweißbildung, Lähmungen
Betäubender Kälberkropf *(Chaerophyllum temulum)*	Sproß und Samen	Betäubung, Durchfall
Lupine *(Lupinus angustifolius, -luteus, -polyphyllus)*	Samen	Speichelfluß, Schluckbeschwerden, Unruhe, Krämpfe, Ikterus
Nachtschatten *(Solanum dulcamara)*	gesamte Pflanze	Durchfall, Erregung, Haemolyse, Atemnot
Osterluzei *(Aristolochia clematitis)*	vorwiegend Wurzeln	Inappetenz, Verstopfung
Stechapfel *(Datura stramonium)*	gesamte Pflanze	Unruhe, Schüttelkrämpfe, Lähmungen
Schwarze Tollkirsche *(Atropa bella donna)*	gesamte Pflanze, 125 g tödlich	Erregung, Krämpfe, Atemlähmung
C Gärten und Äcker		
Kartoffel *(Solanum tuberosum)*	Blüten, Beeren	Durchfall, Haemolyse
Pfaffenhütchen *(Euonymus europaea)*	gesamte Pflanze	Durchfall, Krämpfe
Lilien-, Amaryllis- und Irisgewächse	Zwiebeln bzw. Knollen	unterschiedlich, je nach Art

D Grünland und Heu (s. S. 164 sowie Tab. 44)

Mit gemähtem Grünfutter werden eventuell Giftpflanzen spontan aufgenommen. Im Heu sind vor allem *Sumpfschachtelhalm (Equisetum palustre),* seltener *Adlerfarn (Pteridium aquilinum), Adonisröschen (Adonis vernalis)* und die *Herbstzeitlose (Colchicum autumnale)* zu beachten, da sie ihre Toxizität durch Trocknung nicht verlieren.

Der *Adlerfarn* enthält eine Substanz, die das Vitamin B_1 inaktiviert. Ein ähnlicher Stoff kommt auch im *Sumpfschachtelhalm* vor. Nach Aufnahme von Heu mit geringen Anteilen dieser Giftpflanzen beobachtet man Appetitlosigkeit, Übererregbarkeit, Verlangsamung der Herztätigkeit und allgemeine Schwäche.

Das *Adonisröschen* (Blutströpfchen) kommt besonders auf kalkreichen Böden vor und somit eventuell im Luzerneheu. Es führt zu Reizungen an Maulschleimhaut und Zahnfleisch, aber auch zu Störungen der Herzfunktion. Die *Herbstzeitlose* findet sich vorwiegend im süddeutschen Raum auf weniger intensiv genutzten Wiesen. Vergiftungssymptome bestehen in Appetitverlust, starker Speichelbildung, Erbrechen und Atemnot.

Bei Ausritten durch Gärten, Parkanlagen und Wälder sind auch andere Giftpflanzen erreichbar. Über die zahlreichen toxischen Pflanzen, die aber nur sporadisch Vergiftungen verursachen, orientiert Tabelle 68. Unter den aufgeführten Pflanzen kommt der *Eibe* wegen ihrer relativ weiten Verbreitung und der hohen Giftigkeit die größte Bedeutung zu. Aber auch *Buchsbaum, Robinie, Goldregen* sowie *Fingerhut* stellen Risiken dar, ebenso *Bucheckern,* wenn über 1 kg/Tag aufgenommen wird.

Gelegentlich sind auch Getreide, Getreidenachprodukte sowie Rückstände der Ölfabrikation mit schädlichen Unkrautsamen verunreinigt. In den Getreidearten finden sich hin und wieder die Samen von *Taumellolch,* die ähnlich wie Haferkörner aussehen, jedoch flacher und stärker bespelzt sind. Nach Aufnahme von Hafer mit 0,76 % Taumellolch wurden schwere Erkrankungen (nervöse Erscheinungen) beschrieben. Im Leinsamen oder in Leinsamenrückständen können die Samen des *Leinlolchs* vorkommen, die zu ähnlichen Symptomen führen. Samen der *Kornrade* sind für Pferde dagegen weniger schädlich. In Rückständen von Erdnuß oder Leinsamen finden sich eventuell Verunreinigungen von *Rizinussamen,* die das hochwirksame Gift Rizin enthalten. Bereits 40 g dieses Samens können schwere Vergiftungserscheinungen verursachen.

Zu den Giftpflanzen im weiteren Sinne ist das Dauermycel des Pilzes *Claviceps purpurea (Mutterkorn)* zu rechnen, das sich auf Getreidekörnern (vorwiegend Roggen, aber auch Hafer und Grassamen) entwickelt. Die bananenförmigen 1–3 cm langen schwarzen Sklerotien können eventuell mit Schwarzhafer verwechselt werden. Das Mycel enthält verschiedene Gifte, die u. a. gefäßverengend wirken und über die Kontraktion der Uterusmuskulatur auch zu Aborten führen. In Körnerfuttern sind max. 0,5 g Mutterkornsklerotien/kg zu tolerieren.

2.3   Kontaminierte Futtermittel

Kontaminierte Futtermittel stellen ein weiteres Risiko für Pferde dar. Art und Menge der kontaminierenden Stoffe sind außerordentlich vielfältig, so daß nur einige wichtige Gruppen erwähnt werden können (Tab. 69).

Tab. 69. Höchstgehalte von Schadstoffen in Futtermitteln für Pferde[1]) (88 % Trockensubstanz)

	mg/kg
Arsen	
Grünmehle	4
Alleinfuttermittel	2
Mineralfuttermittel	8
andere Ergänzungsfuttermittel	4
Blausäure	
Leinsamen	250
Leinextraktionsschrot, Leinkuchen	350
andere Futtermittel	50
Blei	
Grünfutter	40
sonstige Einzelfuttermittel	10
Alleinfuttermittel	5
Mineralfutter	30
andere Ergänzungsfuttermittel	10
Flour	
Einzelfuttermittel	150
Alleinfuttermittel	150
Mutterkorn	
Getreide, unzerkleinert	1000
Quecksilber	
Einzel- und Alleinfuttermittel	0,1
Theobromin	
Alleinfutter	300
Unkrautsamen und Früchte, die Alkaloide enthalten, insg.	3000
Datura stramonium	1000
Lolium remotum	1000
Lolium temulentum	1000

[1]) Auszug aus Anlage 5 der Futtermittelverordnung

2.3.1 Erde

Erhöhte Mengen an Erde (Sand, Lehm, Tonpartikel) können sowohl auf Grünfutter (Überschwemmungsgebiete, Rieselwiesen) als auch in Heu und Trockengrün (Ansaugen lockerer Bodenteile bei der Bergung), aber auch an Wurzeln und Knollen vorkommen. Je nach Art (grobe, scharfe Körner) und Menge sind Störungen zu erwarten (s. Sandkoliken Seite 177).

2.3.2 Düngemittel

Eine Kontamination der Futtermittel mit Düngemitteln ist nur bei unsachgemäßer Verwendung und Einsatz loser, gut haftender Substanzen möglich. Da heute die meisten Düngemittel geperlt sind, ist das Risiko gering. Eine direkte, spontane Aufnahme ist unwahrscheinlich.

Unter den Düngemitteln sind kalkhaltige (Branntkalk aufgrund seiner Ätzwirkung auf die Schleimhaut), harnstoffhaltige (→ Ammoniakvergiftung; 3,5 g/kg LM waren tödlich) und nitrathaltige (Nitratvergiftung) hervorzuheben.

2.3.3   Schädlingsbekämpfungsmittel

Nur bei unsachgemäßer Lagerung und Ausbringung von Schädlingsbekämpfungsmitteln sowie der Nutzung behandelter Flächen können Schäden auftreten.

Insektizide werden kaum zur Behandlung von Futtermitteln eingesetzt. Bei Bekämpfung von Futtermilben oder generell bei Desinfektion von Silos sind die Anwendungsvorschriften streng zu beachten.

Unter den *Unkrautbekämpfungsmitteln* können eventuell Dinitrophenolverbindungen zu Schäden führen (erhöhte Temperatur, Inappetenz, Durst, Schwäche) – allerdings nur dann, wenn die Wartezeiten von der Anwendung bis zur Nutzung nicht beachtet werden.

Futtermittel können mit *Rodenticiden* (zur Bekämpfung von Ratten und Mäusen) kontaminiert werden, wenn Lagerräume mit Getreide oder anderen Futtermitteln behandelt werden. Die in der Regel auf Cumarinbasis wirkenden Stoffe verursachen eine ungenügende Blutgerinnung.

Von *Kurzspritzmitteln* (zur Hemmung des Halmwachstums von Getreide) wurden bisher keine Nachteile bekannt. Mögliche Einflüsse auf die Zusammensetzung des Strohs (erhöhter Gehalt an Gerüstsubstanzen, geringere Verdaulichkeit) wurden nicht überprüft.

2.3.4   Schwermetalle und andere anorganische Stoffe

Schwermetallkontaminationen können in der Umgebung von Industriebetrieben vorkommen. Erhöhte *Fluor*aufnahme führt zu Störungen im Knochenstoffwechsel (Zahnveränderungen, Knochenbrüchigkeit, Gelenkauftreibungen) sowie zu allgemeinem Körperverfall. Die Toleranzgrenze liegt bei etwa 1 mg Fluor pro kg LM/Tag (~ 50 mg/kg TS).

*Blei*kontaminationen des Weidefutters sind durch Industrieabgase oder bleihaltige Gewässer (unterhalb von Bleiabraumhalden) möglich. Entlang von stark befahrenen Autostraßen kommen nur in einem schmalen Streifen, besonders an der Leeseite (bis 30 m) erhöhte Bleigehalte vor. Gehalte von über 30 mg/kg TS sind bedenklich.

Hohe *Molybdän*gehalte im Weidefutter (über 3 mg/kg Trockensubstanz), die sich bei Kälbern auf die Skelettentwicklung ungünstig auswirkten, kommen selten vor, allenfalls in Böden der Liasformation oder nach zu starker Aufkalkung. Überhöhte *Kupfer*mengen können durch Schneckenbekämpfungsmittel (Kupfersulfat), eventuell auch durch Schweinegülle (nach Kupferfütterung) auf die Weide gelangen, allerdings besitzt das Pferd eine hohe Toleranz (> 100 mg/kg TS), ebenso wie für *Zink* (> 500 mg/kg TS).

2.3.5   Futterzusatzstoffe

Durch Fehlmischungen können eventuell Futterzusatzstoffe in überhöhten Mengen (z. B. Selen) oder Stoffe, die für andere Tierarten bestimmt, für Pferde jedoch hochtoxisch sind, in Pferdefutter gelangen. Dazu zählt insbesondere das für Geflügel bzw. Mastrinder zugelassene *Monensin-Natrium,* das bei Gehalten von 30 mg/kg Futter zu Appetitlosigkeit und Koliksymptomen, in höheren Mengen (60 mg/kg

Futter) zu Lähmungen, Krämpfen, Schwitzen, Festliegen und eventuell Exitus führt (LD_{50} 2–3 mg/kg LM und Tag).

2.3.6 Parasitenlarven und -eier

Grünfutter und Grünfutterkonservate sind besonders häufig mit Parasitenlarven oder -eiern kontaminiert durch Kotausscheidungen von Pferden (gegebenenfalls auch

Tab. 70. Parasitenformen auf Futtermitteln für Pferde sowie Übertragungsmodus und Zeitspanne bis zur Infektionsgefährdung

Parasit	Vorkommen	kontaminiertes Futtermittel	Art der infektionstüchtigen Stadien	Zeitpunkt der Infektionsfähigkeit nach Verlassen des Wirtes
Palisadenwürmer *Strongylus*- und *Trichonematiden*-arten	regelmäßig	Weidefutter, Heu Silagen nicht, wenn ausreichend gelagert (3 Monate)	Larven, allg. bis ein Jahr lebensfähig, Überwinterung möglich (Frühjahrsweiden nicht parasitenfrei)	1–2 Wochen
Spulwürmer *(Parascaris equorum)*	häufig bei Fohlen	verschiedene Futtermittel, die mit Pferdekot oder Gülle Kontakt hatten	Eier, hohe Widerstandskraft (bis 12 Mon. lebensfähig)	3–7 Wochen
Pfriemenschwänze *(Oxyuris equi)*	häufig	Stroheinstreu	Larven in der Eihülle	7 Tage
Magenwürmer *(Trichostrongylus axei)*	gelegentlich	Weidefutter, besonders bei dichtem Besatz durch Pfd oder Wdk	Larven, auch von Wdk stammend, 3–15 Mon. lebensfähig, überwinterungsfähig	1–2 Wochen
Zwergfadenwurm *(Strongyloides westeri)*	häufig, besonders bei Fohlen	Muttermilch	Larven	sofort (galaktogene Infektion)
Bandwurmfinnen *(Echinococcus hydatidosus)*	gelegentlich massiert	verschiedene Futtermittel, die durch Hundekot kontaminiert wurden	Bandwurmglieder oder -eier (von befallenen Hunden)	sofort
Lungenwürmer *(Dictyocaulus arnfieldi)*	gelegentlich	Weidefutter	Larven, bis 3 Monate lebensfähig, keine Überwinterung	1–2 Wochen
Bandwürmer (u. a. *Anaplocephala*arten)	selten	Weidepflanzen mit Moosmilben	zystizerkoidhaltige Moosmilben	rd. 4 Monate
Leberegel *(Fasciola hepatica)*	selten	Gräser auf feuchten Niederungs- und Dauerweiden (meist durch Wdk kontaminiert), Heu	encystierte Metacercarien, widerstandsfähig auch nach Trocknung	variabel, je nach Erreichen des Zwischenwirtes (Schnecke) und Weiterentwicklung; mindestens 2 Monate

Wiederkäuern) und über organische Düngemittel (Ascarideneier) oder Abwässer (Bandwurmfinnen). Die auf Grünfutter, eventuell auch auf Heu oder Stroh vorkommenden Parasitenzwischenformen sind in Tabelle 70 zusammengestellt. Vorbeugende Maßnahmen müssen sich an Art und Vermehrungszyklus der Parasiten orientieren. Die sichersten Vorbeugemaßnahmen wie Entfernen des Kotes von der Weide, regelmäßiges Wechseln der Weide (bei Palisadenwürmern z. B. in 8tägigem Abstand), Wechsel zwischen Wiederkäuern und Pferden sind in der Praxis leider nicht einfach zu realisieren. Aus diesem Grunde bleibt häufig nur die regelmäßige Behandlung mit Antiparasitaria (Abb. 21). Die Produkte müssen nach der Anwendung auf ihre Wirksamkeit überprüft werden, da auch Parasiten gegenüber Arzneimitteln resistent werden können. Zur Sicherung der Diagnose und Entwicklung eines erfolgreichen Bekämpfungsprogrammes unter Verwendung wirksamer Medikamente ist stets der Tierarzt einzuschalten.

Das beim Reinigungsschnitt auf Weiden anfallende Material, besonders aus der Umgebung der Kotabsatzflächen oder der stationären Tränken, sollte nicht getrocknet, sondern siliert oder möglichst an andere Tierarten verfüttert werden.

Wichtige Voraussetzungen: -exakte Bestandsdiagnose -tierärztliche Kontrolle der Maßnahmen - Behandlung aller Tiere des Bestandes

	Zeit	FOHLEN Maßnahmen	Zeit	STUTEN, JÄHRLINGE ETC. Maßnahmen
Februar		1. Behandlung gegen Strongyloides im Alter von 10 Tagen. Mehrmalige Wiederholung in wöchentlichen Abständen		Behandlung gegen Strongyliden, Oxyuren und Gasterophiliden
März		1. Behandlung gegen Askariden und Strongyliden im Alter von 8 Wochen. Wiederholung im Rhythmus der Bestandsbehandlung		
April				Behandlung gegen Strongyliden und Oxyuren. Nach 3 Tagen Austrieb
Mai				
Juni		Behandlung gegen Askariden und Strongyliden		Behandlung gegen Strongyliden und Oxyuren
Juli				
August		Behandlung gegen Askariden und Strongyliden		Behandlung gegen Strongyliden und Oxyuren
September				
Oktober		Behandlung gegen Askariden und Strongyliden		Behandlung gegen Strongyliden und Oxyuren
November				
Dezember		Behandlung gegen Askariden, Strongyliden und Gasterophiliden		Behandlung gegen Strongyliden, Oxyuren und Gasterophiliden
Januar				

Abb. 21. Schema für die Bekämpfung der Strongyliden, Strongyloides, Askariden, Oxyuren und Gastrophiluslarven der Pferde (nach STOYE 1975)

Aus parasitologischen Gründen ist eine gemeinsame oder konsekutive Haltung von Pferden und Eseln auf Weiden nicht ungefährlich, da Esel relativ häufig latent von Lungenwürmern befallen sind, so daß eine Ansteckungsgefahr für Pferde besteht, die im allgemeinen stärker als Esel unter dem Lungenwurmbefall leiden. Vor einer gemeinsamen Haltung sind die Esel parasitologisch zu untersuchen und gegebenenfalls zu behandeln.

2.3.7 Bakterien

Kontaminationen des Futters durch pathogene Bakterien sind selten. Weidefutter können durch Harn verschiedener Nager Leptospiren, Silagen (Randzonen, mit Erde verunreinigt) Listerien enthalten. Salmonellen, insbesondere vom Typ *Typhimurium,* die in der Außenwelt recht widerstandsfähig sind, können auf allen Futtermitteln vorkommen, die mit Exkrementen von Ausscheidern Kontakt hatten, z. B. Weidegras, aber auch Maissilagen oder selbst Getreidekörnern. *Clostridium botulinum* kann über Tierkadaver in Heustapel gelangen, sich aber auch bei mäßigen pH-Werten in Preßballensilagen (nach Erdverunreinigungen) vermehren.

2.4   Verdorbene Futtermittel

In Trockenfuttermittel können sich bei erhöhten Feuchtigkeitsgehalten (über 14 %) und Umgebungstemperaturen Schimmelpilze, Hefen und Bakterien vermehren, bei höheren Gehalten auch Milben und Insekten.

Solche Entwicklungen setzen ein, wenn die Futtermittel nicht ausreichend getrocknet wurden (Heu, Hafer) oder sekundär Wasser aus der Umgebung aufnehmen (wasserreiche Stalluft, feuchte Boden- oder Wandflächen, offene oder undichte Futterkisten im Stall). Futtermittel mit großen Oberflächen der Einzelpartikel (z. B. Weizenkleie) vermögen rasch Wasser zu adsorbieren. Dies gilt auch für Getreidekörner, deren natürliche Schutzschicht, die Frucht- und Samenschale, durch Quetschen oder Walzen aufgebrochen wurde. In Futtersilos, die starken Temperaturschwankungen ausgesetzt sind (Sonneneinstrahlung), kann Wasser aus dem Futter verdampfen und bei Temperaturabfall an den Wänden, insbesondere bei Metallsilos, kondensieren. Das Kondenswasser fließt dann an den Rändern in das Futter und ist so Ursache für erste Verderbnisvorgänge (wandständige Verklebungen). Dieser Prozeß kann auch nach Befüllen mit nicht ausreichend gekühltem pelletierten Mischfutter einsetzen. Verderbnis bei Rauhfuttermitteln ist gewöhnlich die Folge ungenügender Trocknung auf dem Felde. Blattreiches, stengelarmes Heu (Grummet) ist besonders disponiert. Bei Hochdruckballen und generell bei fester Lagerung (gehäckseltes Material) entweicht eventuell noch vorhandene Restfeuchtigkeit nicht vollständig nach außen, so daß sich im Zentrum Schimmelnester bilden.

Verderb ist in der Regel ein dynamischer Prozeß, der sich selbst unterhält bzw. beschleunigt, da durch die Tätigkeit der Mikroorganismen Wasser und Wärme gebildet wird und sich damit die Bedingungen für mikrobielle Umsetzungen weiter verbessern. Ist das Substrat schließlich erschöpft, kann auch in verdorbenen Futtermitteln nur ein geringer Keimgehalt nachweisbar sein.

Zur Überprüfung der hygienischen Qualität sind mikrobiologische Untersuchungen notwendig. Im Kulturverfahren kann die Zahl der lebensfähigen Bakterien, Pilze und Hefen erfaßt werden. Die Zahl gibt Anhaltspunkte für die Beurteilung (Tab. 71), entscheidend ist jedoch die Art der Keime bzw. der von ihnen gebildeten Toxine (Tab. 72). Beim Befall mit pathogenen Bakterien (z. B. Salmonellen) sind bereits geringe Mengen kritisch. Der Gehalt an gramnegativen Bakterien, auch abgestorbenen, kann durch den Lipopolysaccharidgehalt abgeschätzt werden (Tab. 71).

Mikrobiell veränderte oder verdorbene Futtermittel werden häufig nur zögernd aufgenommen oder nicht akzeptiert. Leider funktioniert diese durchaus sinnvolle

Tab. 71. Beurteilung der mikrobiologisch-hygienischen Beschaffenheit von Krippenfuttermitteln (Zahl kulturbildender Einheiten pro g)

	im allgemeinen unbedenklich	im allgemeinen erhöht	überhöht
Bakterien	$< 10^6$	$> 10^6$	$> 5 \times 10^6$
Pilze	$< 10^3$	$> 10^3$	$> 10^4$
Hefen	$< 10^2$	$> 10^2$	$> 10^3$
Lipopolysaccharide µg/g	< 10	> 10	> 25

Tab. 72. Schädigende Substrate und Schadwirkungen verdorbener Futtermittel

Schädigende Substrate	Schadwirkungen
Schimmelpilzsporen	Ansiedlung im Atmungs- oder Verdauungstrakt *(Mycosen)*, Inhalation → Atembeschwerden → eventuell Allergien
Schimmelpilztoxine	Verdauungsstörungen, Leber-, Nierenschäden, nervöse Ausfallserscheinungen, Störungen der Fertilität, Aborte *(Mykotoxikosen)*
Hefen	Tympanien (Aufgasungen) im Verdauungskanal, besonders im Magen (→ Magenruptur)
Baktieren – unspezifische – spezifisch pathogene, z. B. Salmonellen, Clostridien	Verdauungsstörungen, Leberschäden u. a. Diarrhoen, Mastitiden, nervöse Erscheinungen
Bakterientoxine – Exotoxine, z. B. *Clostridium botulinum*	progressive Lähmungserscheinungen besonders Schluckbeschwerden
Clostridium perfringens	Enterotoxaemien (auch nach Futterwechsel und Überfütterung)
Staphylococcus aureus ⎱ *Bacillus cerus* ⎰	allgemeine Intoxikationen
– Endotoxine (gramnegative Keime) (Lipopolysaccharide)	Verdauungsstörungen, eventuell schwere Schockzustände, Leberschäden
Milben	vermutlich nicht direkt toxisch, aber Indikator für Futtermittelverderb, gelegentlich nach Aufnahme milbenreicher Futter Futterverweigerung, Verdauungsstörungen und Lähmungen

Reaktion des Pferdes (aufgrund der Wirkung von Repellensstoffen) nur teilweise. Wenn die Ration z. B. wenig Rauhfutter enthält und ein besonderes Bedürfnis für kaufähiges Material besteht, wird auch verdorbenes Heu oder Stroh gefressen. Nicht einwandfreie Futter werden auch dann nicht verweigert, wenn generell die Futterzuteilung knapp ist bzw. ein erhöhter Bedarf vorliegt.

Die Wirkung der in verdorbenen Futtermitteln enthaltenen schädigenden Komponenten ist in Tabelle 72 zusammengestellt. Bei Zuteilung von schimmelpilzbefallenen Futtermitteln besteht das Risiko für Mykosen und Mykotoxikosen, nach Inhalation auch die Gefahr der Sensibilisierung (Allergie).

Die bisher isolierten Schimmelpilztoxine haben z. T. recht spezifische Wirkungen auf einzelne Organsysteme (Verdauungskanal, Leber, Niere, Zentralnervensystem, Genitaltrakt). Sie wirken teilweise auch immunsuppressiv und lähmen damit die Abwehrleistung des Organismus.

Getreide oder Mischfuttermittel mit erhöhtem Hefegehalt sind häufig verantwortlich für Blähungen im Magen (Magenkoliken) oder im Dünndarmbereich.

Die Wirkung der Bakterien hängt von ihrer Menge im Futter (Umschichtung der Darmflora), vor allem aber von der Art der von ihnen gebildeten Exotoxine (die sich eventuell schon im Futter anreichern können) und Endotoxine ab. Die aus der Wand gramnegativer Keime stammenden Lipopolysaccharide sind bei parenteraler Applikation für Pferde hochtoxisch (Schockzustände, Kreislaufversagen). Sie können ihre Wirkung auch nach Inhalation von Staub (der oft hohe Konzentrationen enthält) entfalten. Ob und unter welchen Bedingungen sie aus dem Verdauungskanal absorbiert werden, ist nicht bekannt. Höhere Gehalte in Futtermitteln sind in jedem Fall negativ zu bewerten.

3   Erkrankungen des Verdauungskanales

3.1   Zahnerkrankungen

Zahnerkrankungen sind beim Pferd ernstzunehmen, da die Funktionsfähigkeit der Zähne eine wichtige Voraussetzung für den normalen Ablauf des Verdauungsvorganges ist. Die schmelzhaltigen Zähne sind durch Reibung ständigem Abrieb unterworfen, der normal ist, aber möglichst gleichmäßig erfolgen sollte.

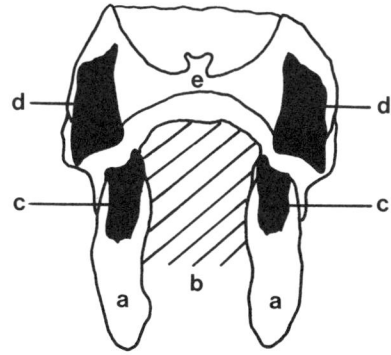

Abb. 22. Querschnitt durch den Schädel des Pferdes in Höhe der Backenzähne:
a) Unterkieferäste, b) Zungengrund, c) Backenzähne im Unterkiefer und »Haken« an den inneren Rändern, d) Backenzähne im Oberkiefer und »Haken« an den äußeren Rändern, e) Gaumendach

Wird überwiegend Krippen- ohne Rauhfutter gegeben, besteht das Risiko einer ungleichmäßigen Abnutzung, so daß der harte Zahnschmelz an den äußeren Rändern der Oberkiefer- und den inneren Rändern der Unterkieferbackenzähne (Abb. 22) *Spitzen* bildet, die die Backen- bzw. Zungenschleimhaut verletzen und Schmerzen erzeugen.

Aus diesem Grunde sind besonders Pferde, die wenig Rauhfutter bekommen, mindestens jährlich, besser halbjährlich zu untersuchen und gegebenenfalls die Backenzähne zu behandeln.

Durch einseitige rauhfutterarme Rationen entstehen eventuell auch bei Jungpferden im Alter von 2½ bis 3½ Jahren beim *Wechsel der Milchbackenzähne* Schwierigkeiten, wenn sich die hochgewachsenen Milchbackenzähne nicht von den bleibenden Zähnen lösen. Auch in diesem Alter sind verstärkte Kontrollen sinnvoll.

Die Beziehung zwischen Fütterung und *Karies* ist bisher nicht eindeutig geklärt. Futterrationen, die zu geringer Kautätigkeit anregen, oder Futterkomponenten mit hoher Klebkraft könnten begünstigend wirken.

3.2   Schlundverstopfungen

Schlundverstopfungen stehen fast regelmäßig mit Fütterungsfehlern im Zusammenhang. Die häufigste Ursache ist die Verfütterung *nicht eingeweichter Trockenschnitzel,* die auch schon in kleinen Mengen diese Störung, die oft zu schweren Komplikationen führt (Lungenentzündung infolge von Aspiration), auslösen. Auch größere Anteile von Trockenschnitzeln in Pellets (über 10 %) scheinen die Entstehung von Schlundverstopfung, insbesondere im Zusammenhang mit hastiger Futteraufnahme, geringer Einspeichelung und Zahnschäden zu begünstigen. Bei Weidepferden kann die unsystematische Fütterung von Pellets (in kleinen Mengen als Lock- oder Belohnungsfutter) ein Risiko darstellen.

Schlundverstopfungen können auch durch Abschlucken zu großer Stücke von *Rüben, Karotten, Kartoffeln, Äpfeln* etc. entstehen. In seltenen Fällen wirken trockenes Getreide oder andere konzentrierte Futtermittel verstopfend (z. B. abrupter Wechsel von Weide- auf Haferfütterung).

Während die durch Trockenschnitzel bedingten Schlundverstopfungen durch vorheriges Einweichen sicher verhütet werden können, sind die übrigen Verstopfungen nicht immer zu vermeiden. Rüben oder Möhren sollten ganz (so daß die Pferde zum Kauen gezwungen werden) oder gemust verfüttert werden. Zerkleinerung in grobe, direkt abschluckbare Stücke begünstigt Schlundverstopfungen. Bei rohen Kartoffeln können Knollen mittlerer Größe eventuell Schwierigkeiten machen.

Sind Pferde durch hastiges, gieriges Fressen oder durch Zahnschäden für die Störung disponiert, muß versucht werden, durch Vermischen der kritischen Futtermittel mit Heu- oder Strohhäcksel die Futteraufnahme zu verzögern, die Kauintensität zu verstärken und die Speichelsekretion anzuregen.

3.3   Koliken

Zu den häufigsten Störungen des Verdauungskanales zählen die Koliken, ein Sammelbegriff für verschiedene durch Unruhe und Schmerz gekennzeichnete Erkrankun-

Tab. 73. Fütterungsfehler, die Koliken bzw. Hufrehe begünstigen oder verursachen können

---

1) *Fehler in Futtermittelauswahl oder Rationszusammensetzung*
   - zu rohfaserarme, stärkereiche FM (Weizen, Roggen)
     → Verkleisterungsgefahr im Magen, Fehlgärungen, Magen- und Darmkatarrhe, Tympanien, Magenüberladungen
   - einseitige Verwendung rohfaserreicher, sperriger, eiweißarmer FM (Stroh)
     → Obstipationen im Blinddarm und Kolon
   - langfaseriges Futter, das ungenügend gekaut wird (z. B. Rotklee in der Blüte)
     → Faserkonglobate im kleinen Kolon
   - blähendes Futter (junges Grünfutter, Leguminosen, Klee, Luzerne, Kohlgewächse, Äpfel, Brot)
     → Tympanien im Blinddarm und Kolon
   - Überhöhte Mengen an FM mit hohem Mg- und P-Gehalt (Kleien, Nachmehle)
     → Darmsteinbildung

2) *Ungenügende Futterqualität*
   - verschimmeltes Futter: Stroh, Einstreu, Getreide, Brot, Mischfutter
     → Kolonobstipationen, Magentympanien und -rupturen, Magen- und Darmkatarrhe, Hufrehe
   - ungenügend abgelagertes Heu bzw. Hafer
     → Magen- und Darmkatarrhe, Hufrehe
   - Grünfutter, das in Haufen gelegen und sich erwärmt hat
     → Tympanien
   - angefaulte oder gefrorene FM (Rüben, Kartoffeln, Silage)
     → Magen- und Darmkatarrhe, Hufrehe
   - stark verschmutzte FM (Rüben, Kartoffeln)
     → Magen- und Darmkatarrhe, Sandkolik
   - Stroh mit hohem Windhalmanteil
     → Ileumobstipationen

3) *Fehler in der Futterzubereitung*
   - zu kurz gehäckseltes Stroh (unter 2–3 cm)
     → Blinddarm-, Kolon-, Hüftdarmobstipationen
   - kurz geschnittenes Gras (Rasenmäher)
     → Hüftdarmobstipationen (Verfilzung)
   - Zucker- oder Trockenschnitzel nicht eingeweicht
     → Quellung → Schlundverstopfung, primäre Magenüberladung

4) *Fehler in der Haltungs-, Fütterungs- und Tränktechnik*
   - zu wenig Mahlzeiten, zu große Mengen hochverdauliche FM pro Mahlzeit
     → Fehlgärungen Magen; pH-Wert-Abfall Caecum → wählerische Futteraufnahme → Hufrehe
   - unregelmäßige Futterzeiten
   - unkontrollierter Zugang zum Kraftfutter → primäre Magenüberladung
   - plötzlicher Futterwechsel, besonders beim Übergang zum Grünfutter → Hufrehe
   - zu starke körperliche Belastung unmittelbar nach der Fütterung
   - zu kaltes Wasser
   - zu große Wasseraufnahme während des Fressens
   - Wassermangel (abgestellte Selbsttränke!, hohe Schweißverluste) → Obstipationen?

---

gen im Bauchraum. Für ihre Entstehung sind vorrangig Fehler in der Fütterung verantwortlich (Tab. 73 und Abb. 23). Begünstigend wirken Witterungseinflüsse, Parasitenbefall, Intoxikationen, Infektionen etc. Die bei Koliken im Vordergrund stehenden Schmerzen gehen in der Regel von einer Druckerhöhung im Darmlumen, von Lageveränderungen des Darmrohres (die sekundär zu Druckerhöhungen oder

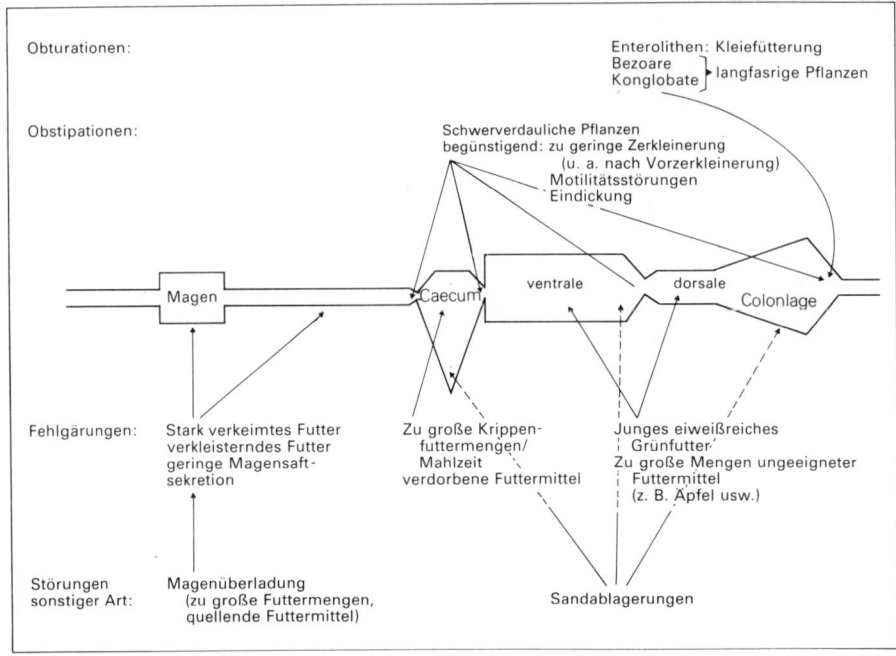

Abb. 23. Alimentär bedingte Kolikursachen; Einteilung und Lokalisation der wichtigsten Störungen (nach MEYER 1979)

Zerrungen führen können) sowie von spastischen Kontraktionen oder entzündlichen Veränderungen am Darmrohr aus. Diese abnormen Zustände können aus nutritiver Sicht durch Hemmung der Nahrungspassage, (Obturationen bzw. Obstipationen), Quellung oder Vergärung von Futterstoffen im Darmrohr oder durch Schädigungen bzw. Reizungen der Schleimhaut (Fehlgärungen) bedingt sein.

3.3.1 Obturationen

Obturationen, d. h. die Verlegung des Darmrohres durch feste, bewegliche Körper *(Enterolithen, Pseudoenterolithen oder Bezoare)* vor allem am Übergang von der magenähnlichen Erweiterung zum kleinen Kolon, sind heute selten. Sie stehen jedoch mit bestimmten Fütterungsmaßnahmen in enger Beziehung. So wird die Bildung echter Enterolithen vor allem durch übermäßige Aufnahme von P- und Mg-reichen Futtermitteln (Kleien oder sonstigen Nachprodukten der Müllerei) begünstigt, bei gleichzeitig hohen pH-Werten im Darmlumen und hohen Eiweiß- und geringen Ca-Gehalten im Futter.

Pflanzenbezoare werden gelegentlich nach Verfüttern von gemähten, langfaserigen Pflanzen (junger Klee, Windhalm) gesehen, da derartiges Material bei Stallfütterung offenbar im Kopfdarm nicht ausreichend zerkleinert wird und sich im Darm zu

Knäueln zusammenballt. Gelegentlich schlagen sich auf pflanzliche Konglobaten noch anorganische Substanzen nieder (Calciumphosphate, Silikate), die diese von außen verfestigen (Pseudoenterolithen).

3.3.2 Obstipationen

Obstipationen sind gekennzeichnet durch Verlegung des Darmrohres an besonders disponierten Stellen infolge Quellung oder Dichtschwemmung von Futterpartikeln. Diese Störungen waren früher die Hauptursachen von Koliken, sind aber auch bei der heutigen Fütterung noch von erheblicher Bedeutung.

Am häufigsten entstehen Obstipationen durch schwerverdauliches, grobes Futter, insbesondere nach Verfütterung von größeren Mengen rohfaserreichen, stengeligen, verholzten Materials (Stroh, spät geerntetes Heu, älteres Gras). Die Entwicklung solcher Passagestörungen wird begünstigt durch gedämpfte Peristaltik, ungenügende Zerkleinerung der Rauhfuttermittel im Kopfdarm sowie langsamen oder unvollkommenen mikrobiellen Abbau im Dickdarm.

Motilitätsstörungen des Darmrohres können durch Parasitenbefall (Thrombosen), Überanstrengungen, zu geringe Bewegungsmöglichkeiten, Aufregungen etc. verursacht sein, aber auch durch Witterungsfaktoren und Fehlgärungen mit starken pH-Wert-Verschiebungen im Darmlumen.

Pferde, die hastig fressen oder schadhafte Backenzähne haben, zerkleinern das Rauhfutter häufig ungenügend. Gleiches ist zu beobachten, wenn Rauhfutter zu stark vorzerkleinert wurde. Daraus resultieren Risiken, z. B. bei Verfütterung von Rasenmähergras (Ileumanschoppungen), zu kurz gehäckseltem Heu (Cobs) oder Stroh (< 2–3 cm → Obstipationen im Caecum oder Colon) oder nach Aufnahme von sehr kurzem Gras (Golfrasen). Auch feinfaseriges Material (z. B. Windhalm) wird eventuell nicht ausreichend zermahlen abgeschluckt und blockiert dann die Ileumpassage.

Zusätzliche Dispositionen entstehen, wenn der Abbau des aufgenommenen Rauhfutters im Dickdarm erschwert ist, sei es durch starke Lignifizierung oder Verkieselung oder durch verdorbene Futtermittel, die die Darmflora schädigen.

Schließlich kann auch ein Wassermangel (Tränken abgestellt, hohe Schweißverluste) die Passagebedingungen im Dickdarm erschweren, da Wasser aus dem Darmkanal zur Kompensation des Defizits absorbiert und der Darminhalt eingedickt wird. Während einer Kolik kann sich dieser Prozeß verstärken, wenn die Flüssigkeitsaufnahme sistiert, durch Schwitzen jedoch weitere Wasserverluste entstehen oder die Passage vom Dünn- zum Dickdarm unterbrochen ist.

3.3.3 Fehlgärungen

Fehlgärungen können durch verstärkte Gasbildung, erhöhte Säureproduktion, in speziellen Fällen aber auch durch Toxinbildung verschiedenartige Koliken verursachen mit Sekundärfolgen wie Tympanien, Schleimhautreizungen, Hyperperistaltik, Invaginationen, Volvulus und Torsionen.

Primäre Fehlgärungen entstehen überwiegend durch erhöhte Keimgehalte im Futter, so daß sie vorrangig im Magen-Dünndarm-Bereich auftreten. *Sekundäre Fehlgärungen,* vor allem im Dickdarmbereich, sind die Folge unvollständiger Zerlegung bzw. Resorption von Nahrungsbestandteilen im vorderen Bereich des Verdauungskanales (nach Aufnahme überhöhter Futtermengen, schwer abbaubarer Substanzen oder bei einer Insuffizienz von Pankreas und Dünndarm). Dann gelangen unphysiologisch hohe Anteile un- und teilverdauter Nahrungsstoffe in die tieferen Darmabschnitte und werden dort mikrobiell fermentiert. Auch jede Atonie des Darmes (durch Toxine, K-, Ca-Mangel, Schock) begünstigt Fehlgärungen.

Fehlgärungen im Magen sind heute relativ häufig: z. B. nach Aufnahme von keimreichen Mischfuttern, von nicht abgelagertem Hafer oder Heu, von gefrorenen oder angefaulten Wurzeln und Knollen oder auch von frischem Grünfutter, das in Haufen gelegen hat und in dem sich Mikroorganismen vermehrt haben.

Da in der relativ großen Pars oesophagica des Pferdemagens (Abb. 5) zunächst kein saurer Magensaft auf den Mageninhalt einwirkt (so daß auch unter physiologischen Bedingungen mikrobielle Umsetzungen stattfinden), können sich dort nach Aufnahme von keimreichem Futter die Mikroorganismen nach Befeuchtung und Erwärmung stürmisch vermehren. Stark verhefte Futtermittel führen häufig innerhalb kurzer Zeit nach der Futteraufnahme infolge Gasbildung und Druckerhöhung im Magen zu schweren Koliken, bei vermehrter Milchsäurebildung auch zu Schleimhautreizungen.

Futtermittel, die im Magen stark verkleistern (größere Mengen an Roggen- oder Weizenschrot), können auch ohne hygienische Mängel zu Fehlgärungen im Magen beitragen, weil sie die Durchdringung des Mageninhaltes mit saurem Magensaft erschweren und im Zentrum des Magenbreies unkontrolliert mikrobielle Umsetzungen ablaufen. Auch Streßsituationen, die eine ausreichende Magensaftsekretion behindern (unmittelbare starke Belastung nach der Fütterung, Aufregung, Futterneid), lösen eventuell solche Entwicklungen aus.

Fehlgärungen im Dünndarm sind bisher weniger sicher zu diagnostizieren. Die innerhalb von 2–4 Std. nach der Futteraufnahme auftretenden, häufig als Krampfkoliken bezeichneten Störungen dürften vielfach auf Fehlgärungen in diesem Bereich zurückzuführen sein (sofern Fehlgärungen im Magen auszuschließen sind), da sich in dieser Zeit bereits ein Teil der aufgenommenen Nahrung im Dünndarm befindet.

Bei Kombination von Mischfutter mit nicht einwandfreiem Stroh scheinen derartige, oft nicht sehr ausgeprägte Kolikanfälle verstärkt aufzutreten. Sie entstehen möglicherweise durch eine Interaktion zwischen leicht vergärbaren Komponenten des Mischfutters und den mit dem Stroh aufgenommenen Keimen, die bei schlecht geerntetem oder stark verschmutztem Material besonders zahlreich sind. Auch durch Verfüttern von Kraftfutter **vor** dem Austrieb auf die Weide sind Störungen dieser Art möglich.

Fehlgärungen im Caecum entstehen meist sekundär, häufig nach übermäßiger Aufnahme von Krippenfutter, d. h. wenn zu große Mengen hochverdaulicher Substanzen den Dickdarm erreichen. Je größer die aufgenommene Kraftfuttermenge in einer begrenzten Zeit, um so mehr hochverdauliche Komponenten fließen in das Caecum und werden dort unter Bildung hoher Säurenmengen mikrobiell abgebaut. Die dabei auch entstehende Milchsäure verursacht nicht nur Reizungen der Darmschleimhaut und eine Senkung des pH-Wertes, sondern auch Motilitätsstörungen im Darmrohr, Veränderungen der Osmolarität und über die Abtötung von Mikroorganismen eventuell auch die Freisetzung von Endotoxinen.

Fehlgärungen im Colon werden vorwiegend nach größeren Mengen von jungem Grünfutter (wie Gras, Klee) oder Kohl beobachtet: Futtermittel, die erst im Dick-

darm einem intensiven Abbau unterliegen. Colontympanien sind auch nach übermäßiger Aufnahme von Brot und Äpfeln beobachtet worden.

Fehlgärungen führen nicht allein zu Gas- und Säurebildung, sondern eventuell
auch zu Enterotoxaemien (s. Seite 153).

3.3.4   Sonstige Kolikformen

Unabhängig von den zuvor genannten Mechanismen entstehen Koliken auch durch
Magenüberladung (unkontrollierte Futter- und eventuell *Sandaufnahme* oder quel-
lende Futtermittel). Über die sekundäre Magenüberladung nach Verschluß des
Dünndarms s. Seite 32. Nehmen Pferde vermehrt Sand auf mit Grünfutter, Grünmeh-
len, Silagen, Wurzeln, bei Haltung in Ausläufen im Winter oder aufgrund eines Na-
Mangels auf der Weide, zeigen sie zunächst unspezifische Symptome (wechselnde
Futteraufnahme, Flehmen, abwechselndes Liegen und Aufstehen). In schweren
Fällen treten akute bis subakute Koliken auf (starke Schmerzäußerungen, Rücken-
lage mit angezogenen Gliedmaßen). Der Grad der Erkrankung richtet sich nicht
allein nach der aufgenommenen Menge, sondern auch nach der Größe, Härte und
Oberfläche des Sandes; grobe, scharfe Sandkörner sind besonders ungünstig.

3.4   Durchfälle (Diarrhoen)

Durchfälle sind gekennzeichnet durch niedrige Trockensubstanzgehalte im Kot
(unter 20 %) und häufigen Kotabsatz. Sie kommen besonders bei Fohlen vor (s. Seite
152), weniger bei ausgewachsenen Pferden. Ausschließliche Konsistenzveränderungen des Kotes (s. Seite 127) zählen noch nicht zu den Durchfällen.

Primär nutritiv bedingte Diarrhoen beruhen bei adulten Pferden in der Regel auf
Überfütterung mit Krippenfutter, Verwendung von zu eiweißreichen (Weide) oder
verdorbenen Futtermitteln, plötzlichem Futterwechsel oder übermäßiger Wasseraufnahme. Auch nach oralen Gaben schwer resorbierbarer Antibiotika sind temporär
Durchfälle möglich.

Unter den *bakteriell bedingten Durchfällen* ausgewachsener Tiere ist die Salmonellose hervorzuheben, die bei latenter Infektion durch Fütterungsfehler aktiviert werden kann. In Kombination mit Diätfehlern (ballastarme, proteinreiche Fütterung)
sind auch andere Bakterien (E. coli, Cl. perfringens) an der Entwicklung von Diarrhoen beteiligt.

Chronische fieberlose Durchfälle infolge *Insuffizienz von Pankreas* oder *Dünndarmschleimhaut* werden in ihrer Pathogenese nicht immer erkannt.

3.5   Prüfung der Verdauungskapazität

Bei chronischen Störungen im Verdauungskanal können die folgenden Untersuchungen eventuell hilfreich sein:

a) Partikelgröße im Kot
100–200 g frischer Kot werden über einem Sieb mit Lochgrößen von 1,5 mm mit

scharfem Wasserstrahl ausgewaschen. Größere Mengen grober Partikel mit 4–5 mm Länge sprechen für ungenügende Zerkleinerung von Rauhfutter im Kopfdarm (Zähne prüfen). Gegebenenfalls ist ein (relativer) Vergleich mit nicht betroffenen, ähnlich gefütterten Pferden vorzunehmen. Besteht die Möglichkeit, die Kottrockensubstanz ebenso wie die getrockneten Partikel zu bestimmen, so ist eine absolute Aussage möglich: nicht mehr als 50 % der Kottrockensubstanz sollten auf grobe Partikel (> 1,5 mm Durchmesser) entfallen.

b) Sandgehalt im Kot
0,5 kg Kot werden mit 2 Teilen Wasser vermischt, umgerührt und über Gaze in ein Glasgefäß gegeben (möglichst Standzylinder). An der Größe des Sediments läßt sich der Sandanteil abschätzen.

c) Verdauungsversuche
Unter Praxisbedingungen kann die Verdaulichkeit eventuell mit Markern geprüft werden. In das Krippenfutter wird Chromoxid in einer Menge von 5 g/kg eingemischt und nach 10tägiger Adaptation 5 Tage lang Kot gesammelt und die Markerkonzentration (nach gründlicher Durchmischung) bestimmt. Aus der Konzentrationsveränderung des Markers im Kot gegenüber der Konzentration im Futter (wird auch Rauhfutter zugefüttert, so muß die aufgenommene Menge bei der Konzentrationsangabe für die Gesamtration berücksichtigt werden) kann die scheinbare Verdaulichkeit der Futter-TS (in %) nach folgender Formel geschätzt werden:

$$\frac{\text{Markerkonzentration in Kot-TS}^{1)} - \text{Markerkonzentration in Futter-TS}^{1)}}{\text{Markerkonzentration in Kot-TS}} \times 100$$

d) Absorptionskapazität der Dünndarmschleimhaut
Die Absorptionskapazität der Dünndarmschleimhaut wird mit Hilfe des *Glucosetoleranztestes* bestimmt. Dazu werden nach 12stündigem Fasten 1 g Glucose/kg LM in 20%iger wäßriger Lösung mit der Nasenschlundsonde eingegeben und die Plasmaglucosewerte verfolgt. Maximale Werte sind bei gesunden Tieren nach rd. 2 Std. zu erwarten (Abb. 24). Abweichungen sprechen je nach Grad für Störungen der Schleimhautfunktion, vorausgesetzt, es liegen im Magen keine mikrobiellen Umsetzungen des Zuckers infolge Störung der Magenpassage vor. Bei Fohlen kann durch einen zusätzlichen Lactosetoleranztest (2 g Lactose/kg LM) überprüft werden, ob eine Lactoseintoleranz (z. B. nach überstandener Virusinfektion) besteht. Bei intakten Tieren sollten die Plasmaglucosewerte nach Gabe von 1 g Glucose oder 2 g Lactose/kg LM ähnlich verlaufen.

Gute Informationen liefert auch der *Xylosetest,* da dieser Zucker nicht im Blut vorkommt und nur langsam metabolisiert wird. Nach Zufuhr von 2 g D + Xylose/kg LM in 20%iger Lösung liegen die maximalen Werte bei gesunden Pferden 2 Std. nach Eingabe um 30 mg/dl. Der Test ist jedoch teuer und wegen der aufwendigen Methodik nicht überall einzusetzen.

e) Funktion des exokrinen Pankreas
Besteht der Verdacht einer Unterfunktion des exokrinen Pankreas, kann die Stärke-

---

[1]) Bestimmung der Trockensubstanz s. S. 78.

verdaulichkeit geprüft werden. Nach 16–18stündiger Nahrungskarenz und Eingabe von 2 g Maisstärke/kg LM in 20%iger wäßriger Lösung sollte bei gesunden Pferden der Plasmaglucosespiegel innerhalb von 45–60 Min. von 90 auf 130 mg/dl ansteigen. Allerdings sind die individuellen Schwankungen nicht unerheblich (Abbaurate der Stärke im Magen, Insulinreaktion).

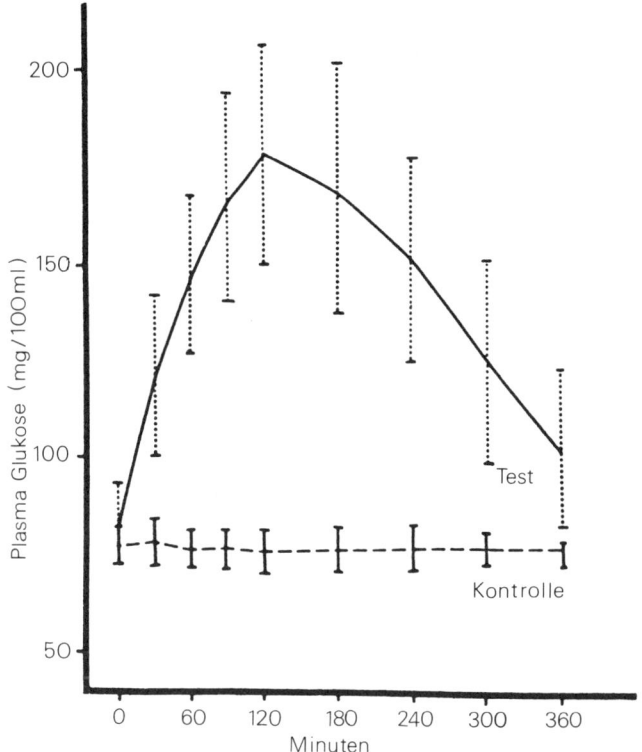

Abb. 24. Verlauf des Plasmaglucosespiegels nach oraler Applikation von 1 g Glucose/kg LM, nüchtern (nach Roberts 1975)

4 Stoffwechselstörungen

Einige pauschal als »Stoffwechselstörungen« bezeichnete Erkrankungen des Pferdes stehen in direktem oder indirektem Zusammenhang mit der Fütterung.

4.1 Hufrehe

Die Hufrehe ist charakterisiert durch eine diffuse Entzündung der Huflederhaut, die z. T. mit erheblichen Schmerzen verbunden ist. Sie tritt in Zusammenhang mit

Überanstrengungen, Gebärmutterentzündungen (Nachgeburtsverhaltungen), vor allem aber auch Fütterungsfehlern auf, z. B. nach schweren Störungen der Dickdarm-flora, insbesondere bei übermäßiger Aufnahme stärke- oder zuckerreicher Futtermittel (Getreidekörner, besonders Gerste, unreifes Getreide, Melasse), aber auch bei üppiger Weide und starker Eiweißüberfütterung und generell bei plötzlichem Futterwechsel (Stall/Weide) sowie nach Koliken aufgrund von Fehlgärungen im Dickdarm. Unter diesen Bedingungen scheint die verstärkte Bakteriolyse zur Freisetzung von Endotoxinen beizutragen. Außerdem werden vermehrt biogene Amine gebildet. Experimentell konnte die Hufrehe bei nicht adaptierten Tieren durch 15 g Maisstärke/kg LM ausgelöst werden. Aus den genannten ursächlichen Faktoren können die notwendigen Vorbeugemaßnahmen abgeleitet werden.

4.2   Kreuzverschlag (Lumbago)

Nach längerer Ruhe in warmen Ställen und über den Bedarf hinausgehender Energiezufuhr steigt das Risiko für Kreuzverschlag, wenn die Pferde – insbesondere Kaltblüter – plötzlich stark bewegt werden. Die Störung, die durch unsicheren, steifen Gang, Schweißausbruch, gespannte Kruppenmuskulatur und braunen Harn gekennzeichnet ist, wird durch überstürzten Glycogenabbau in der Muskulatur unter Bildung von Milchsäure verursacht. Zur Prophylaxe müssen Pferde ohne Arbeitsleistung knapp gefüttert werden, um eine übermäßige Speicherung von Glycogen in der Muskulatur zu verhindern.

4.3   Hyperlipidaemie

Die Hyperlipidaemie ist durch eine starke Erhöhung des Fettgehaltes im Blut (bis zu 9 g/dl) gekennzeichnet und verläuft meistens tödlich. Die Störung wird vorwiegend bei hochtragenden Ponystuten (nicht Großpferden) gesehen, die zunächst üppig, plötzlich aber ungenügend mit Futter versorgt werden. Dann wird übermäßig Fett mobilisiert, das nicht rasch genug verbrannt oder in der Leber deponiert werden kann.

Auslösend für diese Störung wirken plötzlicher Futtermangel (Winterweide), häufig aber auch Erkrankungen (Wurmbefall, Infektionen) oder Transporte. Bei guternährten, hochtragenden Ponystuten ist ein abrupter Rückgang der Futter- und Energiezufuhr in jedem Fall zu verhindern.

H Diätetik

1 Allgemeines

Kranke Pferde müssen besonders sorgfältig ernährt werden. Eine sinnvolle Ernährung kann bei akut kranken Tieren den Heilungsprozeß unterstützen und beschleunigen, bei chronischen Erkrankungen die Beschwerden abschwächen oder sogar vollständig beseitigen und bei disponierten Tieren die Wiederkehr einer bestimmten Erkrankung verhindern.

Die in diesem Zusammenhang notwendigen Fütterungsmaßnahmen verdienen nur dann die Bezeichnung »Diätetik«, wenn sie gezielt der Beseitigung, Abschwächung oder Vorbeuge eines abnormen oder krankhaften, **nicht durch Nährstoffmängel bedingten** Körperzustandes dienen. Allgemeine Fütterungsempfehlungen ohne Berücksichtigung bestimmter Ziele oder allein unter dem Aspekt einer ausreichenden Zufuhr aller essentiellen Nährstoffe erfüllen diese Forderung nicht, denn die vollständige und ausgeglichene Ernährung eines Tieres ist eine selbstverständliche Aufgabe der Tierernährung, die jedoch gleichzeitig nicht auf die Beeinflussung spezifischer Krankheitszustände abgestellt sein kann. Aus diesem Grunde ist die Bezeichnung »Diätfuttermittel« für Produkte ohne spezielle Indikation (z. B. sog. Aufbaufutter, vitamin- oder mineralstoffreiche Präparate etc.) abzulehnen. Von ihnen ist bei Erkrankungen, die nicht durch einen Mangel bedingt sind, im allgemeinen keine therapieunterstützende Wirkung zu erwarten.

Diätetische Maßnahmen sind insbesondere bei Erkrankungen des Verdauungskanals, aber auch von Niere, Leber und Haut angezeigt. Bei chronisch kranken Tieren müssen sie häufig über längere Zeit (oft permanent) eingehalten werden. Deshalb sollte sich der Pferdehalter mit den wesentlichen Intentionen diätetischer Fütterungsmaßnahmen vertraut machen, um nach tierärztlicher Anleitung die notwendigen Rationen selbst herstellen können.

Im folgenden werden für verschiedene – meist chronische – Erkrankungen (nach einer kurzen, medizinisch nicht erschöpfenden Erläuterung der Pathogenese und Symptomatik) die Möglichkeiten der Rationsgestaltung für solche Fälle besprochen. In diesem Zusammenhang bleiben Erkrankungen ausgeklammert, die durch eine ungenügende Zufuhr essentieller Nährstoffe entstehen.

2 Appetitlosigkeit

Appetitlosigkeit ist keine Krankheit, sondern ein Symptom. In einer solchen Situation ist zunächst die Ursache zu ermitteln. Neben Allgemeinerkrankungen (fieberhafte Infektionen), Störungen von Organfunktionen (Niere, Herz, Leber, Magen-

Darm-Kanal), Schmerzen, Intoxikationen, psychischen Belastungen (Veränderungen in der gewohnten Umgebung), Erschöpfung (nach anstrengenden körperlichen Belastungen, z. B. bei Vielseitigkeitspferden), hohen Umgebungstemperaturen, Rosse, Geburt oder Operationen kommen auch Mangelzustände infolge Unterversorgung mit Energie, Eiweiß, Mineralien (Natrium, Kalium), Wasser oder Vitaminen (insbesondere wasserlösliche Vitamine) und Qualitätsmängel der Futtermittel als Ursache in Frage.

Die Ernährung solcher Patienten muß sich an der Aetiologie orientieren. Im allgemeinen wird die erfolgreiche Behandlung der Primärstörung – insbesondere die Senkung der Körpertemperatur sowie Beseitigung oder Linderung der Schmerzen – die Futteraufnahme verbessern.

Liegt der Verdacht einer Unterversorgung mit Nährstoffen vor, so sind diese Stoffe zu supplementieren, insbesondere Natrium, Chlor oder B-Vitamine. Nach Beifütterung vitaminreicher Trockenhefe wird häufig eine deutliche Verbesserung der Freßlust beobachtet, ebenfalls bei schmackhaften Futtermitteln wie Hafer, Melasse, Mash, einwandfreiem Heu oder frischem Gras. Kleine Portionen, mehrmals am Tag angeboten, stimulieren die Freßlust mehr als große Mahlzeiten. Etwa 20–30 Min. nach der Futterzuteilung sollten Reste entfernt und später neues, noch nicht von der Ausatmungsluft durchgeblasenes Futter vorgelegt werden.

Wenn bei fortschreitender Erschöpfung und Abmagerung infolge länger andauernder Freßunlust die Pferde spontan kein Futter mehr aufnehmen, sind sie über eine Sonde zu ernähren (s. Seite 183).

3   Holzknabbern oder -beißen

Häufiges Knabbern, Beißen oder Lecken insbesondere an Holzteilen der Umgebung, aber auch an anderen Einrichtungen des Stalles kann bei einzelnen Pferden oder als Bestandsproblem vorkommen. Diese Abweichungen im Verhalten werden begünstigt durch geringe Bewegung, isolierte Haltung, Kontaktarmut zu anderen Pferden oder Menschen, vor allem aber durch ungenügende Rauhfuttergaben. In vielen Fällen können daher mehr Rauhfutter und mehr Mahlzeiten Besserung bringen. Weiterhin muß überprüft werden, ob sämtliche essentiellen Nährstoffe, vor allem Salz, Phosphor, Kalium, Spurenelemente und Vitamine in ausreichenden Mengen im Futter vorhanden sind. Im Zweifelsfalle ist die Ration zu ergänzen.

Aber auch adäquat ernährte Pferde benagen häufig ohne besonderen Grund Holz oder Baumrinden, möglicherweise weil Geschmack oder Konsistenz angenehm sind.

4   Sondenernährung

Nach Operationen oder bei Erkrankungen im Kopfbereich (z. B. Lähmungen des Schlundkopfes), aber auch bei fortschreitender Appetitlosigkeit kann die Ernährung mittels Sonde notwendig werden (eventuell nach Fistulierung des Oesophagus).

Die Sondennahrung muß einfach herstellbar, nach Zusatz von Wasser gut fließbar sein und wegen der begrenzten Magenkapazität des Pferdes eine ausreichende

Tab. 74. Sondenkost – Komponenten und Zusammensetzung

Komponenten	%
Luzernegrünmehl	32,8
Maisstärke	26,8
Zucker	22,0
Magermilchpulver	9,6
Pflanzenöl	3,9
vitam. Mineralstoffmischg.[1])	1,15
Vitaminvormischung[2])	0,08
P-saurer Futterkalk	1,92
Dinatriumphosphat	0,29
Magnesiumoxid	0,5
Natriumchlorid	

Nährstoffgehalte	(g/kg ursprüngl. Substanz)
organ. Substanz	860
Rohprotein	80
Rohfett	35
Rohfaser	100
N-freie Extraktstoffe	650
Calcium	12,4
Phosphor	8,7
Natrium	8,5
Kalium	8,9
verd. Energie MJ/kg TS	12,8
verd. Rohprotein g/kg TS	52

[1]) Phoskana 18 Z®
[2]) Rovimix® für Pferde

nach COENEN 1986

Energiedichte (mindestens 12 MJ verd. Energie/kg TS) aufweisen. Kurzfristig können nicht zu hart pelletierte Mischfutter nach vollständiger Auflösung in Wasser verwendet werden. Bei längerer Dauer der Sondenernährung kommt die in Tabelle 74 genannte Mischung in Frage, die hochverdauliche Komponenten enthält. 1 kg dieser Mischung wird mit 4,5 kg Wasser verdünnt. Diese Suspension enthält rd. 2,5 MJ verd. Energie/l. Pro Mahlzeit können – ohne Magenüberladungen zu induzieren – bis zu 3 l/ 100 kg LM appliziert werden. Um den Erhaltungsbedarf zu decken, sind bei kleinen Pferden 3 Mahlzeiten (je 2–2,5 l/100 kg LM), bei größeren Tieren 2 Mahlzeiten (je 2,5 l/100 kg LM) notwendig.

Die Sondennahrung sollte langsam, d. h. mit Unterbrechungen, appliziert werden, da flüssige Nahrung Magen und Dünndarm rasch durchläuft und dann größere Mengen an leicht fermentierbaren Substanzen in den Dickdarm gelangen (Risiko für Fehlgärungen im Dickdarm, Hemmung des Rohfaserabbaues bei Zufluß größerer Fettmengen). Bei Unverträglichkeiten (Unruhe infolge Überladung des Magens) oder Koliken (einige Stunden später durch Blähungen im Dickdarm) ist die Mahlzeitenfrequenz zu erhöhen oder die Zuteilungsgeschwindigkeit zu verlangsamen.

Falls Pferde über längere Zeit mittels Sonde ernährt werden müssen, sollten Oesophagusfisteln angelegt werden, um die Fütterung zu erleichtern. Die Pferde können über Monate ausreichend und komplikationslos versorgt werden (Sonden für große Pferde 15, für kleinere 12 mm äußerer Durchmesser).

Liegen zusätzlich Störungen im Verdauungskanal vor, so kann die Zusammensetzung der Mischung entsprechend der Störung modifiziert werden (s. Diätetik bei Erkrankungen des Verdauungskanales).

5   Adipositas

Verfettung ist für Vitalität, Leistungsfähigkeit und Fertilität des Organismus von Nachteil. Die Diagnose der Adipositas orientiert sich am Gewicht sowie am allgemeinen Körperzustand. Zusätzliches Fett wird bei disponierten Pferden vor allem unter der Haut angesetzt. Mit Hilfe des Echolotverfahrens läßt sich die Fettdicke objektivieren.

Für adipöse Pferde sind voluminöse, energiearme Rationen vorzusehen, die nur 60–70 % des Erhaltungsbedarfes (ausgehend vom Normalgewicht) decken. Sie müssen jedoch ein ausreichendes Volumen und genügend Struktur besitzen, so daß die Pferde hinreichend lange beschäftigt werden und ihr Verdauungskanal sich ausreichend füllt. Zur Versorgung adipöser Pferde eignet sich älteres, energiearmes Heu in Mengen von 1,2–1,4 kg bei großen und 1,8–2 kg/100 kg LM und Tag bei kleinen Tieren. Damit wird der Energiebedarf im Erhaltungsstoffwechsel zu etwa 70 % gedeckt, so daß ständig zum Energieausgleich Fett mobilisiert werden muß. Um eine plötzliche, überstürzte Fettmobilisierung zu vermeiden, muß die Fütterung langsam umgestellt werden. Bei hochtragenden Stuten ist von solchen Maßnahmen in jedem Fall abzusehen (Gefahr der Hyperlipidaemie). Zusätzlich zum Heu ist ein vitaminiertes Mineralfutter, gegebenenfalls ein Leckstein bereitzustellen.

Sofern die Pferde keine organischen Schäden (Kreislauf, Skelett) aufweisen, hilft verstärkte körperliche Bewegung, das Gewicht zu reduzieren. Allerdings ist eine längere und forcierte Bewegung notwendig, um deutliche Gewichtsabnahmen zu erreichen (Tab. 17).

6   Störungen im Verdauungskanal

Die diätetischen Maßnahmen bei Störungen im Verdauungskanal richten sich nach den verschiedenen Ursachen (s. Kapitel »Ernährungsbedingte Krankheiten«).

6.1   Zahnschäden

Bei irreparablen Schäden an den Backenzähnen sind Getreidekörner zu schroten. Auf Stroh und andere harte Rauhfuttermittel (altes Heu) muß verzichtet werden. Kann auch junges, blattreiches Heu nicht mehr ausreichend mit den Backenzähnen zerkleinert werden, sind Grünmehle und nicht pelletierte Mischfutter einzusetzen.

Um die Futteraufnahme bei den wenig kaustimulierenden Komponenten zu verzögern, sind die zerkleinerten Futter trocken oder nur leicht angefeuchtet anzubieten. Zur Staubbindung kann Pflanzenöl (1–2 %) über das Futter gegeben werden.

6.2   Schlundverstopfungen

Neigen Pferde infolge hastiger Futteraufnahme zu Schlundverstopfungen, wird dem Krippenfutter Heu- oder Strohhäcksel zugemischt oder loses (nicht pelletiertes) Mischfutter verwendet, um die Kautätigkeit zu verlängern und die Speichelproduktion zu steigern. Auch durch trockene Grünmehle kann dieser Effekt erreicht werden.

6.3   Koliken

Treten bei Pferden wiederholt Koliken auf, so sind je nach Lokalisation und Ursache der Störungen (s. Tab. 73 und Abb. 22) entsprechende Vorsichtsmaßnahmen zu treffen. Dazu zählen: häufige und kleine Mahlzeiten, Unterbindung übermäßiger Aufnahme hartstengeligen Futters, Verwendung von hygienisch einwandfreien Futtermitteln. Nach Koliken ist in den meisten Fällen durch einwandfreies, gutes Heu oder langsame Umstellung auf Weide bzw. Grünfutter eine Normalisierung im Darmkanal zu erreichen.

Ist die Darmflora nachhaltig gestört, muß sie vorsichtig aufgebaut werden. Dazu setzt man einerseits – zur Sicherung der Energie- und Eiweißversorgung des Pferdes – hochverdauliche Futtermittel ein, die vorwiegend im Dünndarm verdaut werden (aufgeschlossene Getreideflocken, mit heißem Wasser behandelte Getreideschrote, Haferkerne, Pflanzenöle, Leinsamen), andererseits zur Nährstoffversorgung der Dickdarmflora gutes Heu in Kombination mit geringen Lactosemengen (1 g/kg LM und Tag) oder pektinhaltige Futtermittel (Äpfel, Trockenschnitzel), die weitgehend unverändert den Dünndarm passieren und schnell verfügbare Energie für die Dickdarmflora bereitstellen. Zusätzlich werden B-Vitamine (Trockenhefe) substituiert zum Ausgleich ungenügender Syntheseleistungen im Darm.

6.4   Diarrhoen

Bei akuten Diarrhoen sind einerseits die Primärursachen zu behandeln (Parasiten, Bakterien), andererseits die Verluste an Elektrolyten (Natrium, Chlor, Kalium) und Wasser zu substituieren. Auch eine eventuell bestehende Acidose infolge Bikarbonatverlust über die Faeces ist zu berücksichtigen. In schweren Fällen muß die Substitution parenteral eingeleitet und oral fortgesetzt werden. Die notwendigen Mengen lassen sich aus den Veränderungen einiger Blutparameter (Gesamtprotein, Natrium, Kalium, Tab. 37) ableiten. Bei schweren Diarrhoen können pro kg LM folgende Verluste eintreten: 40–100 ml Wasser, 0,1–0,3 g Natrium, 0,05–0,2 g Kalium, 0,1–0,2 g Bikarbonat. Für die parenterale Substitution steht Ringer-Laktatlösung (5,9 g NaCl, 0,2 g $CaCl_2$, 50 ml 60%ige Na-Laktatlösung/l) verstärkt mit 0,75 g KCl/l zur Verfügung. Schwere K-Verluste können nicht allein über i. v. Gaben abgedeckt werden, daher sind gegebenenfalls 3 × täglich 40 g KCl (2%ig) bei mittelgroßen Pferden per Nasenschlundsonde zu applizieren. Günstiger ist es freilich, wenn die Pferde spontan K-reiche Futter (Heu, Melasse) aufnehmen.

Zur oralen Behandlung kommen Lösungen mit 4,8 g NaCl, 4,8 g $NaHCO_3$, 20–60 g Glucose, 10 g Glykokoll/l in Frage. Mit K-Salzen angereicherte Lösungen werden in

Tab. 75. Rationen für Pferde mit Verdauungsstörungen und Durchfällen (500 kg LM), kg/Tag

	allgemeine Störungen	vorwiegend Dünndarm betroffen	vorwiegend Dickdarm betroffen
	I	II	III
Wiesenheu, jung	3	4	2
Haferfutterflocken[1])	1	–	1,5
Trockenschnitzel	1	1,5	–
Rohrzucker	–	–	1
Glucose	0,5	–	–
Sojafeinmehl oder Leinsamen, gekocht	0,2	0,2	0,35
Sonnenblumenöl/Maiskeimöl	0,25	–	0,25
Trockenhefe	0,15	0,10	0,15
vitam. Mineralfutter	0,07	0,05	0,10
Kochsalz	0,05–0,1	0,05–0,1	0,1
Multienzympräparat (α-Amylase, Glucoamylase, Proteinase; 1 : 1 : 1)	0,03 0,02	0,03 0,02	–

Gehalte:
verd. Energie MJ	65–70
verd. Rohprotein g	400–600

[1]) oder vom Haferschrot Spelzen absieben und mit heißem Wasser brühen

der Regel nicht spontan aufgenommen. Klingt die bei schweren Diarrhoen auftretende Acidose ab, wird Natriumbikarbonat gegen Natriumchlorid ausgetauscht und bei Wiedereinsetzen der Freßlust auf Diätfutter umgestellt, das aus hochverdaulichen Komponenten besteht (Tab. 75) und je nach Lokalisation der Störung modifiziert werden kann. Sind Wasser- und Elektrolytabsorption im Dickdarm beeinträchtigt, werden rohfaserarme, weniger sekretionsfördernde Rationen mit hochverdaulichen Komponenten, die überwiegend bis zum Ende des Dünndarms verdaut werden, angeboten (Tab. 75). Läßt sich die Ursache der Störung auf den Dünndarm lokalisieren, sind größere Mengen an Rauhfutter möglich; das Krippenfutter muß Komponenten enthalten, die überwiegend im Dickdarm langsam abgebaut werden (Trockenschnitzel). Viele kleine Mahlzeiten belasten den Patienten weniger als wenige große. Sollte das Futter nicht spontan gefressen werden, ist bei stärkerem Körperverfall Sondenernährung angezeigt.

Bei einer *chronischen Pankreasinsuffizienz* ist ähnlich zu verfahren wie bei nicht differenzierten Störungen im Dünndarm. Stärkereiche Komponenten (Getreidekörner) sind wegen mangelnder Amylaseproduktion wenig geeignet, dagegen Rohrzukker, dextrinisierte Stärke, gekochte Haferflocken etc. (s. Tab. 75). Zur Unterstützung der Dünndarmverdauung können Multi-Enzympräparate (4 g/100 kg LM und Tag) versucht werden (s. Tab. 75). Andererseits sind Substanzen zu verwenden, die überwiegend – jedoch langsam – im Dickdarm verdaut werden wie gutes Heu und pektinreiche Futtermittel (Rüben, Trockenschnitzel). Die Ration sollte auf mehrere Portionen am Tag verteilt werden, um eine zu starke Säurebildung, die bei Ausfall des puffernden Pankreassekretes zu erwarten ist, zu vermeiden.

7   Leberinsuffizienz

Bei einer Insuffizienz der Leber können u. a. die über das Pfortadersystem zufließenden toxisch wirkenden Stoffe (wie Ammoniak, Schwefelwasserstoff, Merkaptane,
biogene Amine, Indole) nicht ausreichend entgiftet werden. Gelangen sie in den
peripheren Kreislauf, sind schwere klinische Erscheinungen wie Abgeschlagenheit,
Schwäche auch zentralnervöse Störungen zu erwarten (Hepatoencephales Syndrom).
    Die bei einer Leberinsuffizienz vorliegenden pathologisch-anatomischen Verände-
rungen können auf verschiedenen Wegen entstanden sein: alimentär (Mangel an
Selen, Vitamin E, Methionin), toxisch (Pflanzengifte, verdorbene Futtermittel,
Arsen, Tetrachlorkohlenstoff) oder durch Infektionen. Sie lassen sich durch diätetische Maßnahmen in der Regel nicht rückgängig machen, doch können die Folgen der
ungenügenden Entgiftungsleistung der Leber eventuell abgeschwächt werden.
    Neben einer direkten Behandlung der Leber (Leberschutztherapie) ist vor allem
ihre Belastung mit Produkten aus dem Eiweißabbau im Darm zu mindern. Dazu wird
die Proteinmenge auf das absolut notwendige Maß reduziert (etwa 70–80 % der für
Erhaltung notwendigen Menge, s. Tab. 16) unter Verwendung hochverdaulicher
Proteine, die bereits im Dünndarm zerlegt werden, und proteinarmer Rauhfutter
(älteres Heu, Stroh; Tab. 76). Durch Zufütterung von Lactose (1 g/kg LM und Tag)
wird über eine Senkung des pH-Wertes im Dickdarm die Ammoniakabsorption
gemindert und zusätzlich die Leber entlastet. Häufige kleine Mahlzeiten verhüten die
stoßweise Anflutung von Eiweißabbauprodukten in der Leber. Gleichzeitig sind die
Patienten ausreichend mit Energie zu versorgen, um die Mobilisierung von Protein
für den Energiestoffwechsel zu verhüten.

Tab. 76. Eiweißarme Diäten für Pferde mit Nieren- oder Leberinsuffizienz (500 kg LM), kg/Tag

Futterstroh, Weizen	4	Heu, Lieschgras, Ende Blüte	
Mischfutter	4	oder Stroh	4
83 % Maiskörner		Kartoffeln, gekocht	10
14 % Molkenpulver, süß		Trockenschnitzel	1
3 % vitam. Mineralfutter		vitam. Mineralfutter	0,1
Gehalte:			
verd. Energie MJ	70		70
verd. Rohprotein g	300		280

8   Krankheiten der Harnorgane

Bei gestörter Ausscheidungsfunktion der Niere müssen die diätetischen Maßnahmen
je nach Blut- bzw. Harnbefund abgestimmt werden. Bestehen im Zusammenhang mit
einer Nierenfunktionsstörung *Proteinurien* – wie beim Pferd häufig zu beobachten –,
so ist die Proteinzufuhr entsprechend der Höhe des renalen Proteinverlustes anzuheben (Kontrolle der Plasmaproteinwerte, s. Tab. 37). Zur Eiweißsubstitution kommen
hochwertige, leicht verdauliche Proteine (Soja-, Leinextraktionsschrot) in Frage.

Sind andererseits die *Plasmaharnstoff*gehalte erhöht, wird ähnlich wie bei einer Leberinsuffizienz proteinarm gefüttert (Tab. 76). Erhöhte P- oder Mg-Gehalte im Blut zwingen auch zur Reduktion dieser Elemente in der Ration (keine Kleien, sonstigen Mühlennachprodukte oder Rückstände der Ölgewinnung), während vermehrte renale Verluste an Natrium oder Kalium eine Substitution erfordern. Da bei einer Niereninsuffizienz auch renal Vitamine verlorengehen, ist die Zufuhr auf das Doppelte der in Tabelle 32 genannten Werte anzuheben.

Rezidivierende *Harnsteinbildungen* erfordern ebenfalls diätetische Maßnahmen. Beim Pferd bestehen die Harnsteine vorwiegend aus Calciumcarbonat oder Ammonium-Magnesium-Phosphat. Generell werden diese Steinbildungen durch entzündliche Veränderungen in den harnabführenden Wegen, alkalische pH-Werte, Wassermangel und hohe Konzentrationen der genannten Substanzen im Harn begünstigt. Bei anfälligen Tieren ist daher stets auf eine ausreichende Wasserversorgung zu achten und starke Alkalisierung des Harnes zu vermeiden. Erhöhte Vitamin-A-Mengen verbessern die Abwehrleistung bei Harnweginfektionen. Zur Vermeidung calciumhaltiger Konkremente ist die Ca-Zufuhr auf das Mindestmaß (50 mg/kg LM und Tag) zu begrenzen und auf Futtermittel mit hohem Ca-Gehalt zu verzichten (Klee, Luzerne, Rübenblatt). Bei Ammonium-Magnesium-Phosphatsteinen werden dagegen eiweiß-, magnesium- und phosphorhaltige Futtermittel gemieden, insbesondere Kleien und Leguminosensamen.

9   Herzkrankheiten

Bei allen Herzkrankheiten, gleichgültig welcher Genese, sind hochverdauliche, nicht blähende, hygienisch einwandfreie Futtermittel in kleinen Portionen zu verabreichen, um eine Überfüllung des Verdauungstraktes oder Blähungen (Druck auf Zwerchfell und Herz) zu vermeiden. Herzmuskelschäden können eventuell durch erhöhte Vitamin-E-Gaben gebessert werden. Zusätzlich sind sämtliche zur Blutbildung notwendigen Nährstoffe (Eisen, B-Vitamine, Eiweiß) ausreichend bereitzustellen, so daß eine maximale Sauerstofftransportkapazität des Blutes erreicht wird.

10   Rationen bei fieberhaften Erkrankungen, nach Operationen oder Immobilisation

Bei jeder fieberhaften Erkrankung ist mit einem erhöhten Energie-, aber auch Proteinumsatz zu rechnen. Aus diesem Grunde muß die Energie- und Proteinzufuhr erhöht werden, je nach Körperverfassung auf das 1½- bis 2fache des Erhaltungsbedarfes. Bei hartnäckiger Appetitlosigkeit wird das Futter zunächst in kleinen Portionen per Sonde zugeteilt. Die in den Tabellen 74 und 75 aufgeführten Rationen sind in solchen Fällen geeignet. Sie enthalten hochverdauliche Komponenten und hochwertige Eiweiße, so daß selbst bei einer anfänglichen Stase im Darmrohr noch eine ausreichende Verwertung erwartet werden kann. Bei stärkerem Körperverfall ist zusätzlich Eiweiß (Casein, Sojafeinmehl) einzusetzen, so daß insgesamt 1,5–2 g Protein/kg LM/Tag aufgenommen werden.

Bei längerdauernden fieberhaften Erkrankungen ist die Zufuhr an Vitamin A, B-Vitaminen und Salz zu erhöhen, um den vermehrten Bedarf abzudecken.

Das Futter wird möglichst in flüssiger Form in kleinen Portionen – über den Tag verteilt – angeboten.

Nach Operationen besonders im Abdominalbereich ist eine vorsichtige Anfütterung angezeigt. Junges, nicht zu hartstengeliges Heu ist vielfach das beste Mittel, um die Stase im Darmrohr zu überwinden. Sobald sich die Peristaltik normalisiert hat, sind hochverdauliche energie- und eiweißreiche Rationen einzusetzen. Zur Förderung der Wundheilung kommen erhöhte Mengen an Vitamin A, Zink, Linolsäure und B-Vitaminen in Frage.

Waren Pferde über längere Zeit immobilisiert, so muß mit einer Demineralisierung des Skelettes, gegebenenfalls auch mit dem Abbau von Muskelmasse gerechnet werden. Solche Patienten erhalten mit Beginn des Bewegungstrainings etwa die doppelte Menge der Bedarfsempfehlungen an Eiweiß, Calcium, Phosphor und Vitamin D.

11 Atmungstrakt

Krankheiten des Atmungstraktes lassen sich nur indirekt – je nach Pathogenese der Störung – über die Fütterung beeinflussen. Bei *Infektionskrankheiten* muß das Pferd sämtliche für die Abwehr notwendigen Stoffe (Vitamin A, B-Vitamine) in erhöhten, essentielle Aminosäuren in ausreichenden Mengen erhalten (temporär können die Bedarfsempfehlungen für Vitamine um das 2- bis 5fache überschritten werden). Weiterhin darf der Respirationstrakt nicht belastet werden durch Inhalation von Staubpartikeln (mehliges Trockenfutter bzw. Rauhfutter minderer Qualität) oder durch Einsatz blähender Futtermittel (Druck auf das Zwerchfell). Für Pferde mit chronischem Husten wird durch Weidegang, bei Stallhaltung durch Fütterung im Freien die Staubbelastung nachhaltig reduziert. Müssen die Pferde im Stall gefüttert werden, sind pelletierte Futter oder angefeuchtete Krippenfutter einzusetzen bei möglichst intensiver Lüftung. Zumischen von Melasse oder Öl bindet Staubpartikel. Falls das Heu nicht gegen Grassilage ausgetauscht werden kann, wird es in Wasser eingeweicht. Diese Maßnahmen sind auch bei allergisch bedingten Atembeschwerden nach Inhalation von Pilzsporen notwendig.

Außer Staub kann auch ein hoher Ammoniakgehalt in der Stalluft den Respirationstrakt belasten, der durch gründliche Lüftung und saugfähige Einstreu (Torf) gemindert werden kann. Zusätzlich ist auf eine angemessene, nicht überhöhte Proteinzufuhr zu achten, um den Harnstoffgehalt im Harn und die Freisetzung von Ammoniak im Stall zu senken.

Bei Entzündungen der Nasennebenhöhlen hat sich die Fütterung vom Boden bewährt, um den Sekretabfluß zu fördern.

12   Hautkrankheiten

Hautkrankheiten haben eine recht unterschiedliche Aetiologie (*ungenügende Nähr-stoffversorgung, Allergien, Ektoparasiten, Pilz-* oder *Bakterieninfektionen, physikali-sche Einwirkungen* etc.). Diätetische Maßnahmen können nur dort wirksam werden, wo eine klare Diagnose vorliegt und Zusammenhänge zur Ernährung bestehen. Häufig begünstigen jedoch Ernährungsfehler die Pathogenese von Hauterkrankun-gen (z. B. Infektionen), so daß es sich stets lohnt, bei Hauterkrankungen die Fütterung, insbesondere die Nährstoffzufuhr zu überprüfen und gegebenenfalls zu korrigieren (Tab. 77).

Manchmal stehen Hautveränderungen im Zusammenhang mit Fehlgärungen im

Tab. 77. Ernährung und Hautkrankheiten beim Pferd

Nahrungsfaktor	zu erwartende klinische Symptome bei erhebli-chen Abweichungen von der Normalversorgung	Disponierendes Fütterungsregime	Diagnostisch zu verwertende Parameter (s. Tab. 37)
Eiweiß- bzw. Amino-säurenmangel insbe-sondere Methionin, Tryptophan, Lysin	trockenes, rauhes Haarkleid, brüchige Haare, Hyperkerato-se, Infektionsdisposi-tion	einseitige Fütterung Stroh, älteres Heu, Rü-ben, insbesondere bei erhöhtem Proteinbe-darf (Laktation, Wachstum, Haar-wechsel)	Harnstoff, Serum
Eiweißüberschuß	?	junges Grünfutter, Luzerne-Kleeheu, Sojaeiweiß, eiweiß-reiche Kraft-futter	Indikan im Harn > 3 mg/kg LM/Tag, Harnstoff, Serum
Linolsäure	trockene Haut, Schuppenbildung, glanzloses Haar, Haarausfall	einseitige Fütterung Stroh, älteres Heu, Rü-ben in Kombination mit fettarmem Mischfutter	s. Tabelle 35
Vitamin A bzw. Carotin	»stumpfes« Haar-kleid, Dyskerato-sen, geringes Haar-wachstum, Haar-ausfall, Juckreiz, Infektionsdisposi-tion	Stroh, älteres Heu, Rüben, Mühlennach-produkte, Getreide-körner, erhöhter Vitamin-A-Bedarf: Wachstum, Lakta-tion, ältere Pferde, Infektionen, Parasi-tenbefall	Serum-Vitamin-A-Gehalt
Zink	Parakeratose, Haar-ausfall, Schuppenbil-dung, Disposition zu Traumatisierung, ge-ringe Wundheilung, Entzündungsdisposi-tion	Zn-Gehalt in der Ra-tion < 20 mg/kg oder Zn-absorptionshem-mende Stoffe in der Ra-tion wie Phytin-P (z. B. Weizenkleie) oder hohe Ca-Mengen	Serum-Zn-Gehalt
Biotin (?)	sprödes, trockenes, glanzloses Haar	?	

Darm. Dann sind die Ursachen abzustellen und die Pferde, wie im Abschnitt 6.4 geschildert, zu füttern.

Bei *Sonnenbrand* auf nichtpigmentierten Hautstellen wird die Ration auf Pflanzen mit photosensibilisierenden Inhaltsstoffen überprüft (Johanniskraut, Buchweizen). Gelegentlich scheinen auch verpilzte Futterpflanzen für die Sensibilisierung verantwortlich zu sein. Mykotoxine können den Leberstoffwechsel so verändern, daß Umbauprodukte des Chlorophylls, z. B. das Phylloerythrin, in den peripheren Kreislauf gelangen und die nichtpigmentierte Haut sensibilisieren. Solche Störungen sind auch im Zusammenhang mit Lebererkrankungen möglich.

Bei manchen Erkrankungen, z. B. *Urtikaria,* scheint durch Aufnahme bzw. Bildung allergisierender Stoffe mit dem Futter bzw. im Darmkanal eine Allergie zu bestehen. Derartige, meist plötzlich auftretende Störungen wurden insbesondere nach Fütterung von grünem Roggen, Kartoffelblättern, grünen Hülsenfrüchten oder Farnkraut gesehen.

Bei Verdacht einer *Futterallergie* ist das Futter umgehend gegen eine Ration auszutauschen, die möglichst keine Komponenten enthält, die zuvor gefüttert wurden.

13 Ernährung alter Pferde

Ältere Pferde (über 20 Jahre) erhalten generell Futterkomponenten, die hochverdaulich sind (Getreideschrote, junges Heu, Luzernegrünmehl) sowie hochwertige, vorwiegend im Dünndarm verdauliche Proteine (junges Gras, gute Grassilage, eventuell Sojafeinmehl).

Sind die Backenzähne nicht mehr funktionsfähig, so wird das Futter in suppiger Form in kleinen Portionen zugeteilt. Generell kann auch die zusätzliche Gabe von Vitamin A, B-Vitaminen sowie Linolsäure günstig wirken.

Tabellenanhang

Tab. I. Lebendmasse (LM) ausgewachsener Pferde verschiedener Rassen (Durchschnitt von Stuten und Wallachen)

Rasse	kg LM
Shetland-Pony	150–250
Dartmoor-Pony	220–340
Welsh-Pony	280–325
Deutsches Reitpony	300–350
Isländer	400–450
Araber	450
Haflinger	460
Fjordpferd	480–500
Vollblut	450–520
Quarter Horse	530
Deutsches Warmblut	550–650
Deutsches Kaltblut	700–740
Ardenner	800–850

nach Gesellschaft für Ernährungsphysiologie der Haustiere 1982

Tab. II. Mittlere tägliche Lebendmassezunahmen bei Fohlen (g/Tier/Tag)

Lebens-monat	Lebendmasse des ausgewachsenen Pferdes (kg)							
	100	200	300	400	500	600	700	800
3.–6.	208	383	475	591	739	887	1034	1182
7.–12.	111	222	333	372	465	559	652	745
13.–18.	50	100	183	285	356	427	498	570
19.–24.	44	89	150	197	246	296	345	394
25.–36.	14	39	67	109	137	164	192	219

nach Gesellschaft für Ernährungsphysiologie der Haustiere 1982 und Tabelle 25 (für Kleinpferde)

Tab. III. Berechnung des Gehaltes an verd. Energie und verd. Rohprotein in einem Mischfuttermittel (pro kg)

a) aufgrund der deklarierten Komponenten

Deklaration	verd. Energie[1) MJ	verd. Rohprotein[1) g
50 % Hafer	5,80	43
15 % Mais	2,05	10
10 % Grünmehl, Gras	0,90	10
10 % Biertreber, getr.	0,87	16
7 % Weizenkleie	0,66	7
5 % Melasse	0,56	4
3 % Mineralstoffe u. Vitamine	–	–
Summe pro kg	10,8	90

[1) nach Tabelle VI

b) aufgrund der deklarierten Inhaltsstoffe

Folgende Inhaltsstoffe werden angegeben (pro kg):

	g pro kg	Verdaulichkeit[3) %	verd. Inhaltsstoffe g	kJ pro g	insgesamt MJ
Rohprotein	120	80	96	23	2,21
Rohfett	40	70	28	38,1	1,07
Rohasche	80			–	
Rohfaser	150	35	53	17,2	0,91
Rohwasser[1)	140			–	
Summe	530				
N-freie Extraktstoffe[2)	470	80	376	17,2	6,47
Summe					10,7 MJ

[1) Wird nicht deklariert, sofern < 140 g, häufig nur 120 g.
[2) Differenz zwischen Summe der zuvor genannten Stoffe und 1000 = (1000–530), s. auch Tabelle 38.
[3) Schätzwerte s. MEYER u. a. 1981.

Tab. IV. Berechnung des Bedarfes an verd. Energie und verd. Rohprotein für Reitpferde

Bedingungen:	LM des Pferdes	530 kg
	LM des Reiters	70 kg
	tägliche Bewegung	30 Min. Schritt
		20 Min. leichter Trab
		10 Min. Galopp

Bedarf verd. Energie für Erhaltung (s. Tab. 16) 66,6 MJ
zusätzlicher Bedarf für Bewegung (s. Tab. 17)

30 Min. Schritt (600[1) × 5)	= 3,0 MJ	zusätzlicher Bedarf = 23 MJ
20 Min. leichter Trab (600 × 8,3)	= 5,0 MJ	= ~ 34 % des Erhaltungs-
10 Min. Galopp (600 × 25)	= 15,0 MJ	bedarfes (= mittlere Arbeit)
insgesamt	89,6 MJ	

Bedarf verd. Rohprotein: 5 g verd. Rohprotein pro MJ verd. Energie = 90 × 5 = 450 g
Versorgungsempfehlung: 90 MJ verd. Energie, 450 g verd. Rohprotein, Mineralstoffe s. Tab. 28
[1) LM Pferd + Reiter

Tab. V. Berechnung einer Ration für Reitpferde (500 kg LM, mittl. Arbeitsleistung) aus Heu und Getreidekörnern

	verd. Energie MJ	verd. Roh-protein g	Ca g	P g	Na g	Vit A IE	Vit D IE
Bedarf[1])	**90**	**450**	**29**	**19**	**30–50**	**40 000**	**4000**
Ration							
Heu, Lieschgras Ende	26,4	92	12,0	7,6	0,8	12 000	2000
d. Blüte 4 kg	34,8	258	3,2	9,3	0,9	–	–
Haferkörner 3 kg	27,4	134	0,9	5,8	0,4	–	–
Maiskörner 2 kg							
Zwischensumme:	**88,6**	**484**	**16,1**	**22,7**	**2,1**	**12 000**	**2000**
Ergänzungen							
notwendig:			x		x	x	x
Mineralfutter 75 g	–	–	18,0	3,0	4,0	45 000	6000
z. B. Nr. 1, Tab. VII[2])							
insgesamt	**88,6**	**484**	**34,1**	**25,7**	**6,1[3])**	**57 000**	**8000**

[1]) s. Tabelle IV
[2]) oder andere mit weitem Ca/P-Verhältnis z. B. Nr. 6
[3]) zusätzlich Leckstein

Tab. VI. s. Seite 195 ff

Tab. VII. Handelsübliche Mineralfutter und Vitaminpräparate für Pferde (pro 100 g)

Nr.	Ca g	P g	Ca/P	Na g	Vit. A IE in Tsd.	D_3 IE in Tsd.	E mg	C mg
1	24	4	6	5	60	8	200	200
2	19,7	9,5	2,1	8	50	7,5	50	
3	19	8	2,4	8	100	8	100	200
4	17	8	2,1	4,8	60	5	50	75
5	16,5	5	3,3	6	100	8	250	100
6	16	3	5,3	7	100	8	250	100
7	15,3	9,5	1,6	6,1	50	5	40	
8	14,5	8	1,8	6	60	7,5	40	40
9	12	8	1,5	5	40	4	150	
10	12	6	2	6	60	8	300	50
11	10	2,5	4	3,5	50	6	225	27,5
12	6,5	5	1,3	0,8	175	35	83	
13	3	2,1	1,4	0,8	45	3,75	75	
14	2,1	1,5	1,4	0,9	45	3,75	75	

nach Firmendeklaration, Bundesrepublik Deutschland 1985

Tab. VI. Energie- und Nährstoffgehalte ausgewählter Futtermittel (pro kg ursprüngl. Substanz)

Futtermittel	Trock.-subst. g	Roh-faser g	Roh-fett g	verd. Energie MJ	verd. Rohpr. g	g vRp pro MJvE	Ca g	P g	Mg g	K g	Na g	Caro-tin[1] mg	Vit D IE
Grünfutter													
Wiese, grasreich													
1. Schnitt vor Ähren-/Rispenschieben	170	35	7	2,1	25	12	1,0	0,5	0,2	6	0,1	50–75	5
1. Schnitt im Ähren-/Rispenschieben	180	43	7	2,0	21	11	1,2	0,7	0,3	5	0,1		
1. Schnitt Beginn bis Mitte Blüte	210	57	7	2,1	21	10	2,7		0,4	5	0,2		
Wiese, klee- und kräuterreich													
1. Schnitt im Ähren-/Rispenschieben	175	41	7	2,0	27	14	2,6	0,4	0,4	6	0,2	50–75	5
1. Schnitt Beginn bis Mitte Blüte	200	54	7	2,1	26	12							
Weide (Extensivweide)													
1. Aufwuchs vor Ähren-/Rispenschieben	170	35	6	2,0	19	10	2,4	0,4	0,5	4	0,1	50	5
1. Aufwuchs Beginn bis Mitte Blüte	220	60	9	2,2	17	8							
1. Aufwuchs Ende Blüte	240	75	7	1,9	16	8							
2. Aufwuchs unter 4 Wochen	170	38	–	1,7	17	10							
Luzerne													
1. Schnitt Beginn bis Mitte Blüte	210	60	6	2,0	26	13	3,9	0,6	0,6	6	0,4	15–80	5
Rotklee													
Beginn bis Mitte Blüte	220	55	7	2,3	24	10	3,4	0,6	0,8	5	0,2	20–80	5
Heu													
Wiesenheu, grasreich													
1. Schnitt vor Ähren-/Rispenschieben	860	209	24	9,3	82	9	5,8	2,5	1,7	20–30	0,4	10–20	500–1000
1. Schnitt Beginn bis Mitte Blüte	860	266	21	8,0	59	7	5,4	2,3			0,6	5–10	500–800
1. Schnitt nach Blüte	860	301	18	6,8	44	7	5,4	2,2			0,2		
2. Schnitt unter 4 Wochen	860	220	27	8,8	84	10	7,2	2,2			0,4		
Wiesenheu, Klee- und kräuterreich													
1. Schnitt vor Ähren-/Rispenschieben	860	204	27	9,4	105	11	4,1	2,5		15–25	0,9	25–35	500–1000
1. Schnitt Beginn bis Mitte Blüte	860	262	23	8,0	73	9							
1. Schnitt nach Blüte	860	301	18	6,9	57	8							
2. Schnitt unter 4 Wochen	860	216	27	8,8	114	13							
Lieschgrasheu													
1. Schnitt Beginn bis Mitte Blüte	860	290	17	8,1	40	5	4,4	2,8	2,0	28	0,2	1–10	500
1. Schnitt Ende Blüte	860	310	16	6,6	23	4	3,0	1,9		14	0,2		
Luzerneheu													
1. Schnitt Beginn bis Mitte Blüte	860	382	15	8,1	94	12	13,7	2,2	2,0	23	1,2	30–40	500–1000
2. Schnitt Beginn bis Mitte Blüte	860	308	18	7,5	101	14	13,8	1,8	2,3	20	2,6		
Rotkleeheu													
1. Schnitt Beginn bis Mitte Blüte	860	252	18	8,0	73	9	12,8	2,0	3,2	19	1,0	50	500–1000
2. Schnitt Beginn bis Mitte Blüte	860	301	21	7,8	77	10	8,4	2,1	1,3	26			

Tab. VI. Fortsetzung

Futtermittel	Trock.-subst. g	Roh-faser g	Roh-fett g	verd. Energie MJ	verd. Rohpr. g	g vRp pro MJvE	Ca g	P g	Mg g	K g	Na g	Caro-tin[1] mg	Vit D IE
Grün-mehle													
Grünmehl, Wiese allgemein	890	224	34	8,6	90	11	8,3	3,4	2,2	29	0,5	150–260	200–500
Luzernegrünmehl	890	262	30	8,6	92	11	18,0	2,5	3,0	28	1,7	100–200	
Silagen													
Anwelksilage, Wiese, grasreich													
1. Schnitt im Ähren-/Rispenschieben	350	90	13	3,5	37	11	2,3	1,4	0,3	6	0,1	10–60	
1. Schnitt Beginn bis Mitte Blüte	350	101	12	3,3	31	9	2,4	1,4	0,6	9	0,6		
Anwelksilage, Wiese, klee- und kräuterreich													
1. Schnitt im Ähren-/Rispenschieben	350	89	12	3,5	47	13	2,4	2,5	0,7	10	0,2		
1. Schnitt Beginn bis Mitte	350	100	12	3,3	41	12							
Anwelksilage, Extensivweide													
1. Aufwuchs Beginn bis Mitte Blüte	350	102	14	3,3	23	7	5	0,7	1,0	8	0,2	10–50	
Anwelksilage, Intensivweide													
1. Aufwuchs Beginn bis Mitte Blüte	350	100	11	3,3	34	10	3,2	1,1	0,5	8	0,5		
Maissilage in der Teigreife	270	61	8	3,0	14	5	0,9	0,7	0,6	4	0,1	0–20	
Zuckerrübenblattsilage sauber	160	24	5	2,2	16	7	1,7	0,4	0,6	4	1,0	0,6–11	
verschmutzt	200	27	5	2,4	18	7	2,6	0,5			1,0		
Preßschnitzelsilage	184	38	1	2,0	11	6	1,5	0,2	0,5	1	0,2	–	–
Biertrebersilage	262	52	22	3,1	50	16	1,0	1,6	0,6	–	0,1	–	–
Stroh													
Haferstroh	860	384	16	5,5	10	2	3,5	1,2	1,0	19	1,9	–	–
mit NH3 aufgeschlossen	860	363		6,2	30	5							
Roggenstroh	860	418	15	5,9	10	2	2,7	0,9	0,9	9	1,3	–	–
Weizenstroh	860	387	14	4,6	7	2	2,7	0,6	0,9	9	1,1	–	–
mit NaOH aufgeschlossen	860	371		5,4	10	2	3,0	0,6	0,5	8	18,0		
mit NH3 aufgeschlossen	860	368		6,2	27	4	3,0	1,0	0,5	7			
Gerstenstroh	860	376	14	4,9	7	1	4,0	0,7	0,8	12	1,9	–	–
mit NaOH aufgeschlossen	860	328		6,3	10	2	4,0	0,7	0,5	10	19,0		
mit NH3 aufgeschlossen	860	349		7,0	28	4	4,0	0,7	0,5	7	1,9		
Knollen und Wurzeln													
Gehaltsrüben, frisch	146	9,8	1	2,0	8	4	0,4	0,4	0,2	3	0,6	–	–
Massenrüben	112	9,1	1	1,5	7	5	0,3	0,3	0,3	4	0,4	–	–
Kartoffeln, frisch	219	6,1	1	3,0	10	3	0,1	0,6	0,3	5	0,1	0,1	–
Mohrrübe, frisch	119	10,8	2	1,8	9	5	0,5	0,4	0,2	3	0,3	20–60	–
Kohlrübe, frisch	110	11,9	3	1,4	10	7	0,6		0,2	3	0,2	–	–

Zuckerrübe, frisch	232	12,3	1	**3,3**	**10**	3	0,5	0,4	0,4	2	0,2	0,3–21
Trockenschnitzel	906	183	5	**12,4**	**48**	4	8,5	1,0	2,3	8	2,2	—
Melasseschnitzel	896	140	4	**10,8**	**56**	5	7,3	0,9	2,3	12	2,4	—
Maniokmehl/-schnitzel Typ 55	866	54	5	**11,8**	**15**	1	1,7	0,7	0,8	8	0,3	—
Futterzucker	965	3,8	1	**13,9**	**12**	1	0,4	0,1	—	1	0,1	—
Melasse	770	—	—	**11,1**	**80**	7	4,7	0,2	0,2	35	5,6	—
Körnerfrüchte und Samen												
Ackerbohne	873	78	12	**13,5**	**217**	16	1,5	4,1	1,6	12	0,2	—
Gerste (Winter-)	880	60	19	**12,8**	**84**	7	0,6	3,6	1,1	4	0,8	3,8
Hafer, mittel	884	102	47	**11,6**	**86**	7	1,1	3,1	1,3	5	0,3	1,0
Leinsamen	910	66	324	**14,5**	**172**	12	2,5	3,6	5,0	7	0,8	—
Mais	879	23	41	**13,7**	**67**	5	0,4	2,9	0,9	3	0,2	2–5
Weizen (Winter-)	876	26	17	**13,4**	**86**	6	0,7	3,2	1,2	5	0,1	—
Futtererbse	871	58	13	**12,7**	**187**	15	0,9	4,1	1,3	11	0,3	—
Lupinen, süß, gelb	889	145	44	**14,0**	**380**	27	2,4	4,5	2,1	8	0,5	—
Nebenerzeugnisse der Getreideverarbeitung												
Haferfutterflocken	916	20	76	**14,4**	**96**	7	0,8	3,9	1,7	4	—	—
Weizenkleber	899	2	15	**18,4**	**740**	40	0,8	2,3	0,6		0,7	—
Roggenkleie	881	70	32	**10,7**	**113**	11	1,5	10,0	3,2	13	0,2	—
Weizengrießkleie	878	81	46	**11,8**	**130**	11	1,3	8,8		11	0,5	2,3
Weizenkleie	880	108	39	**9,4**	**107**	11	1,1	11,5	4,6	12	0,3	2,5
Weizenfuttermehl	882	42	52	**12,7**	**145**	11	1,6	7,1	2,6	19	0,6	—
Malzkeime, getrocknet	920	131	9	**12,4**	**243**	20	2,9	7,4	1,4	1	0,6	—
Biertreber, getrocknet	904	154	78	**8,7**	**161**	19	3,9	6,2	2,0	22	2,2	—
Bierhefe, getrocknet	893	18	15	**14,1**	**413**	29	2,9	13,5	2,3			—
Nebenerzeugnisse der Ölsamenverarbeitung												
Erdnußextraktionsschrot aus enthülster Saat	886	56	10	**15,9**	**463**	29	1,4	6,0	3,4	12	0,4	—
Leinextraktionsschrot	886	91	16	**11,3**	**284**	25	3,9	8,4	5,2	11	1,0	—
Leinkuchen/-expeller (4–7,9 % Fett)	899	97	62	**11,5**	**278**	24	3,6	7,6			0,9	0,3
Sojaextraktionsschrot (48 % Rp)	889	33	8	**15,1**	**456**	30	2,8	6,9	2,4	21	0,2	0,2
Sonnenblumenextraktionsschrot, teilentschalt	899	200	13	**12,1**	**318**	26	3,6	9,8	4,7	12	0,4	—
Sonstiges												
Pflanzenöl	100	—	990	**38**	**—**	20	—	—				—
Magermilchpulver	941	1	6	**14**	**284**	20	13,1	10,1	1,5	13	6,0	360*
Apfeltrester	900	277	46	**8,4**	**33**	4	9,8	3,0	1,2	13	1,2	—

* IE Vit. A.

Tab. VI. Fortsetzung

Futtermittel	Trock.-subst. g	Roh-faser g	Roh-fett g	verd. Energie MJ	verd. Rohpr. g	g vRp pro MJvE	Ca g	P g	Mg g	K g	Na g	Vit A IE x 1000	Vit D IE
Misch-futter[2])													
zum Haferersatz	870–900	**112** 60–180	**27**	**11,5** 10,7–12	**86** 67–113	**7**	**12,0** 6–20	**5,3** 3–7,6	2,6³)	12³)	**3,4**	**22** 9–50	**2900** 1000–10000
zu Heu/Hafer	870–900	**89** 65–145	**31**	**11,9** 11–13	**86** 77–106	**7**	**14,6** 8,5–24	**4,8** 3–6			**5,0** 2–8	**33** 10–100	**3300** 1300–6000
für Zuchtpferde	870–900	**91** 80–100	**24**	**12,3** 12–12,5	**118** 108–136	**10**	**13,7** 6–24	**5,3** 3–7			**5,0**	**44** 20–80	**4200** 2000–9000
für Fohlen	870–900	**87** 50–143	**26**	**12,3** 12–12,8	**120** 116–124	**10**	**16,6** 6–28	**6,3** 3–10			**5,0**	**27** 18–30	**3000** 2000–4500
Milchaustauscher für Fohlen	940	1		**14**	**284**	20	13,2	10,1					
Mineralfutter[4])							21–240	15–95			8–80	400–1000	3800–80000

¹) 1 mg Carotin ca. 600 IE Vit A
²) nach Firmendeklaration, Bundesrepublik Deutschland 1985; leere Stelle = Gehalt nicht bekannt, – = nicht enthalten oder nur in Spuren
³) MEYER u. a. 1981
⁴) s. auch Tabelle VII

Literatur

Bücher und Publikationen über das Gesamtgebiet der Pferdeernährung

CUNHA, T. J., 1980: Horse feeding and nutrition. Academic Press, New York.
JARRIGE, R.; W. MARTIN-ROSSET (Ed.), 1984: Le Cheval, Reproduction, Selection, Alimentation, Exploitation. Institute National de la Recherche Agronomique, Paris.
LEWIS, L. D., 1982: Feeding and care of the horse. Lea & Febiger, Philadelphia.
OLSSON, N. O., 1969: The Nutrition of the Horse. In: CUTHBERTSON, D.: Nutrition of Animals of Agricultural Importance. Part 2: 921–960. Pergamon Press, Oxford, Braunschweig.
Proc. Equine Nutrition and reproductive physiology, Bd. 1 (1969) bis Bd. 9 (1985).
WOLTER, R., 1971: L'alimentation du cheval. Ed. VIGOT FRÈRES, Paris.

Kapitel A. Einleitung: Vom Laubfresser zum »Hafermotor«?

ABEL, W., 1978: Geschichte der deutschen Landwirtschaft, Bd. II, 3. Aufl. Verlag Ulmer, Stuttgart.
COLERI, M. J.: Oeconomiae 1616.
HANCAR, F., 1955: Das Pferd in prähistorischer und früher historischer Zeit. Herold-Verlag, München.
HUTTEN-CZAPSKI, M., 1876: Die Geschichte des Pferdes. Gebr. Grunert, Berlin.
JÄHNS, M., 1872: Ross und Reiter. Verlag Grunow, Leipzig.
KÖNIG, G., 1896: Über Pferdefutter. Ztschr. Vetkd. **8**, 193–210.
KELLER, O., 1909 (Nachdruck 1980): Die antike Tierwelt. Verlag Olms, Hildesheim.
SIMPSON, G. G., 1977: Pferde. Verlag Parey, Berlin, Hamburg.
ZINTZEN, U., 1975: Alles schon einmal dagewesen. Roche, Basel.

Kapitel B. Anatomische und physiologische Grundlagen

ALEXANDER, R., 1963: Digestion in the horse. In: CUTHBERTSON, D. P.: Progress in Nutritional and allied Sciences. Verlag Oliver & Boyd, Edinburgh, London.
ARGENZIO, R., 1975: Functions of the equine large intestine. Cornell Vet. **65**, 303–330.
BERGNER, H., und H.-A. KETZ, 1969: Verdauung, Resorption, Intermediärstoffwechsel bei landwirtschaftlichen Nutztieren. VEB Deutscher Landwirtschaftsverlag, Berlin.
COENEN, M., 1986: Verdaulichkeit und praecaecale Passage einer suspendierfähigen Diät in Abhängigkeit von der Applikationsform (spontane Futteraufnahme bzw. flüssig per Sonde). Z. Tierphysiol., Tierernährg. u. Futtermittelkde. Im Druck.
GÜNTHER, CHR., 1984: Untersuchungen über die Verdaulichkeit und Verträglichkeit von Hafer, Quetschhafer, Gerste und Mais beim Pferd. Vet. Diss. Hannover.
GÜRER, C., 1985: Untersuchungen zum Kaliumstoffwechsel des Pferdes bei marginaler Versorgung und zusätzlicher Belastung. Vet. Diss. Hannover.
HINTZ, H. F., 1975: Digestive physiology of the horse. J. S. Afr. vet. med. Ass. **46**, 13–16.
HINTZ, H. F., R. A. ARGENZIO, and H. R. SCHRYVER, 1971: Digestion coefficients, blood glucose levels and molar percentage of volatile acids in intestinal fluid of ponies fed varying forage grain rations. J. Anim. Sci. **33**, 992–995.
KERN, D. L., L. L. SLYTER, E. C. LEFFEL, J. M. WEAVER, and R. R. ÖLTJEN, 1974: Microbial and chemical charakteristics of intestinal ingesta. J. Anim. Sci. **38**, 559–564.

KOLB, E., und H. GÜRTLER, 1971: Ernährungsphysiologie der landwirtschaftlichen Nutztiere. VEB Fischer Verlag, Jena.

KRULL, H. D., 1984: Untersuchungen über Aufnahme und Verdaulichkeit von Grünfutter beim Pferd. Agr. Diss. Stuttgart-Hohenheim/Hannover.

MANGOLD, E., 1950: Die Verdauung bei den Nutztieren. Akademie-Verlag, Berlin.

MEYER, H., 1982: Beiträge zur Verdauungsphysiologie des Pferdes. Fortschritte in der Tierphysiologie und Tierernährung, Heft 13. Verlag Parey, Hamburg, Berlin.

MEYER, H., 1983, in: Proceedings horse nutrition. Uppsala.

MEYER, H., 1983: Protein metabolism and protein requirement in horses. 4th Int. Symposium Metabolism et nutrition azotes, Clermont Ferrand, 343–364.

MEYER, H., 1986: Mineral requirements in horses. IV. World Congress of animal feeding. Madrid, 393–398.

MEYER, H., L. AHLSWEDE und H. REINHARD, 1975: Untersuchungen über Freßdauer, Kaufrequenz und Futterzerkleinerung beim Pferd. Dtsch. tierärztl. Wschr. 82, 54–58.

MÜLLER-REH, R., 1972: Untersuchungen über die Mineralstoff- und Spurenelement-Versorgung beim Pferd. Vet. Diss. Hannover.

NICKEL, R., A. SCHUMMER und E. SEIFERLE, 1982: Lehrbuch der Anatomie der Haustiere, Bd. II, 5. Aufl. Verlag Parey, Berlin, Hamburg.

REITNOUR, C. M., J. P. BAKER, G. F. MITCHEL, C. O. LITTLE, and P. D. KRATZER, 1970: Amino acids in equine caecal contents. J. Nutr. 100, 343–353.

ROBB, J., R. B. HARPER, H. F. HINTZ, J. I. REID, J. E. LÖWE, and S. L. RALSTON, 1984: Control of feeding in horses. J. Anim. Sci. 59, 1354–61.

SCHEUNERT, A. und W. KRZYWANEK, 1929: Die Verdauung des Pferdes. In: MANGOLD, E.: Handbuch der Ernährung und des Stoffwechsels der landwirtschaftlichen Nutztiere, Bd. II. Verlag Springer, Berlin.

SCHEUNERT, A. und A. TRAUTMANN, 1976: Lehrbuch der Veterinärphysiologie. 6. Aufl. Verlag Parey, Berlin, Hamburg.

SCHRYVER, H. F., and H. F. HINTZ, 1972: Calcium and phosphorus requirements of the horse. Feedstuffs 10, 1972.

SCHWABENBAUER, K., H. MEYER und G. LINDEMANN, 1982: Gehalt an flüchtigen Fettsäuren und Ammoniak im Caecuminhalt des Pferdes. Fortschritte in der Tierphysiologie und Tierernährung, Heft 13, 24–31.

Kapitel C. Energie-, Nährstoff- und Ballastbedarf

BREIDBACH, S., 1959: Über Zucht, Haltung, Leistungsfähigkeit und Einsatzmöglichkeiten von Kleinpferden in der Landwirtschaft der Bundesrepublik. Züchtungskunde 31, 241–250.

CRASEMANN, E., 1972: Handbuch der Tierernährung. Bd. 2, 674–689. Verlag Parey, Hamburg, Berlin.

DLG-Futterwerttabellen für Pferde. 2. Aufl. 1984. DLG-Verlag, Frankfurt/Main.

DLG-Futterwerttabellen, Vitamine und Aminosäuren. 1962. DLG-Verlag, Frankfurt/Main.

DYRENDAHL, S., 1972: Arbeitsleistung. In: LENKEIT, W., K. BREIREM, E. CRASEMANN: Handbuch der Tierernährung, Bd. 2, 674–690. Verlag Parey, Hamburg, Berlin.

ENGELSEN, C. DEN, 1966: Het gewicht van de landbouwhuisdieren. Veeteelt Zuivelber. 9, 293–310.

GESELLSCHAFT FÜR ERNÄHRUNGSPHYSIOLOGIE DER HAUSTIERE, 1982: Empfehlungen zur Energie- und Nährstoffversorgung der Pferde. DLG-Verlag, Frankfurt/Main.

GÜRER, C., 1985: Untersuchungen zum Kaliumstoffwechsel des Pferdes bei marginaler Versorgung und zusätzlicher Belastung. Vet. Diss. Hannover.

HEILEMANN, M., 1985: Das Wasseraufnahmeverhalten von Pferden in Abhängigkeit von Fütterung und Leistung. Vet. Diss. Hannover.

KÖLLE, H., 1984: Über die Fütterungspraxis von Hochleistungspferden und die Tränkwasseraufnahme. Vet. Diss. Hannover.

LINDNER, A., 1983: Untersuchungen zum Natriumstoffwechsel des Pferdes. Vet. Diss. Hannover.

MCBRIDE, G. E., R. J. CHROSTOPHERSON, and W. SAUER, 1985: Metabolic rate and plasma thyroid hormone concentrations of mature horses in response to changes in ambient temperature. Can. J. Anim. Sci. 65 (2), 375–382.

MEYER, H., 1983: Protein metabolism and protein requirement in horses. 4th Int. Symposium Metabolism et nutrition azotes, Clermont Ferrand, 343–364.

MEYER, H. und L. AHLSWEDE, 1976: Über das intrauterine Wachstum und die Körperzusammensetzung von Fohlen. Übers. Tierernährg. 4, 263–292.

MEYER, H., C. GÜRER und A. LINDNER, 1986: Einfluß einer marginalen K-Zufuhr beim Pferd auf den K-Stoffwechsel sowie die Schweißbildung und Schweißzusammensetzung. Z. Tierphysiol., Tierernährg. u. Futtermittelkde. 55, 29–44.

MÜLLER, H.-K., 1969: Untersuchungen über den Mineralstoffgehalt im Blutserum und im Kolostrum von Vollblutstuten. Vet. Diss. Hannover.

National Academy of Sciences, 1978: Nutrient Requirements of Horses, 4th ed.

SCHROTTENLOHER, A., 1950: Gewichtsfeststellungen bei Schlachtpferden. Vet. Diss. München.

SCHRYVER, H. F., H. F. HINTZ, J. E. LÖWE, R. L. HINTZ, R. B. HARBER, and J. T. REID, 1974: Mineral composition of young horses. J. Nutr. 104, 126–132.

SCHRYVER, H. F., and M. S. S. RHEE, 1972: Chemical composition and energy value of the body, fatty acid composition of adipose tissue, and liver, and kidney size in the horse. Anim. Prod. 14, 25–34.

SOUCI, S. W., W. FACHMANN und H. KRAUT, 1981: Die Zusammensetzung der Lebensmittel. Nährwert-Tabellen. Wissenschaftliche Verlagsgesellschaft, Stuttgart.

ULLREY, D. E., R. D. STRUTHERS, D. G. HENDRICKS, and B. E. BRENT, 1966: Composition of mare's milk. J. Anim. Sci. 25, 217–222.

WEBB, A. I., and B. M. Q. WEAVER, 1979: Body composition of the horse. Equine vet. J. 11, 39–47.

Kapitel D. Futtermittel

ARCHER, M., 1980: Grassland management for horses. Vet. Rec. 105, 171–174.

DLG-Futterwerttabellen für Pferde. 2. Aufl. 1984. DLG-Verlag, Frankfurt/Main.

GRONE, J. VON, 1977: Die Pferdeweide. Müller Verlag, Rüschlikon.

KÖNEKAMP, A. H., 1978: Pferdehaltung in Gestüten und Reitställen. Verlag Giradet, Essen.

NIEDERLÄNDISCHE KOMMISSION zur Untersuchung der Mineralstoff-Fütterung, 1973: Leitfaden zur Beurteilung der Mineralstoffversorgung des Rindes in der Praxis. Übers. Tierernährg. 1, 94–143.

SÜLFLOHN, K., 1985: Das geltende Futtermittelrecht. ASR-Verlag, Rheinbach.

Kapitel E. Pferdestall

MARTEN, J., in: STEIGLE, O. G., 1985: Handbuch des Gelände- und Wanderreiters. Franckh'sche Verlagshandlung, Stuttgart.

PIRKELMANN, H., M. SCHÄFER und H. SCHULZ, 1976: Pferdeställe und Pferdehaltung. Verlag Ulmer, Stuttgart.

SCHNITZER, U., 1970: Untersuchungen zur Planung von Reitanlagen. Ing. Diss. Karlsruhe, KTBL-Schrift, Bd. 6, Frankfurt/Main.

Kapitel F. Fütterungspraxis

AHLSWEDE, L., 1983: Pferde füttern, stärken, gesunderhalten. Reiter und Pferde in Westfalen. Landwirtschaftsverlag, Münster-Hiltrup.

ALLEN, B. V., 1978: Serum folate levels in horses. Vet. Rec. 103, 257–259.

CARLSON, G. P., 1980: Physiologie response to endurance exercise. Proc. 25th Ann. Conf. Am. Ass. Equi. Pract., 459–468.

FLADE, J. W., 1970: Shetlandponys. 2. Aufl. Verlag Ziemsen, Wittenberg.

GESELLSCHAFT FÜR ERNÄHRUNGSPHYSIOLOGIE DER HAUSTIERE, 1982: Empfehlungen zur Energie- und Nährstoffversorgung der Pferde. DLG-Verlag, Frankfurt/Main.

GÜRER, C., 1985: Untersuchungen zum Kaliumstoffwechsel des Pferdes bei marginaler Versorgung und zusätzlicher Belastung. Vet. Diss. Hannover.

HAMBLETON, P. L., L. M. SLADE, D. W. HAMAR, E. W. KIENHOLZ, and L. D. LEWIS, 1980: Dietary fat and exercise conditioning. J. Anim. Sci. 51, 1330–1339.

HELFERICH, B. und J. O. GÜTTE, 1972: Tierernährung in Stichworten. Verlag Hirt, Kiel.
HINTZ, H. F., and F. A. KALLFELZ, 1981: Some nutritional problems of horses. Equine vet. J. **13**, 183–186.
HINTZ, H. F., and H. F. SCHRYVER, 1976: Nutrition and bone development in horses. J. Am. vet. med. Ass. **168**, 39–44.
HINTZ, H. F., and E. L. SQUIRES, 1983: Equine reproduction and nutrition. J. Anim. Sci. **57**, 58–74.
MILLER, W. C., 1965: Practical Essentials in the Care and Management of Horses on Thoroughbred Studs. The Thoroughbred Breeder's Association, London.
MILLER, W. C., 1968: Feeding Ponies. J. A. Allen & Co., London.
PULVER, J. E., 1985: Gastrointestinal diseases of foals. Vet. Clin. North Am., Equine practice **1**, 151–168.
ROSE, R. J., 1981: A physiological approach to fluid and electrolyte therapy in the horse. Equine vet. J. **13**, 7–14.
ROUSE, B. T., 1971: The immunoglobulins of adult equine and foal sera: A quantitative study. Br. vet. J. **127**, 45–52.
UPPENBORN, W., 1978: Ponys – Umgang und Haltung. 4. Aufl. Verlag Ulmer, Stuttgart.

Kapitel G. Ernährungsbedingte Krankheiten und Störungen

DIETZ, O. und E. WIESNER, 1982: Handbuch der Pferdekrankheiten. Verlag Karger, Basel.
MEYER, H., 1979: Bedeutung von Futter und Fütterung bei Koliken des Pferdes. Tierärztl. Praxis **7**, 221–227.
ROBERT, M. C., 1975: Carbohydrate digestion and absorption in the equine small intestine. J. S. Afr. vet. med. Ass. **46**, 19–27.
STEIGLE, O. G., 1985: Handbuch des Gelände- und Wanderreiters. Franckh'sche Verlagshandlung, Stuttgart.
STOYE, M., 1975: Möglichkeiten und Grenzen der planmäßigen Parasitenbekämpfung beim Pferd. Dtsch. tierärztl. Wschr. **82**, 328–333.
WIESNER, E., 1970: Ernährungsschäden bei landwirtschaftlichen Nutztieren. VEB Verlag Fischer, Jena.

Kapitel H. Diätetik

CARLSON, G. P., 1979: Fluid therapy in horses with acute diarrhea. Vet. Clin. North Am. Large Anim. Pract. **1**, 313–329.
COENEN, M., 1986: Verdaulichkeit und praecaecale Passage einer suspendierfähigen Diät in Abhängigkeit von der Applikationsform (spontane Futteraufnahme bzw. flüssig per Sonde). Z. Tierphysiol., Tierernährg. u. Futtermittelkde. Im Druck.
DIETZ, O. und E. WIESNER, 1982: Handbuch der Pferdekrankheiten. Verlag Karger, Basel.
MEYER, H., 1984: Ernährung und Hautkrankheiten beim Pferd. Tierärztl. Praxis **12**, 493–498.

Tabellenanhang

DLG-Futterwerttabellen für Pferde. 2. Aufl. 1984. DLG-Verlag, Frankfurt/Main.
DLG-Futterwerttabellen Mineralstoffgehalte in Futtermitteln. 2. Aufl. 1973. DLG-Verlag, Frankfurt/Main.
DLG-Futterwerttabellen Aminosäuren, 1976. DLG-Verlag, Frankfurt/Main.
MEYER, H., M. SCHMIDT und V. GÜLDENHAUPT, 1981: Untersuchungen über Mischfutter für Pferde. Dtsch. tierärztl. Wschr. **88**, 2–5.

Sachverzeichnis